文明思辨录

冯天瑜 著

华中科技大学出版社
http://press.hust.edu.cn
中国·武汉

作者简介

冯天瑜

　　1942年生，湖北黄安（今红安）人。武汉大学人文社会科学资深教授，中国传统文化研究中心首届主任、名誉主任，博士生导师。湖北省"荆楚社科名家"，《荆楚文库》总主编。曾任教育部社会科学委员会历史学学部委员，从事中国文化史、中国近代史研究。著有《中华文化史》《中国文化生成史》《中华元典精神》《新语探源》《"封建"考论》《张之洞评传》《辛亥首义史》等，代表性著作编为《冯天瑜文存》（20卷）。曾获中国图书奖、教育部人文社会科学优秀成果奖、汤用彤学术奖、湖北出版政府奖等。

内容提要

20世纪80年代以降,本书作者冯天瑜先生于文化史研究领域开启风气,贡献殊伟,曾撰著文化通史、文化断代史多种,影响深远。多年来,作者研精覃思,笔耕不辍,于文化史研究的理论问题、方法学问题以及众多前沿问题多有深入研讨,长篇短论,均有独到创见,尤其是解答"何谓文明"这一重要的理论问题。本书将历年来作者的有关论作进行系统分类结集,并首次收入近年新作20余篇,勒为关键词、盛世危言、文化生态、学海探航、学人剪影、学思回眸六部分,其中多篇为冯先生对当下文明与生态问题的忧思和探讨。

目录

第一章　关键词　1

- 一、中国　3
- 二、中华民族　7
- 三、人文　13
- 四、文化・文明　16
- 五、前文明・诸文明・世界文明　23
- 六、物态文化、制度文化、行为文化、心态文化　24
- 七、文化力・文化史　30
- 八、学术　48
- 九、智慧与智力　54
- 十、"解释一字即是作一部文化史"
  ——冯天瑜　祖慰对话　59

第二章　盛世危言　73

- 一、文明进展：一柄善恶并举、苦乐同行的双刃剑　75
- 二、文明病初诊断　76
- 三、东方智慧与文明病疗治　80
- 四、对东亚智慧现世意义应持平允态度　85
- 五、剪不断，理还乱
  ——从梁启超对中华文明两极评断说开去　88
- 六、张之洞《劝学篇》的文明观　94
- 七、"中国世纪"说应当缓议　98

第三章　文化生态　107

- 一、疫中意外发现　109

- 二、抗疫之际议"生态"　110
- 三、"上医医国"与"商贾救亡"　112
- 四、古今中外三位商人的启示　119
- 五、"采风"与"诗谏"　124
- 六、自然与人文双优的长江文明　130
- 七、长江文明馆献辞　145
- 八、中华文化的地域分野　148

第四章　学海探航　157

- 一、义理、考据、辞章　159
- 二、考古与多重证据　164
- 三、辨伪与证真　168
- 四、古今与中西　170
- 五、回复与前进　172
- 六、由词通道　174
- 七、临文必敬　论古必恕　181
- 八、爱国主义的文野之辨——魏源《海国图志》读后　182
- 九、民主理念内在根源考辨
　　——以《明夷待访录》为例　186
- 十、帝制时期的中国并非"封建社会"　192
- 十一、周制与秦制：传统中国的两种政制类型　193
- 十二、与李慎之、唐德刚、谷川道雄三先生议"封建"　203

第五章　学人剪影　213

- 一、近世鄂东人文兴盛原因探略　215
- 二、楚国以为宝——王葆心先生的方志学贡献　218
- 三、徐行可先生捐藏祭　221
- 四、张舜徽先生二三事　223
- 五、永远的老水手——诗人曾卓祭　225
- 六、呼唤"中国走向世界，世界走向中国"的
　　汤一介先生　227
- 七、送密老远行　229
- 八、白水田护书　231

- 九、仁智楷范:朱祖延先生 233
- 十、尽瘁辛亥首义史的贺觉非先生 234
- 十一、张正明先生与楚文化研究 239

第六章 学思回眸 241

- 一、从泛览群籍到攻读经典:庭教记略 243
- 二、随慈母"住读"省图书馆八年追思 246
- 三、高中忆旧 253
- 四、20世纪70年代心路历程 256
- 五、"看家书" 266
- 六、"预流"与"不入流" 267
- 七、"一慢、二快、三慢" 270
- 八、未成文的家训 271

第一章

关键词

一、中国

"中国"是一个耳熟能详的词语,然而,"中国"的含义却经历了曲折的流变——

"中国"一词出自汉语古典,是一个今人耳熟能详的词语,然而从古代到近现代,其词义发生了深刻的内涵演变和外延拓展。它是文化的古今更革、中外交汇的产物。这种曲折的流变体现在:从古代的"城中"义到"天下中心"义,进而演为近代的与世界列邦并存的民族国家之名。

(一)古汉语中对"中国"的解释

作为中国文化演出舞台的"中国",是一个耳熟能详的词语,然而,其内涵却经历了曲折的流变:从古代的"天下中心"之名,演变为近代的与世界列邦并存的民族国家之名。

中国之"中",甲骨文、金文,均像"有旒之斾(有飘饰的旗帜)",士众围绕"中(旗帜)"以听命。故"中"引申为空间上的中央,谓左右之间,或四方之内核;又申发为文化或政治上的枢机、轴心地带,所谓"当轴处中"。

中国之"国",繁体作"國",殷墟甲骨文尚无此字,周初金文出现"或"及"國"字,指城邑。《说文解字》:"邑,國也,从囗",原指城邑。古代的城,首先是军事堡垒,"囗"(音围)表示城垣,其内的"戈"表示武装,引申为武装保卫的天子之都,以及诸侯辖区、城中、郊内等义。

由"中"与"国"组成"中国",以整词出现,较早见于周初,如青铜器何尊的铭文记周王克商,廷告上天曰:"余其宅兹中国,自之辟民。"传世文献《尚书·周书·梓材》追述周成王,曰:"皇天既付中国民,越厥疆土,于先王肆。"《诗经》《左传》《孟子》等先秦典籍也多用此词。

"中国"初义是"中央之城",即周天子所居京师(首都),与"四方"对称,如《诗·大雅·民劳》云:"民亦劳止,汔可小康。惠此中国,以绥四方。"毛传释曰:"中国,京师也。"《孟子·万章》讲到舜深得民心、天意:"夫然后之中国,践天子位焉。"这些用例的"中国",均指居天下之中的都城,即京师,诚如刘熙为《孟子》作注所说:"帝王所都为中,故曰中国。"

明末来华传教士艾儒略等带来世界地图和五洲四洋观念。瞿式耜《职方外纪小言》云："按图而论,中国居亚细亚十之一,亚细亚又居天下五之一。"这是对传统的"中国者,天下之中也"观念的理性反思与修正。

初义"京师"的"中国"又有多种引申义：①指诸夏列邦,即黄河中下游这一文明早慧、国家早成的中原地带,居"四夷"之中。《诗·小雅·六月》序："四夷交侵,中国微矣。"西周时,"中国"主要包括宋、卫、晋、齐等中原诸侯国,此义的"中国"后来在地域上不断有所拓展。②指国境之内。《诗·大雅·荡之什》："文王曰咨,咨女殷商！女炰烋于中国,敛怨以为德。"《谷梁传·昭公三十年》注："'中国',犹国中也。"③指中等之国。《管子》按大小排列,将国家分为王国、敌国、中国、小国。④指中央之国。《列子》按方位排列,将国家分为南国、北国、中国。

以上多种含义之"中国",使用频率最高的,是与"四夷"对称的表诸夏义的"中国",如《诗·小雅·六月》序云："《小雅》尽废,则四夷交侵,中国微矣。"南朝宋刘庆义《世说新语·言语》说："江左地促,不如中国。"唐代韩愈《论佛骨表》云："伏以佛者夷狄之一法耳。自后汉时流入中国,上古未尝有也。"

这些"中国",皆指四夷万邦环绕的中原核心地带。其近义词则有"中土""中原""中州""中夏""中华",等等。

(二)晚周以降,"中国"一词从地理中心、政治中心派生出文化中心的含义

"中国"原指华夏族活动的地理中心与政治中心,自晚周以降,"中国"一词还从地理中心、政治中心派生出文化中心的含义。《史记·赵世家》所载战国赵公子成的论述颇有代表性：

> 中国者,盖聪明徇智之所居也,万物财用之所聚也,贤圣之所教也,仁义之所施也,诗书礼乐之所用也,异敏技能之所试也,远方之所观赴也,蛮夷之所义行也。

与叔父公子成论战的赵武灵王则指出,夷狄也拥有可资学习的文化长处,如"胡服骑射"便利于作战,中原人应当借取,从而壮大"中国"的文化力。发生在赵国王室的这场辩论,给"中国"的含义赋予了文化中心的内蕴。

古人还意识到文化中心是可以转移的,故"中国"与"夷狄"往往发生互换,唐代韩愈《原道》所谓"诸侯用夷礼则夷之,进于中国则中国之"。明清之际哲人王夫之在《读通鉴论》《思问录》等著作中,对"中国"与"夷狄"之间文野地位的更替,做过深刻论述,用唐代以来先进的中原渐趋衰落,

蛮荒的南方迎头赶上的事实,证明华夷可以变易,"中国"地位的取得与保有,并非天造地设,而是依文化先进区不断流变而有所迁衍,诚如《思问录·外篇》所说:"天地之气衰旺,彼此迭相易也。"

(三)"中国"是如何衍变为国名的

我国古代多以朝代作国名(如汉代称"汉""大汉",唐代称"唐国""大唐",清代称"清国""大清"),外人也往往以我国历史上强盛的王朝(如秦、汉、唐)或当时的王朝名称呼中国及中国人,如日本长期称中国人为"秦人",称中国为"汉土""唐土",江户时称中国人为"明人""清人";古希腊、古罗马称中国为"赛里丝",意谓"丝国"。

以"中国"为非正式的国名,与异域外邦相对称,首见于《史记·大宛列传》,该传载汉武帝派张骞出使西域:

> 天子既闻大宛及大夏、安息之属皆大国,多奇物、土著,颇与中国同业……乃令骞因蜀、犍为发间使,四道并出。

这种以"中国"为世界诸国中并列一员的用法,汉唐间还有例证,如《后汉书·西域传》以"中国"与"天竺(印度)"并称,《唐会要·大秦寺》以"中国"与"波斯(伊朗)""大秦(罗马帝国)"并称。但这种用例以后并不多见。

一个朝代自称"中国"的用例,始于元朝。《元史·列传·外夷一》载,元世祖忽必烈派往日本的使臣在所持国书中,称自国为"中国",将日本、高丽(朝鲜半岛)、安南(越南)、缅甸等邻邦列名"外夷"。明清沿袭此种"内中外夷"的华夷世界观,有时也在这一意义上使用"中国"一词,但仍未以之作为正式国名。

"中国"作为与外国对等的国体概念,萌发于宋代。北宋不同于汉唐的是,汉唐时中原王朝与周边维持着宗主对藩属的册封关系和贡赉关系,中原王朝并未以对等观念处理周边问题;北宋则不然,北疆出现了与之对峙的契丹及党项羌族建立的王朝辽与西夏,这已是两个典章制度完备、自创文字,并且称帝的国家,又与北宋长期处于战争状态,北宋还一再吃败仗,以致每岁纳币,只得放下天朝上国的架子,以对等的国与国关系处理与辽及西夏的事务,故宋人所用"中国"一词,便具有较清晰的国体意味。在这种历史条件下,北宋理学家石介作《中国论》,此为首次出现的以"中国"为题的文章,该文称"居天地之中者曰中国,居天地之偏者曰四夷"。

这时已经有了国家疆界的分野,没有继续陶醉于"溥天之下,莫非王土"的虚幻情景之中,此后,"中国"便逐渐从文化主义的词语,变为接近国体意义的词语。当然,国体意义上的"中国"概念,是在与近代欧洲国家建立条约关系时正式出现的。

欧洲自17世纪开始形成民族国家(nation-state)，并以其为单位建立近代意义上的国际秩序。清政府虽然对此并无自觉认识，却因在客观上要与这种全然不同于周边藩属的西方民族国家打交道，因而需要以一正式国名与之相对，"中国"便成为首选。这种国际关系最先发生在清俄之间。俄国沙皇彼得一世遣哥萨克铁骑东扩，在黑龙江上游与康熙皇帝统治下的清朝遭遇，争战后双方于1689年签订《尼布楚条约》，条约开首以满文书写清朝使臣职衔，译成汉文是"中国大皇帝钦差分界大臣领侍卫大臣议政大臣索额图"，与后文的"斡罗斯(即俄罗斯)御前大臣戈洛文"相对应。康熙朝敕修《平定罗刹方略界碑文》，言及边界，有"将流入黑龙江之额尔古纳河为界：河之南岸属于中国，河之北岸属于鄂罗斯"等语，"中国"是与"鄂罗斯(俄罗斯)"相对应的国名。

如果说，17世纪末叶与俄罗斯建立条约关系还是个别事例，此后清政府仍在"华夷秩序"框架内处理外务，那么，至19世纪中叶，西方殖民主义列强打开清朝封闭的国门，古典的"华夷秩序"被近代的"世界国家秩序"所取代，"中国"愈益普遍地作为与外国对等的国名使用，其"居四夷之中"的含义便逐渐淡化。

第一次鸦片战争期间，中英两国来往照会公文，言及中方，有"大清""中华""中国"等多种提法，而"中国"用例较多，如林则徐《拟谕英吉利国王檄》说："中国所行于外国者，无一非利人之物。"以"中国"与"外国"对举。与英方谈判的清朝全权大臣伊里布《致英帅书》，称自国为"中国"，与"大英""贵国"对应，文中有"贵国所愿者通商，中国所愿者收税"之类句式；英国钦奉全权公使璞鼎查发布的告示中，将"极东之中国"与"自极西边来"的"英吉利国"相对应，文中多次出现"中国皇帝""中国官宪""中国大臣"等名目。而"中国"正式写进外交文书，首见于道光二十二年七月二十四日(1842年8月29日)签署的中英《江宁条约》(通称《南京条约》)，该条约既有"大清"与"大英"的对称，又有"中国"与"英国"的对称，并多次出现"中国官方""中国商人"的提法。此后清朝多以"中国"名义与外国签订条约，如中美《望厦条约》以"中国"对应"合众国"，以"中国民人"对应"合众国民人"。

（四）历史上一段时间，"中国"并非我国的专称

古代中原人常在"居天下之中"的意义上称自国为"中国"，但也有见识卓异者发现，"中国"并非我国的专称，异域也有自视"中国"的。曾西行印度的东晋高僧法显在《佛国记》中说，印度人以为恒河中游一带居于大地中央，称之为"中国"。

明末来华的耶稣会士利玛窦、艾儒略等带来世界地图和五洲四洋观念，改变了部分士人的中央意识。如瞿式耜《职方外纪小言》云："按图而论，中国居亚细亚十之一，亚细亚又居天下五之一……戋戋持此一方，胥天下而尽斥为蛮貊，得无纷井底蛙之消乎。"

清人魏源接触到更翔实的世界地理知识，认识到列邦皆有自己的"中国"观。《海国图志》卷七十四云："释氏皆以印度为中国，他方为边地。……天主教则以如德亚为中国，而回教以天方国为中国。"

近代学人皮嘉佑《醒世歌》一文道："若把地球来参详，中国并不在中央。地球本是浑圆物，谁是中央谁四旁？"这都是对传统的"中国者，天下之中也"观念的理性反思与修正。

近代中国面临西东列强侵略的威胁，经济及社会生活又日益纳入世界统一市场，那种在封闭环境中形成的虚骄的"中国者，天下之中也"观念已日显其弊，具有近代意义的"民族国家"意识应运而生，以争取平等的国家关系和公正的国际秩序。而一个国家要自立于世界民族之林，拥有一个恰当的国名至关重要。

"中国"作为流传久远、妇孺尽知的简练称号，当然被朝野所袭用。梁启超、汪康年等力主应当扬弃"中国者，天下之中也"的妄见，但"中国"这个自古相沿的名称可以继续使用，以遵从传统习惯，激发国民精神。他们指出，以约定俗成的专词作国名，是世界通则，西洋、东洋皆不乏其例。"大清"和"中国"在清末曾作为国名，交替使用，辛亥革命以后，"中国"先后作为中华民国和中华人民共和国的简称，以正式国名被国人共用，并为国际社会普遍肯认。

今人当在全面观照"中国"的古典义和现代义及二者的因革转化的基础上，使用"中国"一词。

（本文原载《北京日报》2013 年 3 月 11 日）

二、中华民族

在中国这片广袤、丰腴的大地上生活劳作的各族人民，统称中华民族。

民族，泛指历史上形成的、处于不同社会发展阶段的各种人群共同体。从时序划分，有原始民族、古代民族、现代民族。中国古籍表述这一概念的有"民""族""种""部""类"等单字词，也有"族类""族部""民群""民种"等双字词。其核心单字词"族"，原义"矢锋（箭头）"，引申为"众"。《说文解字》曰："族，矢锋也，束之族族也。……众矢之所集。"集合义的"族"，演为具有相似属性的人群集合的专称。中国自古注重族群文化心理的同一性，《左传·成公四年》称"非我族类，其心必异"，即此之谓。

古汉语的"族""族类"，是区分"内华夏、外夷狄"的旧式民族主义概念，而双音节的"民族"一词，乃是近代民族主义概念，以往多认为是从日本输入的。作为单一族群的日本人，在前近代已完整地具备民族诸要素（共同地域、共同经济生活、共同语文、共同心理），故西方近代民族主义概念传入日本，迅速得以风行。明治时期，日本学者将"民"与"族"组合成"民族"一词，对译英语"nation"，19、20世纪之交，由中国留日学生和政治流亡者将这一术语传入中国。故清末使用"民族"一词的学人，多有游日经历。

然而，考索词源，"民族"作为整词出现，并非始于日本。据方维规《论近代思想史上的"民族"、"Nation"与"中国"》（《二十一世纪》2002年4月号）一文考索，早在19世纪上半叶，入华西方新教传教士、日耳曼人郭实腊等编辑的《东西洋考每月统记传》道光十七年（1837年）九月号载《约书亚降迦南国》，已创译"以色列民族"一语，此为汉字整词"民族"的较早出现。同治年间，文士王韬于1874年所著《洋务在用其所长》也出现"民族"一词。上述两例均在日制汉字词"民族"之前，但属于零星个案，并未产生影响。至清代末叶，伴随着近代"民族国家"观念的勃兴，日制"民族"一词传入中国，逐渐为人使用，如1896年《强学报》第二号、1896年《时务报》皆有例证。1898年6月，康有为给光绪皇帝上《请君民合治满汉不分折》，有"民族之治"一语。章太炎有"自帝系世本推迹民族"①的论说。梁启超《东籍月旦》（1899年）、吴汝纶《东游丛录》（1902年）都使用"民族"一词。梁启超在《新民说·论自由》中更强调"今日吾中国最急者……民族建国问题而已"，提出建立近代意义上的民族国家的任务，其内容有"完备政府""谋公益""御他族"，等等。当然，多民族的中国较之单一民族的日本，建立近代民族国家的情况复杂得多。就清末而言，首先面临的是满洲贵族对数量巨大的汉族的民族压迫问题。孙中山1904年在《中国问题的

---

① 章太炎：《检论·序种姓上》，载《章太炎全集》第三册，上海人民出版社1984年版，第365页。

真解决》中便是以此为症结议论"民族"的。1905年他在《民报·发刊词》中对"民族"和"民族主义"又做系统阐发，虽有"排满"之议，却又有更宏阔的视野，并与西方近代民族主义对接。辛亥革命后，民族主义超越"排满"，成为争取全中国诸民族共同权益，以自立于世界民族之林的新思想。旧式民族主义正式向近代民族主义过渡，"民族"一词自此广泛使用，成为常用汉字词。

"中华"是"中国"与"华夏"的复合词之简称，较早出现于华夷混融的魏晋南北朝，《魏书》《晋书》多有用例①。"华"通"花"，意谓文化灿烂，所谓中国"有服章之美，故谓之华"②。华夏先民建国黄河中游，自认中央，且又文化发达，故称"中华"。《唐律名例疏议释义》说："中华者，中国也。亲被王教，自属中国，衣冠威仪，习俗孝悌，居身礼义，故谓之中华。"

所谓"中华"，已淡化地理方位的中心性，突出文化上的先进性。1367年，朱元璋命徐达北伐讨元，其檄文有"驱逐胡虏，恢复中华"的著名口号，这种与"胡虏"对称的"中华"，指汉族及汉文化传统。至近代，"中华"则逐渐成为指认全中国的一种文化符号。梁启超1902年著《论中国学术思想变迁之大势》，有如下句式：

> 四千余年之历史未尝一中断者谁乎？我中华也。
>
> 盖大地今日只有两文明：一泰西文明，欧美是也；二泰东文明，中华是也。

这是从时间向度和空间向度上确立"中华"概念的：前条在中国文化的一贯性上指认"中华"，后条在与"泰西（西洋）"相对上指认"中华"。

由"民族"与"中华"组成的复合词"中华民族"，出于晚清，曾与"中国民族"同位并用。梁启超1902年在上引同文中，首用"中华民族"一词，联系上下文，是指在中国土地上的诸族之总称。此前在1901年，梁氏《中国史叙论》中多次出现"中国民族"，也指历来生息于中国的诸族总称。蔡元培1918年为胡适《中国哲学史大纲》作序，仍用"中国民族"，亦指中国诸族。1905年孙中山组建同盟会，其誓词有"驱除鞑虏，恢复中华"一语，是对朱元璋讨元檄文口号的袭用。与此同时，章太炎在《中华民国解》中使用"中华民族"一词。孙、章此间所说"中华"和"中华民族"，均指汉族，这与革命派推翻满洲贵族统治的政治目标相关。而与章氏的"排满革命"展

---

① 《魏书·礼志》："下迄魏晋，赵秦二燕，虽地据中华，德祚微浅。"《魏书·宕昌传》也有用例。《晋书·刘乔传》："今边陲无备豫之储，中华有杼轴之困。"

② 《左传·定公十年》："裔不谋夏，夷不乱华。"孔颖达疏："中国有礼义之大，故称夏，有服章之美，故谓之华。"

开论辩的立宪派杨度,在《金铁主义说》中则从中国诸族文化共同性出发,论述"中华"和"中华民族":

> 则中华之名词,不仅非一地域之国名,亦且非一血统之种名,乃为一文化之族名。……华之所以为华,以文化言,不以血统言,可决知也。故欲知中华民族为何等民族,则于其民族命名之顷,而已含定义于其中。与西人学说拟之,实采合于文化说,而背于血统说。华为花之原字,以花为名,其以之形容文化之美,而非以之状态血统之奇。①

此论扬弃民族的体质人类学标准,而取文化人类学标准,超越肤色、形貌等血统、种族属性,从创造共同文化、形成共同心理这一关节点上阐明"中华民族"精义。

辛亥革命以后,孙中山倡言"合汉、满、蒙、回、藏诸族为一人——是曰民族之统一"②,此即"五族共和"说。1912年3月,黄兴等成立"中华民国民族大同会",不久改称"中华民族大同会",孙中山盛赞该会"提携五族共路文明之域"③的宗旨。李大钊1917年著《新中华民族主义》,主张对古老的中华民族"更生再造",在中国诸族融合的基础上形成"新中华民族"。孙中山1919年著《三民主义》,阐述新的民族主义:汉族"与满、蒙、回、藏之人民相见于诚,合为一炉而冶之,以成一中华民族之新主义"。孙氏晚年力主中国民族自求解放,中国境内各民族一律平等。④ 总之,经过近代以来历史进步的长期熏染,"中华民族"的含义确定为中国诸族之总称,对内强调民族平等,对外力争民族解放、国家独立。现在人们普遍在这一意义上使用"中华民族"一词。

"中华民族"既有悠远深邃的历史渊源,又在近代民族国家竞存的世界环境中得以正式铸造,费孝通1988年11月在香港中文大学主办的"泰纳演讲(Tanner Lecture)"中指出:

> 中华民族作为一个自觉的民族实体,是近百年来中国和西方列强对抗中出现的,但作为一个自在的民族实体,则是在几千

---

① 杨度:《杨度集》,湖南人民出版社1986年版,第374页。
② 孙中山:《孙中山全集》第二卷,中华书局1982年版,第2页。
③ 1912年4月3日《临时政府公报》第56号。
④ 孙中山:《孙中山全集》第九卷,中华书局1986年版,第118页。

年的历史过程中形成的。①

费先生将中华民族多元一体格局概括为六个特点：①中华民族多元一体格局存在一个凝聚核心，这个核心先是华夏集团，后是汉族。汉族主要聚居在农业地区，但也大量深入到少数民族聚居地区，形成一个点线结合、东密西疏的网络，这个网络正是多元一体格局的骨架。②汉族主要从事农业，少数民族中有很大一部分从事牧业，在统一体内形成内容不同但相互补充的经济类型。③除回族、畲族外，少数民族一般都有自己的语言，但汉语已逐渐成为通用语言。④导致民族融合的具体条件是复杂的，虽然政治的原因不应忽视，但主要是出于社会和经济的需要。汉族的农业经济是汉族凝聚力的来源。⑤中华民族的成员众多，各成员人口规模悬殊，是个多元结构。⑥中华民族成为一体的过程是逐步完成的，先有各地区的初级统一体，继而形成长城内外北牧南耕的两大统一体，后又以汉族为特大核心，通过各民族流动、混杂、分合、通商等，将各民族串联在一起，形成中华民族自在的民族实体，并取得大一统的格局，近代则在共同抵抗西方列强的压力下形成了一个休戚与共的自觉的民族实体。在中华民族的统一体中存在着多层次的多元结构，各个层次的多元关系又存在着分分合合的动态和分而未裂、融而未合的多种情状。②

有些学者在基本肯认费先生"多元一体"说的前提下，做出修正，如孙秋云指出：

> 在中华民族从分散到一体的形成过程中，起凝聚作用的不是汉族族体，而是以汉族为代表的在当时国内各民族眼中属于"先进水平"且为大家所景仰的"汉文明"。汉族和在中原地区建立王朝的少数民族在历史上并不是以血统或种族的形态去吸引和统合别族的，主要是以发挥"文化"或"文明"影响的方式来起到这个核心和凝聚作用的。③

笔者赞同此一论说，中华民族多元一体格局的形成，与其说是汉族族体的扩展过程，不如说是"汉文明"的播散过程，是"汉文明"被诸族接受、

---

① 费孝通：《中华民族多元一体格局》，中央民族学院出版社1989年版，第36页。

② 费孝通：《中华民族多元一体格局》，中央民族学院出版社1989年版，第29-33页。

③ 尹绍亭等：《〈中南民族大学学报〉人类学民族学文存》，云南人民出版社2017年版，第47页。

认同的过程。故"中华民族"是一个文化人类学范畴,而不是一个种族人类学范畴。

在近代,逐步走出封闭状态的国人,面对西东列强进逼的世界格局,民族国家观念觉醒,这种观念既受启迪于世界新思潮,又深植于中国诸族在数千年历史进程中形成的共同命运和近似文化心理,诚如梁启超在《中国历史上民族之研究》中所说:"凡遇一他族而立刻有'我中国人'之一观念浮于其脑际者,此人即中华民族一员也。"

中国历来是多民族国家,自古居于中原的汉族与周边少数民族长期互动共存。历史上影响较大的少数民族,东北有乌桓、鲜卑、高丽、室韦、契丹、女真等,北方有匈奴、乌孙、突厥、回纥、蒙古等,西南有氐羌、吐谷浑、吐蕃、西南夷等,南方有武陵蛮、僚、瑶、苗、黎等。经长期的民族融合、民族迁徙,形成中国境内今之诸族,合为中华民族。中华民族呈"多元一体格局","它所包括的五十多个民族单位是多元,中华民族是一体"[①]。多元中的统一,统一中的多元,使得中华民族的历史进程和现实格局色彩缤纷、生机勃勃,在多样性中保持强劲的凝聚力。

今之中华民族是中国境内56个民族的总称,据第七次人口普查数据,其中汉族占总人口的91.1%,构成中华民族的主体,多聚居于黄河、长江、珠江流域和松辽平原,使用汉藏语系的汉语、形意文字的汉字。其他民族多生活在东北、北、西北、西南地区,分布区域占全国总面积的50%~60%,主要分属汉藏语系和阿尔泰语系,人口百万以上的18个:壮族、回族、维吾尔族、彝族、苗族、藏族、满族、蒙古族、布依族、土家族、哈尼族、黎族、哈萨克族、傣族、朝鲜族、瑶族、侗族、白族;人口百万以下、十万以上的18个:傈僳族、东乡族、佤族、畲族、拉祜族、水族、纳西族、景颇族、柯尔克孜族、达斡尔族、仡佬族、羌族、仫佬族、锡伯族、布朗族、撒拉族、毛南族、土族;人口十万以下、一万以上的13个:乌孜别克族、俄罗斯族、保安族、裕固族、京族、阿昌族、门巴族、普米族、塔吉克族、怒族、鄂温克族、德昂族、基诺族;人口万人以下的6个:塔塔尔族、独龙族、鄂伦春族、赫哲族、高山族、珞巴族。

民族是历史范畴,有其发生、发展、消亡的过程。汉族由在夏、商、周三代形成的华夏族与周边诸族融合而成,汉代以后渐称"汉人""汉族",并继续与诸族融合。其他诸族也是如此,如人口最多的少数民族壮族,是古代百越各支经长期演化而来,史称"西瓯""骆越""乌浒""僚"等,与汉族交

---

① 费孝通:《中华民族多元一体格局》,中央民族学院出版社1989年版,第1页。

流频繁,后总称"僮",1965年改称壮族。满族的先世为东北的肃慎、挹娄、勿吉、靺鞨等古族,10世纪改称"女真",17世纪定族名"满洲",简称满族。满族入主中原前后,深受汉文化影响。

多元一体的中华民族,共同创造了绚烂多姿的中华文化,并不断传承、光大。以文学为例,汉族有《诗经》、《楚辞》、汉赋、唐诗、宋词、元曲、明清小说的辉煌;诸少数民族也有卓越创造,藏族史诗《格萨尔王》、蒙古族史诗《江格尔传》、维吾尔族《阿凡提的故事》、彝族的《阿诗玛》等都是彪炳千秋的杰作。而且,在汉文学精品中,也渗透着少数民族的贡献,汉化蒙古人蒲松龄著《聊斋志异》、满洲正白旗包衣曹雪芹著《红楼梦》便是明例。又如医学方面,汉族医术渊深博大,藏医、蒙古医也别具异彩,且与汉医相互启迪、补充。总之,现存56个民族,以及迁徙、消亡了的民族(如匈奴、党项、契丹等),都对中华文化做出了不可磨灭的贡献。

三、人文

作为古典词的"文化",是"人文化成"的约称,故在讨论"文化"的含义之前,先须明了"人文"的内蕴。

"人文"作为一个汉语词汇,最早出现于《周易》的贲卦的象辞。贲卦(☲下离上艮)讲本质与现象的关系,通过刚柔互相文饰的命题加以论证。其卦辞经文和象传文字为:

> 贲:亨。小利有攸往。
> 象曰:贲"亨",柔来而文刚,故"亨";分刚上而文柔,故"小利有攸往",天文也。文明以止,人文也。观乎天文,以察时变。观乎人文,以化成天下。

象传通过天象和人事两方面论证刚柔互相文饰的关系。天的本质不可见,而日月一往一来,交互错杂,文饰于天上,通过这种现象就可以认识天的本质。就人而言,有质(思想品质)与文(文明礼仪)的关系问题,通过文明礼仪可以反映人的思想品质,故"文明以止,人文也"——人的文明礼仪能止其所当止,如君臣、父子、兄弟、夫妇、朋友间的关系,能守其礼仪上的分寸而不逾越,便达到了"人文"境界。象传用"观乎天文,以察时变。观乎人文,以化成天下"总结全句,意谓观视天文日月刚柔交错的现象,就能察知四时寒暑相代谢的规律;观视人的文明礼仪各止其分的现象,就可以教化天下,使人人能具备高尚的道德品质。吴徵对《易·贲卦》的"文明以止,人文也"所作的注释为:"文明者,文采著明在人,五典之叙,五礼之秩,粲然有文,而安其所止,故曰人文也。"将"人文"诠释为以焕发的文采、粲然的典章制度使社会止其当止,而不是凭借威武之力去维持社会秩序。

综上所述,《周易》中首出的"人文"一词,意指人际关系的准则,它的确立是人仿效刚柔交错的"天文"的结果,却并非神的授意,同希伯来《旧约》中上帝耶和华向摩西宣示的神与人的约法大不一样。如果把《旧约》的法则称为"神文法则",那么,《周易》的法则便是"人文法则"。自周代以降,中国便确立了与天道、自然相贯通的人文传统,形成一种"尊天、远神、重人"的文化取向,并深刻影响着中国文化的性格。

出现于当代中国人笔端、口头的"人文精神",以及"人文主义""人文思想""人文传统",是意蕴丰富而规定性又并不十分确定的概念。其原因在于,作为中国古已有之的"人文"一词,现代用作翻译西方文艺复兴的思想主潮 humanism 的基本词素,这样,"人文主义"就有了"西方的"与"中国的"两种含义。

据董乐山考证,英文 humanism 一词是从德文 humanismus 译来,该词语是 1808 年德国一位教育家在一次关于希腊罗马经典著作在中等教育的位置的辩论中,根据拉丁文词根 humanus 杜撰的。意大利文艺复兴时期把教古典语言和文字的先生叫 humanusa,源出 humanitas,意为人性修养,文艺复兴的开启者彼特拉克在佛罗伦萨开设的古典教育课程 Studia Humanitatis 包含人文学的意义。① 根据董先生这一语源学考索,可以认为,中译为"人文主义"的英文 humanism 一词一般被赋予了四种含义——甲、人道主义;乙、人本主义;丙、欧洲文艺复兴时期的人文主义;丁、从拉丁或希腊古典文化研究推引出来的人文学科研究。应以丙、丁为原义,甲、乙为引申义。

发端于南部欧洲的文艺复兴,其"人文主义"的含义由意大利人彼特拉克于 14 世纪首先阐明,以后逐步演绎为与欧洲中世纪盛行的"神文主义"相抗衡的一种新思潮。今之西方人对文艺复兴时期的"人文主义"是如此界定的:

人文主义无非是讲授古典文学,但是,更为适当的提法是,

---

① 董乐山:《"人文主义"溯源》,载《文汇读书周报》1994 年 7 月 9 日第 3 版。

凡重视人与上帝的关系、人的自由意志和人对于自然界的优越性的态度,都是人文主义。从哲学方面讲,人文主义以人为衡量一切事物的标准。……人文主义从复古活动中获得启发,注重人对于真与善的追求。人文主义扬弃偏狭的哲学系统、宗教教条和抽象推理,重视人的价值。人文主义者虽然不断努力,要把基督教思想与古代世界的哲学相联系,但他们播下了宗教改革运动的种子。近年来人文主义一词常指强调个人价值而信仰上帝的思想体系。①

黑格尔的《历史哲学》在论及中古时代晚期的"古学研究"时,对"人文"做了这样的表述:"'人文'这个词是富于意义的,因为在那些古学研究中,人类的东西和人类的文化受到了尊重。"②这一论述揭示了文艺复兴及人文主义的真谛。

概言之,西方兴起于 14 世纪至 16 世纪的"人文主义",与中世纪的"神文主义"相对应,在人与上帝、人与自然的关系中,高扬人的意义,尤其强调个人价值和人的现世幸福,其思路,上承古希腊的古典民主和建立在原子论基础上的个性主义,下启 18 世纪启蒙运动的自由、平等、博爱和近世民主精神;同时又诱发了享乐主义、物欲主义,以及因现世精神的扩张而导致终极关怀失落。继文艺复兴而起的宗教改革,其新教伦理以禁欲主义的节俭、勤业精神,号召人们在俗世创造财富以完成上帝交付的"天职"。③ 新教伦理除有批判封建独断的旧教的意味之外,也包含着对人文主义走向现世享乐主义极端的一种救正。是否可以这样说:文艺复兴的人文主义和宗教改革的新教伦理,共同构造了西方资本主义精神,为西方文化的现代转型奠定观念基础。19 世纪末叶以降,当西方实现工业化以后,人文主义被再度召唤,成为对工具理性和实利主义片面膨胀的"现代病"的一种反拨。

至于中国的人文传统,则颇具"早熟性"。远在周代,与殷商时期的尊神重鬼思想相对应,"重人""敬德"观念应运而兴。先秦典籍所谓"惟人万物之灵"(《尚书·泰誓上》),"故人者,其天地之德,阴阳之交,鬼神之会,五行之秀气也"(《礼记·礼运》),便是中国式的人文精神的先期表述。后来汇合成中国文化主流的儒、法诸家,都以人间伦常、现实政治为务,"舍

---

① 《简明不列颠百科全书》第六卷,中国大百科全书出版社 1986 年版,第 761 页。
② 黑格尔:《历史哲学》,生活·读书·新知三联书店 1956 年版,第 457 页。
③ 马克斯·韦伯:《新教伦理与资本主义精神》,四川人民出版社 1986 年版。

诸天运,征乎人文"(《后汉书·刘虞公孙瓒陶谦列传》),成为中华文化的主要价值取向。就"远神近人",以人为本位这一点而言,中国的人文传统与西方文艺复兴的人文主义似有相通之处,故借用中国古典的"人文"二字翻译西方中世纪末期兴起的新思潮——humanism,不无道理。

然而,中国传统的人文精神与西方的人文主义并非一回事,其最大差异在于对"人"的理解不同。西方文艺复兴时期形成的人文主义以古希腊的原子论和雅典学派的人论为根据,强调人是具有理智、情感和意志的独立个体,并从人性论出发,要求个性解放,摆脱封建等级观念,发展个人的自由意志。而中国人文传统的旨趣,可做如下概括:

> 把人看成群体的分子,不是个体,而是角色,得出人是具有群体生存需要、有伦理道德自觉的互动个体的结论,并把仁爱、正义、宽容、和谐、义务、贡献之类纳入这种认识中,认为每个人都是他所属关系的派生物,他的命运同群体息息相关。这就是中国人文主义的人论。①

中国的人文传统渊深浩博,它展开于宇宙论、政治论、人生论、道德论、历史观等诸多领域,中国文化的若干特色,如经验理性、经世传统、侧重伦常、尊君与民本二重构造、富于历史感、和而不同,等等,都与其相关。故讨论中国文化,不可不从"人文"精义入手。

四、文化·文明

在汉语系统中,"人文"是一个能动概念,仿效"天文(自然)"规则而成的"人文",具有改造、化育万物的强大力量,这便是所谓"人文化成"。而"人文化成"的简称便是"文化"。

"文化"由"文"与"化"组合而成,是"人文化成""文治教化"的省称。

"文"原指各色交错的纹理②,引申为包括文字在内的各种象征符号,

---

① 庞朴:《中国文明的人文精神(论纲)》,载《光明日报》1986年1月6日。
② 《说文解字》:"文,错画也,象交文。"王筠注:"错者,交错也。错而画之,乃成文。"

又具体化为文书典籍①、文章②、礼乐制度③,与"武"对应的文治、文事、文职④,与"德行"对应的文学艺能⑤;又引申为修饰、人为加工,与"质"对称⑥,与"实"对称⑦。条理义的"文",又用以表述自然现象的脉络,组成"天文、地文、水文"等专词;用以表述人伦秩序,则组成"人文"。"文"又发展为德行、智慧的总称,古代每以"文"追谥贤明先王:"经纬天地曰文,道德博厚曰文,学勤好问曰文,慈惠爱民曰文,愍民惠礼曰文,锡民爵位曰文"(《逸周书·卷六·谥法解》),周文王、晋文公、汉文帝为其显例。

"化",指二物相接,其一方或双方改变形态性质,由此引申出教化⑧、教行⑨、迁善⑩、感染、化育⑪诸义。归结起来,"化"略指二物相接,其一方或双方改变形态性质,故"化"有教行、迁善、化而成之诸义。

"文"与"化"配合使用,首见于《易·贲卦》的彖传文字:"观乎天文,以察时变。观乎人文,以化成天下。"此一名论,以天象有"文"(即条理)可循,比拟人伦亦有"文"可循,观察此"人文"(即人间条理),用以教化世人,便可成就平治天下的大业。这种"人文化成"的设想,是中华先哲对"文化"的理解,形成一种区别于"神文"倾向的"人文"倾向。

"文化"构成整词,始于西汉末年经学家刘向(约前77—前6)的《说苑·指武》:"凡武之兴,为不服也,文化不改,然后加诛。"这是在与武力相对应的意义上使用"文化"一词。与此相似的用例有晋代束皙的"文化内辑,武功外悠"(《补亡诗》)。另外还有在与宗教神性相对应的意义上使用"文化"一词的,如南齐王融的"设神理以景俗,敷文化以柔远"(《三月三日曲水诗序》)。总之,作为整词的"文化",是"文治"与"教化"的合称,已沿用近2000年;而如前所述,包含"人文化成""文治教化"含义的各种短语、

---

① 《尚书·序》:"古者伏羲氏之王天下也,始画八卦,造书契,以代结绳之政,由是文籍生焉。"
② 《汉书·贾谊传》:"以能诵诗书属文,称于郡中。"
③ 《论语·子罕》:"文王既没,文不在兹乎?"朱熹集注:"道之显者谓之文,盖礼乐制度之谓。"
④ 《尚书·武成》:"王来自商,至于丰,乃偃武修文。"
⑤ 《论语·学而》:"弟子入则孝,出则弟,谨而信,泛爱众,而亲仁。行有余力,则以学文。"
⑥ 《论语·雍也》:"质胜文则野,文胜质则史。文质彬彬,然后君子。"
⑦ 《二程粹言·卷一》:"理者,实也,本也;文者,华也,末也。"
⑧ 《易·乾卦》:"善而不伐,德博而化。"
⑨ 《说文解字》:"化,教行也。"
⑩ 《荀子·不苟》:"神则能化矣。"注:"化,谓迁善也。"
⑪ 《礼记·乐记》:"和,故百物皆化。"

句式，早在先秦多有用例，已传延2000余年。唐人吕温的《人文化成论》对此义有所阐发。①

总之，中国古代的"文化"概念，大体属于精神文明（或曰狭义文化）范畴，约指文治教化的总和，与天造地设的自然对应（"人文"与"天文"对称），与无教化的"质朴"和"野蛮"形成反照（"文"与"质"相对，"文"与"野"相对）。"文化"含义放大，获得现代义，是近代以来百余年间的事，首先是在日本人以此词对译西洋术语的过程中开始的。日本是汉字文化圈的一员，在古代已接受并广为使用包括"文化"在内的成批汉字词。19世纪中后期的明治维新期间，日本大规模译介西方学术，其间多借助汉字词意译西洋术语，而选择"文化"对译英语及法语culture便是一例。由此，"文化"在汉字古典义的基础上，注入来自西方的新内涵，又经游学东洋的中国学人逆输入中国。故"文化"等词语在近代经历了"中—西—日"之间的概念旅行。

英文和法文culture的词源是拉丁文cultura，其原形为动词，有耕种、居住、练习、留心、注意、敬神诸义，以物质生产为主，略涉精神生产，总义是指通过人为努力摆脱自然状态。16、17世纪，英文和法文的culture（德文对应词为kultur）词义逐渐由耕种引申为对树木禾苗的培养，进而指对人类心灵、知识、情操、风尚的化育，从重在物质生产转向重在精神生产。大体言之，德文的"文化（kultur）"，偏于精神层面；美国的社会学家、人类学家、文化学家所说的"文化（culture）"却是广义的，包括社会生活的全部，约略相当于法文的"文明（civilisation）"，将衣、食、住、行、用、娱乐、各种技术、生活方式及至待人接物、婚、丧、祭祀、宗教信仰等，皆纳入"文化"，并认为人的人格也由文化陶铸而成。英国的人类学家泰勒（1832—1917）1871年在《原始文化》中，给文化下了一个著名的定义：

> 文化或文明，就其广泛的民族学意义来说，是包括全部的知识、信仰、艺术、道德、法律、风俗以及作为社会成员的人所掌握和接受的任何其他的才能和习惯的复合体。②

这个定义并举了文化内容诸层面，将文化看作这些层面的复合总体，并未揭示文化的本质，因而是一个描述性定义。

1952年，美国人类学家克罗伯与克拉柯亨出版《文化：概念和定义的批判性回顾》，在反思以往为文化下的160余种定义后，从符号文化学派

---

① 见《吕衡州集》卷十，文渊阁四库全书本。
② 爱德华·泰勒：《原始文化》，上海文艺出版社1992年版，第1页。

立场出发,认为:

> 文化是包括各种外显或内隐的行为模式;它通过符号的运用使人们习得及传授,并构成人类群体的显著成就,包括体现于人工制品中的成就;文化的基本核心包括由历史衍生及选择而成的传统观念,尤其是价值观念;文化体系虽可被认为是人类活动的产物,但也可被视为限制人类作进一步活动的因素。

这是迄今欧美较公认的文化定义。

西方各文化学派虽然均有建树,但似乎未能提出一个明朗的、论证充分的关于文化本质的定义。究其缘故,可能与近代学术存在的一个弱点有关:

> 自然科学和哲学一样,直到今天还完全忽视了人的活动对他的思维的影响;它们一个只知道自然界,另一个又只知道思想。但是,人的思维的最本质和最切近的基础,正是人所引起的自然界的变化,而不单独是自然界本身;人的智力是按照人如何学会改变自然界而发展的。[①]

19世纪70年代,恩格斯提出的这一问题,科学界和哲学界在以后的岁月中有所解决,但将思想与人类改造自然的实践相割裂的情形,仍然在一定程度上存在。这一弱点在文化学领域里的表现便是,各学派在研究文化,进而给文化下定义时,或者只注意到外在的文化创造物,忽视文化创造者的能动作用和人自身的再造过程;或者虽然注意到文化的主体——人,却抽掉了人的社会性和实践性,注意到创造文化的过程,却忽视对文化成品的研究。这两种倾向,一者"见物不见人",一者"见人不见物",都导致文化研究中内化过程和外化过程的割裂、主体和客体的脱节,因而无法深刻而实在地把握文化的本质。

人类从"茹毛饮血,茫然于人道"(《读通鉴论》)的"植立之兽"(《思问录·外篇》)演化而来,逐渐培养出与"天道"既相联系又相区别的"人道",这便是文化的创造过程。在文化的创造和发展中,主体是人,客体是自然,而文化便是人与自然、主体与客体在实践中的对立统一物。这里所谓的"自然",不仅指存在于人身之外并与之对立的外在自然界,也指人类的本能、人的身体的各种性质的内在自然性。文化的出发点是从事改造自

---

① 恩格斯:《自然辩证法》,载《马克思恩格斯选集》第三卷,人民出版社1972年版,第551页。

然进而改造社会的实践着的人。

有了人,就开始有了历史;有了人,也就开始有了文化。人创造了文化,同样文化也创造了人自身。有意识的生产活动直接把人跟动物的生命活动区别开来。

文化的实质性含义是"人类化",是人类价值观念在社会实践过程中的对象化,是人类创造的文化价值,是经由符号这一介质在传播中的实现过程,而这种实现过程包括外在文化产品的创制和人自身心智的塑造。

简言之,凡是超越本能的、人类有意识地作用于自然界和社会的一切活动及其产品,都属于广义的文化;或者说,自然的人化即文化。"动物只生产自己本身,而人则再生产整个自然界。"[1]"人勇敢地、不断地研究他的主要敌人——自然界的狡猾性,日益迅速地掌握了自然力,并为自己创造了'第二自然'。"[2]这个"第二自然",以及创造这个"第二自然"的过程便是文化。

人通过有意识的活动(实践)改造了自然,使其获得人类的灵气。一块天然的岩石不具备文化意蕴,但经过人工打磨,便注入了人的价值观念,进入"文化"范畴。人打磨石器的过程,人在打磨石器过程中知识和技能的提高,在打磨石器过程中人与人结成的相互关系,以及最后成就的这件包蕴着人的价值取向的石器,都是文化现象。

与自然相对应的文化,是一种社会历史现象,它具有区别于动物本能的人类性,由不同的民族生活、语言、心理而决定的民族性,阶级社会中的阶级性等属性。

有一种观点认为,劳动是一切财富和一切文化的源泉。这种观点只强调人类的主体活动,而将主体活动的客观条件——自然和社会排斥在文化生成机制之外,从而把文化看作一种主观随意的产物。

事实上,自然界是文化产生的基石,劳动本身也是自然力的表现,社会是文化得以运动的须臾不可脱离的环境。人类的劳动与劳动的对象和环境共同提供了文化产生和发展的源泉。文化创造是人类的劳动与自然及社会交相作用的过程,在这一过程中,人不仅改变外部世界,使之适应人类的需要,而且也不断地改变人类自身的性质、自身的内在世界,诸如观念、情感、思想、能力,等等。

主体与客体在实践中的统一,是我们的文化观的理论基点。

与"文化"含义相近的古典词是"文明"。"文明"之"文",指文采、文

---

[1] 马克思:《1844年经济学—哲学手稿》,人民出版社1979年版,第50—51页。
[2] 高尔基:《一个读者的札记》,载《文学论文选》,人民文学出版社1958年版,第5页。

藻、文华;"明"指开明、明智、昌明、光明。联合而成的"文明",其义为:从人类的物质生产(尤其是对火的利用)引申到精神的光明普照大地,《周易》有"文明以止"(《易·贲卦》)、"文明以健"(《易·同人卦》)、"文明以说"(《易·革卦》)等用例;《尚书》有"睿哲文明"(《尚书·舜典》)的用例,唐人孔颖达疏解说:"经天纬地曰文,照临四方曰明",将"文明"释作"文德辉耀";孔颖达疏解《易·乾卦·文言》"见龙在田,天下文明"说:"天下文明者,阳气在田,始生万物,故天下有文章而光明也。"将"文明"释作"文采光明"。前蜀杜光庭《贺黄云表》称"柔远俗以文明",宋司马光诗曰"朝家文明所及远",将"文明"用作"文治教化",与"文化"类同。明高明《琵琶记》"抱经济之奇才,当文明之盛世",将"文明"用作"文教昌明"。中国古典也有将"文明"视作进步状态,与"野蛮"对应的,如明清之际李渔《闲情偶寄》称:"辟草昧而致文明"即为用例。

以"文明"对译 civilization,始于入华新教传教士郭实腊编的中文期刊《东西洋考每月统记传》,虽然该刊出现"文明"一词不下10处,但这一译词当时在中国影响力很小。明治时期的日本学人在译介西洋术语时,注意了对文化与文明两词的区分:以"文化"译 culture,以"文明"译 civilization。而与"文明"对译的英文 civilization 源于"城市(city)",表示城镇社会生活的秩序和原则,是与"野蛮""不开化"相对应的概念。明治维新的中心口号之一"文明开化",以及1875年出版的福泽谕吉的名著《文明论概略》,都是在与"野蛮"对应的意义上使用"文明"一词的。福泽谕吉还参考欧洲的文明史观,将人类历史划分为"野蛮—半开化—文明"三阶段。明治间日本文明史观的翻译书和日本人自著书甚多,"文明"成为流行语,吃"文明饭(西餐)"、跳"文明舞(西式交际舞)"、挂"文明棍(西式拐杖)"成为一时风尚。

近代中国人率先诠释西语 civilization 的是清朝第一任驻英公使郭嵩焘,1878年他在日记中记述读《泰晤士报》所载 civilization、civilized 的心得:"盖西洋言政教修明之国曰色维来意斯得(civilized),欧洲诸国皆名之。其余中国及土耳其及波斯,曰哈甫色维来意斯得(half civilized),哈甫(half)者,译言得半也,意谓一半有教化,一半无之。其名阿非利加诸回国曰巴尔里安(barbaian),犹中国夷狄之种也,西洋谓之无教化。"这里出现的教化、半教化、无教化,相当于文明、半文明、野蛮,但毕竟还没有使用"文明"一词。至19世纪末,黄遵宪、康有为、孙中山、梁启超、汪康年等采纳日本译词,在与"野蛮""半开化"相对的意义上使用"文明"一词。如1896年在上海,由梁启超主笔的《时务报》上,便多次出现"文明之奇观""外国文明""文明大进""文明渐开""文明之利器"等语。梁氏1898年在日本主编的《清议报》,则并用"文明""文化",其行文中的"西洋文明""西洋文化"的含义相同。孙中山1896年10月致伦敦各报主笔信中,两次使用"文明"一词,其含义与civilization略同。

清末民初常将具有近代性的情事冠以"文明",如妇女缠过而又放开的脚称"文明脚"、话剧称"文明戏"、时髦词语称"文明词",等等。

中国人认真区分"文明"与"文化",始于胡适。胡氏1926年刊发《我们对于西洋近代文明的态度》一文,将"文明(civilization)"定义为"一个民族应付他的环境的总成绩",将"文化(culture)"定义为"一种文明所形成的生活方式"。张申府于同年发表的《文明或文化》则称,"文化是活的,文明是结果"。钱穆认为,"惟文明偏在外,属于物质方面。文化偏在内,属于精神方面"。胡、张、钱等先生区分"文明"与"文化",无疑是文化史及文化学研究向精深方向的一种导引。

文化和文明都是人类现象,但二者所涵盖的历史内容又有差异:"文化"的本质内涵是"自然的人化",人通过有目的的劳作,将天造地设的自然加工为文化。而"文明"则是文化发展到较高阶段,或泛指对不开化的克服(前引诸例即在这种意义上使用"文明"一词);或指超越蒙昧期(旧石器时代)和野蛮期(新石器时代)的历史阶段。进入"文明"阶段的标志有三:文字的发明与使用、金属工具的发明与使用、城市的出现。故中国的文化史长达百万年之久,而进入创制并使用文字和金属工具的文明时代有4000年左右。

"文化(culture)"作为内涵丰富的多维概念被众多学科所探究、阐发,开端于近代欧洲。这是因为,历经文艺复兴、启蒙运动的欧洲人,意识到风俗、信仰、观念、语言都是历时性的动态过程;率先开辟世界市场的欧洲人还发现,人类文化呈现共时性的多样化状貌。在这两种批判性观察的激发下,形成了对"文化"加以总体把握和分类研究的诉求。19世纪以后,"文化"逐渐成为一个中间概念,在人文科学和社会科学中普遍使用。比尔斯父子在《文化人类学》中指出:"文化概念是19世纪、20世纪的一大科学发现,其内容是,人类的行为之所以不同于其他种类动物的行为,是因为它受文化传统的影响和制约。"这是把"文化"视作人类与动物相区别的标志。

克鲁伯在《文化的性质》中指出,"文化"概念的发现,是19世纪以来人类学史和社会科学史上的重大成就,其意义完全可以同哥白尼"日心说"对自然科学的贡献相提并论。在学科分野日益细密、切割化达于极致的现代社会,"文化"是少数具有强大整合力的概念之一,其组词功能罕见其匹。物质文化、制度文化、行为文化、精神文化,乃至旅游文化、风筝文化、筷子文化等人类文化现象,都可统合在以"文化"为词根的众多词组群中,十分自然地流衍于人们的口头和笔端。

文化的本质内蕴是自然的人化，是人的价值观念在社会实践中对象化的过程与结果，包括外在文化产品的创制和内在心智、德性的塑造。因此，文化分为技术系统和价值系统两大部类，前者表现为器用层面，是人类物质生产方式和产品的总和，构成文化大厦的物质基石；后者表现为观念层面，即人类在社会实践和意识活动中形成的价值取向、审美情趣、思维方式，凝聚为文化的精神内核。这二者便是通常说的物质文化（或曰器物文化）和精神文化（或曰观念文化）。介于二者之间的，还有制度文化和行为文化，前者指人类在社会实践中建构的各种社会规范、典章制度，后者指人类在社会交往中约定俗成的风习、礼俗等行为模式。包括物质、精神、制度、行为四个层面的文化，是广义文化；作为不停运行的广义文化在观念领域摹本的精神文化，是狭义文化，狭义的"文化"常与"政治""经济"等词并列使用。

五、前文明·诸文明·世界文明[①]

自20世纪70年代末期以降，中国从以阶级斗争为纲的社会范式走出，进入以经济建设为中心的社会范式。中国人开始这一重大战略转移之际，世界正迅疾奔向信息时代，各个国度、各个经济文化区域进一步纳入全球化轨道。面对日益成熟的世界统一市场和愈加深广的国际文化交流网络，新时期的中国人明确意识到汇入人类文明大道的紧迫性，邓小平宣布"独立自主不是闭关自守，自力更生不是盲目排外"[②]，并指出，切不要把中国搞成一个关闭性的国家。后来，对外开放成为基本国策。以此为端绪，与"改革"相并行，"开放"成为近几十年来耳熟能详的政府话语和大众话语，不断见诸报端、荧屏，流播于人民的口耳之间，并越来越广泛地渗透进中华民族现实生活的各个层面。

对外开放已经与中华民族的国计民生血肉相关，演为一种不可逆转的趋向。近而言之，这是中华人民共和国成立以来历经波折所取得的一项来之不易的进展；远而言之，则是100余年来中国人民既要抗击外来侵

[①] 本文节选自冯天瑜《文化守望》一书，略做修改，武汉大学出版社2006年版。
[②] 邓小平：《邓小平文选》第二卷，人民出版社1983年版，第91页。

略,维护民族独立,又要从闭关锁国状态超拔出来所赢得的健全境遇;而且,中国开放政策的确立,无论就正面推动力还是就负面阻滞力而言,其精神之源还可远溯古代。

如果放眼世界,则可进而发现这样一条线索,人类历史约略经历如下三个阶段:

极度分散的"前文明"阶段—各民族、各国度独自发展,少有联系的"诸文明"阶段—由诸文明渐趋统合的"世界文明"①阶段。

而世界历史从分散走向整体的过程,也就是诸民族、诸国度、诸文明间开放程度日渐增强、扩大的过程。以此论之,从"封闭"到"开放",是世界文明史的一个普遍趋势,诚如孙中山所说:"世界潮流,浩浩荡荡,顺之则昌,逆之则亡"。

鉴于上述,我们有必要抚今追昔,把"开放"作为一个历史过程加以考察。这不仅饶有兴味,而且将有益世道。

六、物态文化、制度文化、行为文化、心态文化

文化是主体与客体在人类社会实践中的对立统一物。这一观点既是把握文化的实质内蕴的出发点,也是剖析文化结构的钥匙。

粗略言之,文化可划分为技术体系和价值体系两极。技术体系指人类加工自然造成的技术的、器物的、非人格的、客观的东西;价值体系指人类在加工自然、塑造自我的过程中形成的规范的、精神的、人格的、主观的东西。而技术体系和价值体系又经由语言和社会结构组成文化统一体。这个统一体便是广义文化。

广义文化包摄众多领域,诸如认识的(语言、哲学、科学思想、教育),规范的(道德、信仰、法律),艺术的(文学、美术、音乐、戏剧、建筑的美学部

---

① 马克思、恩格斯《共产党宣言》指出,由于近代工业文明兴起,"使一切国家的生产和消费都成为世界性的了","物质的生产是如此,精神的生产也是如此。各民族的精神产品成了公共的财产。民族的片面性和局限性日益成为不可能,于是由许多种民族和地方的文学形成了一种世界的文学。"这里"世界的文学"相当于"世界文化""世界文明"。

分),器用的(生产工具、衣食住行的器具,以及制造这些工具和器具的技术),社会的(制度、机构、风俗习惯)等方面。它们都是人的创造性活动驰骋的天地,人类自身也正是在这一天地里成长并受其制约的。

考古学上的"文化"比较接近于广义文化。它指同一时期、同一地域具有共同特征的考古遗存的总体,通常以首次发现的地点或特征性的遗迹、遗物命名,如仰韶文化、龙山文化、彩陶文化、黑陶文化等。考古学探讨的对象——历史文物,是先民创造的文化成果的物化遗存,考古学上的"文化"是人类的精神创造和物质创造的综合。

人们常说中国是"声明文物之邦"①,这也是一个广义文化概念。声,指语言、音乐;明,指光彩、色彩,包括服饰、绘画;文,指文字、文法、文体、文学、文献;物,指经人类加工过的,为人所用的各种器物。明清之际学者顾炎武(1613—1682)提出过宽阔的文化概念:"自身而至于家国天下,制之为度数,发之为音容,莫非文也。"(《日知录》卷七,"博学于文"条)他把从个人修养乃至治国平天下的业绩,从典章制度到文学艺术都视作"文"的表现形态。这已十分逼近广义文化的内涵。

对于文化的内部结构,我们的先哲做过层次分明的剖析。清中叶学者龚自珍(1792—1841)说:"圣人之道,本天人之际,胪幽明之序,始于饮食,中乎制作,终乎闻性与天道。"(《五经大义终始论》)龚氏已经意识到,物质文明是文化的基础和前提("始于饮食"),制度文明是文化的中枢("中乎制作"),在它们的基础上,方可进行较高层的精神性探讨("终乎闻性与天道")。

文化的价值体系相当于狭义文化,它与特定民族的生产方式和生活方式相适应,构成以语言为符号传播的价值观念和行为准则。这种观念形态的文化(或曰精神文化),与经济和政治相对应,是社会的经济和政治的反映,又给予巨大影响和作用于社会的经济和政治。狭义文化即观念形态文化,作为信息的传播及保存系统,具有知识性特征,它是对广义文化的记载。观念形态的文化知识,记录了人类累代的文化创造和文化传播的内容,成为人类文明成就得以传承的载体,成为无限广大的、不停流逝着的广义文化的摹本。

笔者不倾向于将狭义文化,即精神文化单纯理解为"知识的总和",不主张把人降格为知识的容器,把人的大脑看作一部包罗万象的词典,而把文化理解为人的活生生的世界观,理解为一种永无休止的创造力。诚如

---

① 《左传·桓公二年》:"文物以纪之,声明以发之。"吕祖谦《秦晋迁陆浑论》:"伊洛之民,居中华声明文物之地。"

意大利思想家葛兰西(1891—1937)所说:"文化并非知识的杂凑,而是某种完全不同的东西,它是一个人内在的自我的组织和训练;它是对一个人自己人格的占有;它是对一种优越意识的征服,在达到这一征服的地方,理解一个人自己的历史价值在生活中的作用、权利和责任才成为可能。"[①]这是一种实践的、能动的,洋溢着主体精神的文化观。我们所要讨论的中国文化,主要从这一意义上展开。

在研究作为世界观和创造力的整合的精神文化时,又不能与精神的物化形态截然两分,这是因为,历史从哪里开始,思想进程也应当从哪里开始,人类观念形态文化的发展历程,是与整个历史,因而也是与物质文化的历史交织在一起的。

第一,观念形态的文化总是受制于并附丽于一定的物质条件,如音乐演奏需要乐器,美术创作离不开颜料、笔墨纸砚和画布之类,文学的流传依赖印刷、纸张等物质材料,更毋庸说人类从事一切精神文化活动必须在解决衣食住行等物质生存问题之后方能进行,正所谓"来牟(小麦)率育而大文发焉"(《诗广传》)——粮食充裕了,文化才能得以昌盛。

第二,观念形态的文化又是以物质世界和人类的物质创造以及物质实体的人作为表现、描绘或研究对象的。

其三,人类的物质创造,人类的经济活动和政治活动凝结着智慧、意向和情绪。如一座建筑,当然是物质文化成品,但这座建筑又包含着人(建筑者乃至使用者)的科学思想、价值意识、审美情趣等观念形态的综合成就,并且体现出人的生活习俗、行为定势的规定性要求,实际上是精神的物化或物化了的精神。作为"人化的自然"的建筑,是物质文化、精神文化,以及介乎二者之间的行为文化彼此紧密结合的整体。因此,不做物质文化与精神文化的大体区分,固然难以进行文化学和文化史学的研究,但将二者截然割裂,既不可能,也无必要,这正像人的脑和手无法分离,它们有机地统一于人和人的实践一样。

将文化硬性地区别为物质的和精神的,其不妥之处还在于,作为人类化现象的文化不仅指人类创造活动的结果,而且包括创造、分配、消费文化成果的过程本身。文化的某些表现形态,或者是指人在社会实践和思维中的趋势,或者是指人类加工自然和社会的实践活动,尚处在物质变精神、精神变物质的过程之中,很难用物质与精神截然两分的办法加以归纳。

---

① 转见俞吾金《葛兰西的文化观及其启示》,《复旦学报》(社会科学版),1986年第4期。

从文化形态学角度,宜于将文化视作一个包括内核与若干外缘的不定型的整体,从外而内,约略分为几个层次——

由人类加工自然创制的各种器物,即"物化的知识力量"构成的物态文化层,它是人的物质生产活动方式和产品的总和,是可触知的具有物质实体的文化事物,构成整个文化创造的深刻的物质基础。

由人类在社会实践中组建的各种社会规范构成的制度文化层。

由人类在社会实践,尤其是人际交往中约定俗成的习惯性定势构成的行为文化层,它是一种以礼俗、民俗、风俗形态出现的见之于动作的行为模式。一个时代的文化集中体现在该时代的思想理论体系中,却更广泛地活跃在各种社会风尚间。

由人类在社会实践和意识活动中长期化育出来的价值观念、审美情趣、思维方式等主体因素构成的心态文化层,这是文化的核心部分。

这里所谓的"心态文化",大体相当于"精神文化"或"社会意识"这类概念。而社会意识又可区分为社会心理和社会意识形态两个层次。

社会心理指人们日常的精神状态和道德面貌,是尚未经过理论加工的和流行的大众心态,诸如人们的要求、愿望、情绪、风尚等。我国古代,朝廷设置专门机构,致力于"观俗""采风",便是着意于掌握社会心理,以期"移风易俗";近人梁启超(1873—1929)力倡"新民说",鲁迅(1881—1936)深入探讨"国民性",也属于把握并改造社会心理一类工作。社会心理较直接地受到物质文化和制度文化的影响与制约,并与行为文化交融互摄,互为表里。

社会意识形态则指经过系统加工的社会意识,它们往往是由文化专门家对社会心理这一中介进行理论的或艺术的处理,曲折地,同时也更深刻地反映社会存在,并以物化形态(如书籍、绘画、雕塑、乐章、影片等)固定下来,播之四海,传于后世。

对心态文化中社会心理和社会意识形态这两个层次加以区分,并认识到社会心理是社会意识形态赖以加工的原材料,对于文化研究具有特殊的启示意义——我们不能只是一味关注经由文化专门家加工过的、定型了的"社会意识形态"(即所谓"精英文化"或"雅文化"),还必须将视线投向社会意识形态与社会存在之间的介质——不定型的,作为潜意识存在的社会心理(即所谓"大众文化"或"俗文化")。只有同时把握精英文化和大众文化、定型的书面文化和不定型的口头文化,认真研讨社会心理与社会意识形态之间的辩证关系,才有可能真正认识某一民族、某一国度精神文化的全貌和本质。

此外,依与社会存在关系的疏密程度,又可将社会意识形态区别为基层意识形态(如政治理论、法权观念)和高层意识形态(如科学、哲学、文学、艺术、宗教)。作为基层意识形态的法权观念,是经济基础的集中表现,与社会存在保持着较密切的联系,但它的产生和发展仍然要经过社会心理这一中间环节。作为高层意识形态的科学、哲学、文学、艺术、宗教,其终极根源当然也要追溯到社会存在,尤其是经济土壤之中,但它们是更高的即更远离物质经济基础的意识形态,具有较强的独立性,在这里,观念同自己的物质存在条件的联系,愈来愈被一些中间环节弄模糊了。但是这一联系是存在着的,社会存在通过一系列介质方作用于这类高层意识形态,而社会心理和基层意识形态便是其间的介质。"一定的'心理'是在人们之间的一定的关系的基础上出现,这是再明白不过的了。而哲学思想和艺术创作的一定派别则是在这种'心理'的基础上发展的。"① 对于哲学的发展而言,"经济在这里并不重新创造出任何东西,但是它决定着现有思想资料的改变和进一步发展的方式,而且这一作用多半也是间接发生的,而对哲学发生最大的直接影响的,则是政治的、法律的和道德的反映"②。

上述文化诸形态,依其与作为自在之物而存在的自然的距离远近和联系的疏密程度,可分成若干层次,简略图示如下:

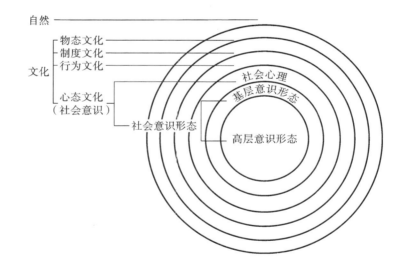

---

① 普列汉诺夫:《普列汉诺夫哲学著作选集》第二卷,生活·读书·新知三联书店 1974 年版,第 229 页。有关普列汉诺夫论社会心理与社会意识形态的思想观点,参见何梓焜:《普列汉诺夫哲学思想述评》,中山大学出版社 1987 年版。
② 恩格斯:《恩格斯致康拉德·施米特》,载《马克思恩格斯全集》第三十七卷,人民出版社 1971 年版,第 490 页。

文化诸层次,在特定的结构-功能系统中融为统一整体。这个整体既是前代文化历时性的累积物,具有遗传性、稳定性,同时又在变化着的生态环境影响下,内部组织不断发生递变和重建,因而又具有变异性、革命性。而文化整体中的不同成分,其遗传和变异的情形又是很不平衡的,某些部分传统的力量强大,相对稳定,变异缓慢;某些部分遗传制约比较松弛,因而变异也比较迅速。

一般而言,与社会发展的活跃因素——生产力有直接关系的物态文化,新陈代谢的节奏较快,而制度文化和行为文化作为社会规范和行为定势,则带有较浓厚的保守性。

在构成文化内核的心态文化层中,经由文化专门家创作加工,注入丰富的个性色彩的种种社会意识形态(如各种哲学、社会科学理论及文学、艺术思潮),由于是创造性思维的产物,往往具有活跃的变异性,尤其在社会变革时代,可以在短期内屡屡发生新旧更替,甚至在同一作者那里出现"今是而昨非"的情形。与此形成反照的是,作为社会意识形态的背景和基础的社会心理,诸如潜藏在大众历史生活中的价值观念、审美情趣、思维方式所构成的"民族性格",因为是一种感性直觉的"潜意识"或"集体无意识",难以被自觉把握和运作,从而具有顽强的稳定性和延续力,与社会生产力和社会制度的变异不一定形成直接而迅速的对应性效应,往往历时悠远而情致不衰,所以被人们称作"文化的深层结构"。当然,"文化的深层结构"并非神授天予的凝固物,而是一个在特定的生态环境中孕育出来的生命机体,随着自然与社会环境的改造,随着心态文化层中理性部分的变异造成的影响,作为"潜意识"或"集体无意识"的"文化的深层结构"也在演化和重建,归根到底,也是一种历史地产生又历史地变化、消失的文化现象,不过速度相对缓慢,在短期内不易为人觉察而已。

与文化的"浅层结构"和"深层结构"相对应的一组概念是"显型文化"和"隐型文化",它们是按照人们对文化诸形态的自觉把握程度加以区分的。作为具有符号性特征的显型文化,是可以从外部加以把握的各类文化事实,物质文化、制度文化、行为文化、物化了的精神文化共同组成这种文化事实;隐型文化则是一种"二级抽象",它是潜藏在各类文化事实背后的知识、价值观、意向、态度等。文化外在的显型式样和内在的隐型式样构成二位一体的统一物,前者是后者的外部表现和形态,后者是前者的内在规定和灵魂。而文化史学的重要任务之一便在于研究"文化心态",即通过显型文化把握精深微妙的隐型文化,透过一个民族文化的文字和事实构成的种种表现形态认识这个民族的精神特质。

文化是一个完整的有机整体,这个有机整体的运动历程便是文化史。"整体大于局部相加之和",部分对整体的决定作用不是直接实现的,而是通过结构实现的,文化的各个局部通过特定的结构组成文化整体,并创造出整体自身的功能。因此,文化学和文化史学应当在分门别类的、个案的研究基础上,重视整体的、宏观的研究,而且这种整体的、宏观的研究,又不是个案的、微观的研究的拼盘。我们应当注意文化与环境(自然环境与社会环境)的结构关系,这便是文化的"外结构"研究;与此同时,我们还应当注意文化自身的结构关系,这便是文化的"内结构"研究。只有在整体大于局部之和的观念指导下,将内结构研究和外结构研究有机综合起来,方有可能再现文化历史的整体性,才有可能洞察悠久而博大的中国文化的生成机制、内在特质及其发展趋势。

七、文化力·文化史

(一)文化力

通过文化自省达成文化自觉,其前提之一是文化比较,而进行文化比较首先须解决一个衡量标准的问题。

与古代世界诸文明间少有联系、独立发展的情形相区别,近代世界从分散走向整体,诸文明间交往渐多,在通商、外交乃至战争中,不断进行"国力"较量。

从文化学角度论之,"国力"也即由广义文化构成的力量,包括硬实力与软实力。

硬实力主要由器物文化(经济、科技水平、军事实力等)体现,也可以称之文化的物质力量;软实力主要由制度文化、观念文化体现,是运用说服力和吸引力而不是通过胁迫来影响他人的能力,亦可称之"文化力"[①],指文化的精神力量。

---

① 高占祥等学者使用"文化力"一词,从狭义文化论之,与经济力量、军事力量相对而言,认为文化力是软实力的核心。见高占祥:《文化力》,北京大学出版社2007年版。

1. 文化的不可比性

进行"文化力"比较，切忌笼统与滥用，因为许多软实力部类有着独立的发展谱系，其结构与功能皆自成一体，难以在横向比较中判定此先进彼落后，如中国的"仁爱"与西方的"博爱"，道家的"天乐"与希腊哲人的快乐主义，印度的瑜伽、中国的太极拳与西洋的体操，有类型之异，却无法也不必评断优劣。再如中医与西医，各有独立的理论系统及施治方式，分别在不同领域优长互见，不应当也不可能一断上下，也难以实现"结合"，故提倡多年的"中西医结合"成效甚微。

此外，有些文化成果，由于种种原因，在某一时代即达到极致，不一定都能"与时俱进"，如荷马史诗，就神话的想象力与丰富性而言，是后世无法企及的典范；又如唐诗、宋词、元曲，在韵文成就上，晚代无可比肩，今人的律诗、词、曲写得再好，也只能让李、杜、苏、辛、关、王三分。就书法而论，晋、唐、宋已达巅峰，王羲之、柳公权、怀素、米芾、宋徽宗的墨宝，是后世引颈仰视的极品。故文化的某些种类，在某一时代可能已经达到极点，不能以简约的进化观加以推断：后代一定比前代高明。正如人类虽比猿类进化到了更高一级次，但人类的攀援能力远不如猿类。

中外文化不宜截然两分，难以比较优劣，还有一因：就学术文化言之，上升到哲理与方法论，有精粗之异，而无新旧中西之别，新的不一定高于旧的，中学在某些范域可能精于西学。故王国维有"学无新旧""学无中西"之说[①]。他的《国学丛刊·序》倡言：

> 余谓中西二学，盛则俱盛，衰则俱衰，风气既开，互相推助。
> 彼鳃鳃焉虑二者之不能并立者，真不知世间有学问事者矣！

熊十力也强调中西文化难分上下，不可非此即彼，而只能走融通互补之路，熊氏称："中西之学，当互济而不可偏废。中西文化，宜互相融合。中西学术，合之两美，离之两伤。"（《读经示要》卷一）

艺术领域的水墨国画与西洋油画，昆曲、评弹与西洋芭蕾、歌剧，《红楼梦》与《安娜·卡列尼娜》，《水浒传》与《三个火枪手》，饮食文化中的中餐与西餐、筷子与刀叉，皆各擅胜场，各美其美，难分轩轾。如果有人硬要对上述种种中外文化事象一较高低，判定取舍，则是泯灭文化多样性、丰

[①] 王国维1911年初撰《国学丛刊·序》，申述学术的通约性。王氏说："学之义，不明于天下久矣！今之言学者，有新旧之争，有中西之争，有有用之学与无用之学之争。余正告天下曰：'学无新旧也，无中西也，无有用无用也。凡立此名者，均不学之徒，即学焉，而未尝知学者也。'"

富性的荒唐之举。

然而,文化是否不该比较、无法比较呢?非然也!文化是需要比较,也是可以比较的。

2. 软实力比较

美国哈佛大学教授约瑟夫·奈在20世纪90年代初提出"软实力(soft power)"的概念,此一概念虽有争议,但现已被较多使用。与由经济、军事、科技力量组成的"硬实力"相对应,"软实力"指文化吸引力、政治价值观吸引力、塑造国际规则和政治议题的能力等。

硬实力(如军力、经济力)可比,自不待言,就不易比较的软实力而言,仍有可以一较高下的项目。国际上颇有信誉的斯科尔科沃-安永新兴市场研究所在评定诸国软实力时,给出10项内容,诸如:

> 移民(外国出生的移民总数);
> 大学(全球一流大学的数量);
> 传媒出口(出口电影、音乐和书籍等产品赚取的版税);
> 政治自由;
> 偶像力量;
> 最受仰慕的公司;
> 法治;
> 入境游;
> 二氧化碳排放;
> 选民的参选率。①

列出此10项内容来判定软实力高下,其间虽有受西方标准左右之嫌,但也不乏可资比较的客观性。以此10项内容衡量,按百分制计分,2010年的受测评国排行大略为:美国(87分)、法国(49.5分)、德国(43.2分)、英国(43分)、加拿大(39分)、日本(38分),上述诸发达国家软实力列前1~6位,而中国(30.7分)、印度(20.4分)、俄罗斯(18分)、巴西(13.8分)等新兴市场国家软实力有所提升,分列第7~11位,但与发达国家比存在明显差距。②

早于此一统计,社会科学文献出版社2004年出版的《中国文化产业

---

① 彼得·约翰松、朴胜虎、威廉·威尔逊:《新兴市场软实力不断提升》,[英]《金融时报》2011年12月19日。
② 彼得·约翰松、朴胜虎、威廉·威尔逊:《新兴市场软实力不断提升》,[英]《金融时报》2011年12月19日。

国际竞争力报告》，列出了各国文化产业国际竞争力指数。该报告展示：美国的文化产业国际竞争力指数为 0.87，位居 15 个受测评国之首，中国的文化产业国际竞争力指数为 0.22，低于 0.5 这一文化产业国际竞争力指数的平均值。

综上可见，中国的文化力尚处弱势。而正视"西强中弱"，努力提升文化力，是中华民族当下的一项战略性任务。

3. 综合国力比较

若从硬实力、软实力相综合的广义文化总体水平而言，更有高低之分，这便是综合国力强弱之别。这种差别是客观存在的，是可以计量、能够比较的，其显在的衡量标准便是生产、生活工具及生产方式的精粗及效率。如 19 世纪中叶的中国处在手工劳作的高级农耕文明阶段，使用刀矛弓箭等冷兵器，而当时英国已经进入机器生产的工业文明阶段，使用枪炮铁舰等热兵器，两相碰撞，中败英胜，优劣一目了然。又如海湾战争，伊拉克一方与以美国为首的西方，其经济力、科技力、军力的强弱对比悬殊，交战伊始，伊拉克的指挥系统即被全面摧毁，制空权丧失，军队无招架之功，很快就全线崩溃。随后的利比亚战争情形类似。

在战争乃至商战中，对垒双方实力的强弱高下，易于比较，也必须比较。只有通过比较才能知道自己的位置、状况，才能明白对手的实力和全局态势。

4. 理性看待 GDP

器物文化有许多单项（如生产规模大小、效率高低以及技术含量多少）可以加以比较，而集中指标则是国内生产总值（GDP）及其人均占有量（PPP），所谓先进国、中进国、后进国（明治时期的日本学者福泽谕吉将国家分为"文明国、半开化国、野蛮国"），主要分类标准便是社会经济发展水平。

GDP 并非衡量国力的唯一要素，不应将 GDP 绝对化。GDP 处于落后状态的民族，可能在文化的某些领域位处高峰，如 17 世纪至 19 世纪中叶的德意志，国家处于分裂状态，经济水平低于英吉利、法兰西，却担当了哲学的"第一提琴手"（从莱布尼兹、康德到黑格尔、费尔巴哈）；又如 19 世纪的俄国，经济及社会发展水平落后于西欧，却创造了文学极品（从普希金、屠格涅夫到陀思妥耶夫斯基、托尔斯泰）；中国 20 世纪 30 至 50 年代的 GDP 远低于今日，而由梅兰芳、程砚秋、周信芳、马连良代表的京剧水平，齐白石、黄宾虹、张大千代表的绘画水平，却非时下艺坛可比，这便是文化与经济、社会发展的"不平衡""不对称"现象。

然而，GDP及PPP虽非衡量国力的唯一要素、绝对标准，却毕竟是一国物质文化的综合标示，同时，它决定着又受制于上层建筑，是制度文化与观念文化的物化呈现，可以反映一国文明发展的基本水平。而且，GDP及PPP是便于量化、较为客观的标准。以GDP及PPP的演变状况，可以大略观测出一个国家国力的升降沉浮及其世界位置的变迁。

直至18世纪（中国清代康熙至乾隆年间），也即西方工业革命前夜，中国的GDP雄踞世界首位，乾隆年间中国的GDP约占全球总量的1/3[1]，康熙年间中国的PPP排名是世界第18位[2]。这反映了农业文明时代中国GDP名列前茅的基本情状。

18世纪以降，由于中国经济-社会-政治结构的僵滞和国门封闭，中国不仅自外于18世纪发生在西欧的工业革命，接着又错失了多次现代化机遇：1793年第一次工业革命扩张、1840—1860年第二次工业革命启动、1895年第二次工业革命扩张、1950—1970年第三次工业革命（自动化和工业经济的黄金年代），等等[3]。中国GDP在世界经济中所占份额急剧下降，由清乾隆年间的32％，降至清末民初的5％左右[4]，PPP排名则从1700年的世界第18位，降至1900年的第71位、1950年的第99位、1970年的第92位（以全球国家总数104个计算）[5]，落入世界落后国家之列。国力的衰微，导致近代中国被动挨打，从第一、二次鸦片战争，中法战争，中日甲午战争到庚子国变，连连败北，一再割地赔款，科学技术、人文学、社会科学全面落伍，中国人的文化自信严重遇挫，文化自卑一度弥漫全国。

自强不息的中国文化并未沉沦，19世纪中叶以来的百余年间不断在挫折中奋起，其赶超先进的锐气犹在，如左宗棠言，"泰西巧而中国不必安

---

[1] 据安格斯·麦迪森：《中国经济的长期表现》（上海人民出版社2008年中文版）载，乾隆十五年（1750）中国GDP占全球的32％，欧洲五国（英、法、德、俄、意）占17％。

[2] 中国现代化战略研究课题组、中国科学院中国现代化研究中心：《中国现代化报告2010》，北京大学出版社2010年版，XIV。

[3] 中国现代化战略研究课题组、中国科学院中国现代化研究中心：《中国现代化报告2010》，北京大学出版社，2010，XIV。

[4] 据安格斯·麦迪森《中国经济的长期表现》（上海人民出版社2008年中文版）载，光绪二十六年（1900），中国GDP占全球的6％，欧洲五国（英、法、德、俄、意）占54.8％。1928年中国GDP仅占全球的5％。

[5] 中国现代化战略研究课题组、中国科学院中国现代化研究中心：《中国现代化报告2010》，北京大学出版社2010年版，第181页。

于拙也,泰西有而中国不能傲以无也"①,表现出一种虽然落后却奋力追赶的雄心。近代中国于古今中西交汇间积累实绩:自洋务运动以降,工业化步履蹒跚前行,科学技术及近代人文、社会科学均有进展。辛亥革命结束两千年君主制度,共和成为新的正统,制度层面有所突破。然而,积贫积弱不易改变,专制传统、宗法积习深重,加之外敌入侵(以日本14年侵华为甚),内战不息,19世纪中叶至20世纪中叶的百年间,现代化进展有限,民主建政、培育新民的任务远未完成。

20世纪70年代末叶是中国现代化进程中的一个转折点,随着工作重心从阶级斗争转移到经济文化建设,改革开放大幅度展开,中国人勤劳智慧、劳动力价廉的优势得以焕发,工业化步伐加速,并跻身20世纪70年代以来方兴未艾的世界第四次工业革命(信息化)、知识经济和第二次现代化进程②,利用后发优势,大规模引进技术,以缩小与先进国之间的经济差距。1978年之后的三十多年间,GDP的年均增长速度保持在9.9%,总量增长20.6倍。2000至2008年间,中国的GDP渐次赶超意大利、法国、英国、德国,从世界第7位跃升到世界第3位;2010年,超过日本,成为世界第二大经济体。2011年主要国家经济总量的全球排名略见下表。

2011年GDP世界前10名　　　　　单位:百万美元

世界总量	70011680	巴西	2517927
美国	15960206	英国	2480978
中国	6988470	意大利	2245706
日本	5855383	俄国	1884903
德国	3628623	印度	1843382
法国	2808265		

中国的GDP上升到世界第2位,这是历史性进展。就PPP而言,排名也在上行,从1980年的第87位升到2005年的第74位、2006年的第71位、2010年的第67位。但2011年中国大陆的PPP为5400美元,远逊于西欧、北美、日本、新加坡的40000~50000美元,与韩国(20165美元)、中国台湾(18303美元)也有较大距离。中国大陆的PPP仅及世界平

---

① 罗正钧:《左宗棠年谱》,岳麓书社1983年版,第125页。
② 中国现代化战略研究课题组、中国科学院中国现代化研究中心:《中国现代化报告2010》,北京大学出版社2010年版,XIV。

均量(10000美元)的50%,明白显示发展水平居世界中等偏下。这是考量国力的一个基本点。

21世纪前10年,中国建设小康社会进展可观,据国家统计局公布的《中国全面建设小康社会进程统计监测报告(2011)》称:中国小康社会实现程度已由2000年的59.6%提高到2010年的80.1%。报告显示,2010年人均可支配收入10046元,为2000年的2.7倍,但城乡居民收入差依然较大;恩格斯系数(食品消费在全部支出中所占比例)38.4%,比2000年的45.6%下降了7个百分点;人均住房使用面积达27平方米,比2000年的19平方米增加8平方米;平均预期寿命达73.5岁,比2000年的71.5岁增加2岁。① 虽不尽如人意处甚多,而10年间赢得如此进展,可圈可点。

当代中国在几十年间从一个农业经济体转变为世界制造业中心,由劳动密集型加工业逐步向资本与技术密集型加工业转换,自2001年加入世界贸易组织(WTO),10年后,成为世界第一出口国和第二进口国,进出口占全球进出口的1/10,2011年11月已占全球进出口总量的10.4%。在世界近代历史上,只有英国、美国、德国进出口曾经占全球1/10,而作为发展中国家的中国也跻身此一行列,标示着中国成为全球经济增长的重要引擎和全世界较大市场之一。

社会经济水平大幅度提高,标示着"中国崛起",为国人荡涤百年自卑、提升文化自信提供了物质前提。

5. 俱分进化

长久以来,我们接受的是一种简约的直线进化观教育,以为自然界和社会生活都沿着从"低级到高级、不完善到完善"的路径进步,而且在遥远的前方伫立着一个无比光明、一切污泥浊水都荡涤干净的彼岸,等待我们抵达,诸如道教的蓬莱仙境、陶渊明笔下的桃花源……

然而,自然界和社会生活的演化并非如此简约、如此乐观。以现代文明的进程为例,它给人类带来的绝不是利好面的"一方直进",而是如章太炎所说的"俱分进化":善亦进化,恶亦进化;乐亦进化,苦亦进化。这是一种"双方并进,如影之随形"②的矛盾过程。这里不存在善美集合的无差别境界,只有纷繁错综的未来世界。作如是观,我们的文化理念或许更贴近历史的真实。

---

① 国家统计局:《中国全面建设小康社会进程统计监测报告(2011)》,载《光明日报》2011年12月22日。

② 章太炎:《俱分进化论》,载《章太炎全集》第四卷,上海人民出版社1985年版。

就GDP增长而论，它既是社会进步的基本标志，给人类带来物质财富的丰盈，如今的高楼林立、小轿车家庭化皆受其赐，但GDP高速增长也造成若干困境。

就人与自然的交互关系而论，以"征服自然""向自然索取"为旨归的工业文明在造就巨大财富的同时，也带来始料未及的环境破坏。

就人与人的关系而论，工业文明取得了社会契约化、法治化、民主化的进展，却又造成社会的失衡和人的异化。工业文明立足于市场经济，而市场经济以利益最大化为目标，如果执此一端，即必然导致社会道德沉沦，人变成经济人，变成唯利是图的小人。其实，市场经济必须以契约精神为保障，而契约精神的前提是诚信，民无信不立，市场经济无诚信亦不立，传统伦理中的信义精神是现代文明须臾不可缺的资源。

为着人与自然、人与社会、人自身的和谐发展，单单依凭工业文明显然是不够的，还要深入发掘元典中关于协调阴与阳、柔与刚、利与义等对立统一关系的富于睿智的精义，并在实践中探讨其在现实生活中的运用。因此，传统思想的现代转换，是一个偕时而进、不断深化的过程。

克服直线进化史观带来的蔽障，统观人类文化的进程便会发现，文化的演化是一个否定之否定的螺旋式上升过程。在一个螺旋圈层内部，作为终结的第三阶段（"合"）综合着前两个阶段（"正题"与"反题"），履行着在新的更富有内容的统一中扬弃其片面性的功能。宗教改革对希伯来元典的重演，唐宋古文运动在文体上对先秦两汉的复归、思想上对原始儒学的复归，明清之际进步思想家对先秦诸子的复归和对三代之制的崇仰，均为例证，而中国现代思想家对元典精神则进行了又一次辩证式复归，更为显例。今日的思想界在现代文明的基础上，在全球化的时代条件下，正对元典精神酝酿着新的创造性复归。这是我们考察传统思想现代转化时应予关注的一个方面。

总之，以周正的态度认识文化的古今转换与中外对接，看待东亚智慧与西方智慧各自的优长与缺失，把握其同中之异与异中之同，努力谋求二者在各种不同层面的互补互动，达成整合与涵化，方有可能创造健全的新文明，实现中国文化复兴。而进行文化反省、赢得文化自觉、树立文化自信，皆有赖于对中国文化历史进程的真切认识，这正是我们研习文化史的出发点与落脚点。

（二）文化史

1. 中国文化的世界地位

在"华夏""中国""中华"的概念之外，中国古代又有所谓"天下"的观念,指时人视野所及的全部空间。但在文化中心主义的意识下,古人的"天下"观尚不能视作全球意识。中古时期,汉字系统又有"世界"一词出现,该语源自佛教《楞严经》,"世"指过去、现在、未来的时间迁流,"界"指四维诸方(东、西、南、北、东南、西南、东北、西北、上、下)的空间定位,后来在使用时,主要取空间含义。而真正以全球性眼光探讨中国文化的地位和作用,起于晚近,这种观照,正是今天中国文化史研究应当持有的视界。

中国文化是世界几大原生文化之一。

文化是多元发生的。关于世界上最早的几大原生文化(或称文明形态),学术界表述不一,有"三大文明"(近东文明、东亚文明、中南美文明)、"四大文明古国"(埃及、巴比伦、印度、中国)、"六大文化区"(西亚、埃及、印度、中国、墨西哥、秘鲁)、"七大母文化"(埃及、苏美尔、米诺斯、玛雅、安第斯、哈拉巴、中国),以及斯宾格勒的"八个文明中心"(埃及、印度、中国、巴比伦、雅典、伊斯兰、西方、墨西哥)和汤因比的"二十六个文明中心"等多种说法。无论从哪一种角度来看,中国都是这些原生文化中重要的一个单元,它在独立起源的时间、文明发达的程度、对周边文化的影响力等方面,都具有典型意义。

世界上其他古代原生文化因各种缘由,大都相继夭折,而中国文化则是罕见的古今绵延的文化类型。如埃及文化曾被波斯帝国所灭(前525年),后又因马其顿亚历山大的占领而被希腊化,因恺撒的占领豪强,均平田产、权利,从而扩大农业宗法社会的基础;施之于文化,则是在多种文化相汇时,异中求同,万流共包;施之于风俗,便是不偏颇、不怨尤,内外兼顾。奉行中庸的理想人格,则是执两用中、温良谦和的君子之风。尚调和、主平衡的中庸之道是一种顺从自然节律的精神,它肯定变易,又认同"圜道",这显然是农耕民族从农业生产由播种、生长到收获这一周而复始现象中得到的启示。五行相生相克学说描述的封闭式循环序列,便是这种思维方式的概括。当然,中国文化里也存在颇不中庸的走极端的倾向。

中国文化是从农业宗法社会的土壤中生长出来的伦理型文化。农业宗法社会提供一种坚韧的传统力量,伦理型范式造成顽强的习惯定势,而先秦已经形成的"自强不息"和"厚德载物"精神①,使中国文化的认同力和适应力双强。"认同"使中国文化具有内聚力,保持自身传统;"适应"使中国文化顺应时势变迁,不断调节发展轨迹,并汲纳异域英华,如此,中国文化方具备无与伦比的延续性。世界其他文明古国(如埃及、巴比伦、希

---

① 《易·乾卦·象传》:"天行健,君子以自强不息。"《易·坤卦·象传》:"地势坤,君子以厚德载物。"

腊、哈拉巴、玛雅等）的文化，盛极一时，又戛然中绝，出现过大幅度"断层"，乃至完全覆亡，令人在凭吊间油然而生"白云千载，人去楼空"的感慨。唯有中国文化，历尽沧桑，饱受磨难，于起伏跌宕中传承不辍，在数千年发展中，各代均有斐然成就。以文学论，《诗经》《楚辞》、先秦散文、汉赋、魏晋诗文、唐诗、宋词、元曲、明清小说，奇峰迭起；以学术论，先秦子学、两汉经学、魏晋玄学、隋唐佛学、宋明理学、清代朴学、近代新学，此伏彼起，蔚为大观。这种在一国范围内，文化诸门类的发展保有如此完整的阶段性递变序列，是世界文化史上的仅见之例。

19世纪中叶以降，随着世界统一市场扩及东亚，中国延续数千年的农业自然经济和宗法专制政体趋于瓦解，社会进入近代转型期而罗马化，因阿拉伯人的移入而伊斯兰化，多次出现文化的中断和质的变更。巴比伦文化也因波斯等异族入侵屡遭中断，终至毁灭，旧巴比伦王国在公元前16世纪灭亡，新巴比伦王国在公元前538年被波斯帝国所灭，巴比伦城到2世纪已成废墟，现代考古发掘方揭示它昔日的辉煌。印度境内的哈拉巴文明在不到10个世纪的繁荣之后，也因波斯高原的雅利安人入侵而于公元前18世纪突然衰毁，近代印度人早已遗忘哈拉巴文明，印度史从雅利安人讲起，直到考古学家发掘出哈拉巴文明遗址，印度文明史才向前推移千余年。古希腊曾达到文明高峰，但在公元前2世纪被并入古罗马，文化衰落，代之而起的古罗马创造了制度文化的辉煌，后因以日耳曼为主的蛮族侵入而毁灭变异。上述诸文化形态大都沿着"中断—重建"的轨迹跳跃式地演进，被称为"突破性文化"，苏美尔—巴比伦—古希腊—古罗马—中世纪西欧—近代西欧，便是其跳跃式轨迹。与之相对应的中国文化，却绵延不绝，于起伏跌宕间持续发展，堪称"连续性文化"的典型。无论是汉族人执政，还是游牧人入主，中华民族都以其强大的同化力和凝聚力维持着一以贯之的文化传统，由《史记》到《清史稿》的完整无缺的"史的统序"，便是中国文明史传承不辍的一种表征。中国文化以其连续性、独特性，丰富了世界历史的内涵。

由于地域、种族、文化等方面的原因，长期以来在东亚形成了一个以中国为中心的"汉字文化圈"，它包括朝鲜半岛、日本列岛、越南以及东南亚、蒙古高原、青藏高原等地理地区，构成这个历史性文化圈的要素有汉字、儒学、律令制度、中国化佛教等几项[①]。这几大要素都是中国传统文化的结晶，中国文化的辐射、传播主导了肘腋之内东亚各地的物质文明和

[①] 西嶋定生：《东亚世界的形成》，载刘俊文主编：《日本学者研究中国史论著选译》（二），中华书局1993年版，第88页。

精神生活。以汉字为例,其传及东亚其他民族和国家,被借用、改造成为书写各种非汉语的"汉字型文字",如朝鲜的谚文、日本的假名、越南的字喃,它们在字形和组字原则上都表现出与汉字的直接渊源关系。又如,儒家思想中的仁学观念、忠孝情感、和合意识、礼法制度等,无不深深地影响着东亚人的价值观念与行为方式,在古代自不待言,直至今天东亚经济的高速增长,也与之不无深层关联。中国文化不仅惠及近邻东亚文化圈内,而且泽被远西,对包括欧洲在内的其他世界文化影响深巨。

16世纪之前,中国的科学技术一直走在世界的前列,中国的物质文明为欧洲的文艺复兴和近代化提供了某些诱发因子。中国古代在稻麦耕作、桥梁工程、掘井开河、冶炼铸造等技术领域,以及天文、算术、医学等科技领域都具有明显的优势,中国的丝绸、瓷器等产品自古以来就为西方各国人民所喜爱,火药、罗盘、亚麻纸、纸币、木版和活字印刷术等,通过蒙古人和阿拉伯人先后传到西方。可以说,没有中国发明的火药,欧洲人还得流淌更多的鲜血才能攻破中世纪的封建城堡;没有中国发明的指南针和船尾骨舵,哥伦布的新大陆航行还得延后;没有中国的造纸术和印刷术,欧洲的文艺复兴便难以迅速传播并张大其势。正如马克思所说:"火药、指南针、印刷术——这是预告资产阶级社会到来的三大发明。火药把骑士阶层炸得粉碎,指南针打开了世界市场并建立了殖民地,而印刷术则变成新教的工具,总的来说变成科学复兴的手段,变成对精神发展创造必要前提的最强大的杠杆。"①中国文化不仅为西方的近代文明提供了物质基础,而且还是西方现代科学技术的直接源头。②

在思想意识层面,中国的伦理观、哲学观、政治理想,尤其是实用理性对欧洲的启蒙主义运动产生过影响。通过来华耶稣会士的传播,法国的启蒙思想家如伏尔泰、孟德斯鸠、卢梭以及百科全书派的狄德罗、霍尔巴赫,重农学派的魁奈等人,都曾接触过中国的文化典籍,他们将中国的无神论和唯物论、"仁政""仁君"思想、"有教无类"的教育原则、民本限君的政治理论等文化资源加以理想化的描绘,借以作为反对神学蒙昧主义和君主专制的思想武器,助成了欧洲启蒙运动。宋儒以来的理性主义,还对德国的哲学革命产生直接作用。德国的莱布尼茨也曾坦言:我们在中华

---

① 马克思:《经济学手稿》,载《马克思恩格斯全集》第四十七卷,人民出版社1979年版,第427页。

② 李约瑟曾说:"现代科学技术的诞生经历了几个世纪的准备时期,在这个时期内全欧洲曾经吸收了阿拉伯的学术知识、印度的思想意识和中国的工业技术。"李约瑟:《四海之内:东方和西方的对话》,生活·读书·新知三联书店1992年版,第6页。

民族中发现了优美的道德,即在道德上,中华民族呈现着异样的优越。他还指出,二进位制得自《周易》的启示。而我们知道,当代创制的电子计算机运用的正是二进位制。

中国从汉代开始就建立的文官考选之制,隋唐以降演变成完备的科举制度,其"学而优则仕"的公平性、开放性和流动性,曾经令东来的传教士们啧啧称奇,并推介到欧洲,法国大革命以后的欧洲和19世纪的美国的考试制度及文官制度,便参考了中国的科举制等文物典章。

在当代,随着后工业文明的日渐展开,人与人、人与社会、人与自然关系日趋紧张,中国文化中的一些精神资源,如人文理想、协和精神、阴阳平衡理念等,经过现代诠释,可以为克服"现代病"提供某种有益的启示。

2. 中国文化史分期

文化的生成、发展都具有阶段性,文化史研究必须揭示这种阶段性并循此展开叙述。与其他民族文化相比,中国文化自有其独特的发展脉络。这种脉络当然与王朝更替相关联,故中国文化史分期不可能全然脱离王朝系列;但文化史的进程又往往突破王朝界域,有着自身的发展序列,某些跨王朝的阶段,如周秦之际、魏晋南北朝之际、明清之际、晚清民国之际,以及某些朝代的中段,如唐中叶、明中叶,文化发生重要转折,或形成思想学术的高峰,我们的研讨工作当然不应该也不可能拘泥于朝代框架之内,故中国文化史的段落划分又必然要在一定程度上冲决王朝的樊篱,按文化自身演变的阶段性做出分期。同时,中国文化的进程,日益广泛、渐趋深刻地与外域文化发生互动,梁启超曾将中国历史划分为"中国之中国""亚洲之中国""世界之中国"三个递进的大段落①,是颇有概括力的。根据以上,本书将中国文化史做如下分期。

1)前文明期:猿人到大禹传子

这是中国文化的史前期,包括旧石器时期和新石器时期,相当于中国古史的传说时代。

(1)中国境内分布广泛、数量众多的考古遗址表明,从旧石器时代到新石器时代的居民,体质上存在着明显的承续、发展的人种学序列,基本上是在一个大的人种(蒙古人种)主干下发生和发展的,还未发现西方人种(欧罗巴人种)的成分。一度流行的"中国人种西来说"和"中国文明西源论",缺乏人类学依据。大量考古发现证明,中国石器时代文化是在相对独立单元的人种学基础上发展起来的,当然也不排除其他人种的渗入。

---

① 梁启超:《饮冰室合集》,中华书局1989年版。

（2）经历了100多万年的采集和渔猎活动，中国境内的原始人积累了丰富的动植物知识，大约在新石器时代开始了农业栽培和家畜驯养。中国无疑是农作物和家畜、家禽的重要原生地，是世界农业起源的中心之一，包括稻作和旱作在内的丰富多彩的农业生产方式，奠定了有别于游牧方式的农耕文化的基石，由此决定了后来中国文化的许多特点。

（3）中国前文明时期的文化遗址数量极多、分布极广，恰似满天星斗，它显示着中国文明的多元发生，然而其主体集中在黄河流域和长江流域及其南北不远的范围内，这与文献传说大致相符，华夏（河洛）、东夷（海岱）和苗蛮（江汉）三大先民集团，在近年来的考古发掘中得到了部分的证明。

2）文明奠基及元典创制期：夏、商、西周至春秋、战国

这是中国文化史上的"轴心时代"，或称"元典时代"。

像世界其他地区独自生成的文化系统一样，此一阶段已经奠定了文化的基本构架，后来影响中国文化乃至整个东亚文化达两千多年的许多特征，在此一阶段已初步显现。

（1）公元前2000年左右，中国范围内普遍出现了文字、青铜器、宫殿、祭坛等，中国文化跨入文明门槛，这与文献所载古史系统中的夏代相当，目前在豫西、晋西南进行的考古发掘正在揭开童年时期（夏代）中国早期文明的面纱。

（2）中国青铜时代的技艺特点，如铜锡合金、块范法、有特征性的器物类型及其组合，都与西方文明和南亚文明有所不同。中国青铜器优先用作礼器，以象征王权和等级秩序，其次用作兵器，以投入战争维护政权，所谓"国之大事，在祀与戎"，而不是像古希腊、古罗马文明那样，除制造兵器外，金属主要用作生产工具。这正昭显了中国文化的重伦常、重政治的特色。

（3）天、地、人三大祭祀发达，祖先崇拜尤盛，这与早成的宗法制度和宗法观念互为因果，并孕育了中国文化的一系列特征，如慎终追远、重史立言等。

（4）这一时期形成的《诗》《书》《礼》《易》《春秋》及《论语》《墨子》《孟子》《庄子》《老子》《荀子》等中华元典，系统地展现了中华文化的中坚理念。人文精神、天道自然观、忧患意识等，以及阴阳、道器、有无、理气等范畴，在诸子辩难、百家争鸣中张扬开来，为后世中国文化的观念层面垂范作则，建造了中国人的精神家园。

尽管这一时期华夏族的活动空间主要在黄河、长江流域，但中国文明的基石已初步奠定，象形会意的汉字，儒、墨、道、法等诸思想，宗法伦理等

都对后世影响深巨。

3) 一统帝国文化探索、定格期：秦汉

秦汉两朝的4个多世纪，是帝国文化形成的连续过程。如果向前追溯，一统帝国文化的端绪应该推源至春秋战国之际，因为其时所发生的社会变革和文化转型，已经蕴含着政治一统的走势。而秦汉帝国的建立，正式标志着"古代帝国的完成期""古代中国文化的总归结时代"，实现了对先秦多元文化的一统整合。

（1）中国文化的很多基本面貌都在秦汉时期固定下来。如度量衡的统一、文字的厘定，以及教育模式、户籍控制、官吏考选方式和经学、史学体系的格局大定，形成中国独具的特色，并在帝国内部有效实施。汉族的形成也在此一时期，汉语、汉字等沿用至今的文明成果，都在秦汉时代基本定格。

（2）在经过秦朝至汉朝前期百余年的探索、调适与磨合之后，大一统帝国的集权体制终于找到了一种与之相契合的意识形态，那就是发端于元典时代而又汲纳了道、法、阴阳诸家的儒家思想。在汉代统治集团倡导的"独尊"氛围下，儒学被经学化和官学化，经学成为至尊之学，两千年来规范着全民的视听言动。而在统治集团的实际运作中，却儒法兼采、王霸杂用（以董仲舒、汉武帝、汉宣帝的表述为代表），这也成为后代专制集权统治的一般方略；士大夫间流行儒道互补的生活哲学，入则兼济天下，出则独善其身；下层社会则在遵循礼教的同时，辅之以种种民间宗教和迷信。

（3）中国古代皇权更替、朝代循环的基本模式，在此一阶段形成并固定下来，对后来两千年的改朝换代和文化传承影响深远。这种模式是，在一个朝代内部，王位按严格的宗法制世袭转让；但当一个王朝腐朽而不堪维系时，则有雄强者借势取而代之，高唤"王侯将相，宁有种乎"，形成"皇帝轮流做"的局面，农民战争或豪强夺权导致改朝换代的戏剧，反复上演。正因为王位世袭并不绝对可靠，于是统治者更加重视王权的神化和圣化，后代的专制理论愈演愈炽。值得注意的是，改朝换代并没有引起文化中绝，尽管后继朝代"改正朔，易服色"，但总是自觉认同前代并实现文化接力，秦汉之际的"汉承秦制"便是显例，以后的唐宋之际"宋承唐制"、明清之际"清承明制"情形类似。当然，各朝制度在承前的同时，又均有更革。

秦汉时期中国文化由多元走向一统，中原农耕文明在与周边游牧文明的冲突交融中，逐渐赢得强有力的控制地位。秦汉文化足以与南亚的孔雀王朝文化、欧洲的古罗马文化相媲美，成为亚欧大陆并峙的三大帝国文化。秦汉时期，既可以视为中国史前文化及元典时代之后的一个大完结、大整合，又可以视为后来的帝国文化乃至中国本土文化奠定模式的关键阶段，这40多年自成循环，有始有终。

4)胡汉、中印文化融合期:魏晋南北朝至唐中叶

这一阶段,中国文化开始大范围地与东亚、西亚、南亚文化进行涵化整合,踏上了"亚洲之中国"的道路。这一时期,与庄园经济和门阀贵族政治相表里,精神领域里玄风弥漫,儒、道、佛各擅胜场,影响着思想意识和各文化门类。

(1)农耕文化与游牧文化之间的冲突与整合是这600年间文化的一大主题。有别于秦汉的是,这一时期,华夏农耕文化的同化力有所减弱,北方游牧民族大举进入中原,曾经造成史称之"五胡乱华"和南北分治的局面;然而,游牧文化无疑又给中国文化带来复壮和补强作用,继秦汉之后,隋唐成为又一帝国文化高峰,即得益于北方民族阳刚精神的熏染,血统上如此(隋文帝杨坚、唐高祖李渊均有鲜卑血统,唐太宗李世民的胡人血统比例更高达3/4),文化上也是如此,故鲁迅称唐室"大有胡气",此为至论。

(2)这600年间的又一主题是来自南亚次大陆的佛教文化与中国本土文化之间的交融。佛教传入之初,也曾经与儒、道等中土文化相冲突,但终于与中国的伦理规范、实用理性、崇拜模式、政治需求等相妥协、相融合(如佛教本"不敬王者""不事父母",后来逐步演变为敬事君长、倡言孝道);佛教在中国历经排佛、灭佛、佞佛、援佛等种种遭际,逐渐实现了在中国的本土化,并深刻影响着中国文化的各个层面。在晋唐间,佛学宗派林立,天下名山寺院耸立,禅声缭绕,佛学更成为中国文化史上的奇峰异峦。如果按照通行的说法,将中国学术史分作七段(先秦子学、两汉经学、魏晋玄学、隋唐佛学、宋明理学、清代朴学、近代新学),那么其中三段(魏晋玄学、隋唐佛学、宋明理学)是直接因为佛教影响而形成学术大势的。

(3)这一时期,发生了文化中心向东向南的转移过程。这一过程大规模展开于东晋南渡,至唐代"安史之乱"后,中国的经济中心已经基本移至南方,所谓"赋出天下而江南居什九",但文化中心的南移还没有最后完成,这600年间正是南移过程中的过渡期、调适期。

5)近古文化定型期:唐中叶至明中叶

9世纪的中国,继春秋战国之际和魏晋南北朝之际以后,发生了又一次社会变革和文化转型,它同时还引起东亚文化圈内朝鲜、越南、日本的文化相继发生变革。某些日本汉学家和欧美汉学家,将此次转折看作是中世纪(或称"中世")向"近世"的转型。① 中国学者陈寅恪则认为:"唐代

---

① 内藤湖南:《概括的唐宋时代观》,前田直典:《古代东亚的终结》,宫崎市定:《东洋的近世》,载刘俊文主编:《日本学者研究中国史论著选译》(一),中华书局1992年版,第10、135、153页。谢和耐:《中国社会史》,江苏人民出版社1995年版,第257页。

之史可分作前后两期,前期结束南北朝相承之旧局面,后期开启赵宋以降之新局面,关于政治社会经济者如此,关于文化学术者亦莫不如此。"①唐代前后期的转折,规范了中国文化史后半段的大致框架。唐宋以降的一千年间,中国文化在自身的发展中,已显示出走出中古文化故辙的种种动向,可以称之"近古文化期"。

(1)唐代中叶以降,领主庄园经济破产,地主-自耕农经济定型;赋税制度也发生重大变化,以两税法代替租庸调制为开端,以后宋明几代的赋税改革,越来越明确地把朝廷对平民的直接经济关系确立下来。政治上亦是如此,科举制度实行以后,门阀贵族淡出政治,官吏直接从地主和自耕农中考选,具有一定的开放性和流动性。此种地主-自耕农经济和文官政治的特色,与封建时代的西欧、日本的领主经济、世袭贵族政治颇有差别。

(2)唐宋以来,实物经济式微,货币(包括纸币)大量流通;城市由单纯的政治中心和军事堡垒演变为经济和文化的集散地,这种功能的变化被有的学者谓之"城市革命"。随着工商业的繁荣,市民阶层兴起,市井文化趋于活跃,反映市民生活及其情趣的小说、戏曲,在形式和内容上都另创一格,为日后元曲、明清小说等通俗文学的繁荣开启先河。

(3)酝酿于唐中叶,在宋明得以张大的理学,一定意义上是儒家人文理性的复归,程朱理学的天理观和格物致知,使儒学走入精深,而阳明心学已初具道德个人主义的内涵;宋学的怀疑精神和明代杨慎等人为代表的考据精神的初兴,则触及实证科学的边缘;另外,文人、官僚、地主或商人合为一体,形成所谓士大夫阶层,他们的审美情趣、人格理想、道德观念主导了全社会的价值规范,对近古乃至近代的精神生活影响深远。

(4)唐以后,在日益强化的君主集权格局之下,官僚政治实行文武分离、右文抑武之策,虽然防止了武人割据和篡权,却导致国防劣势,民族文化的气质从汉唐的雄强外拓转向宋明的精致内敛;而与此同时,周边民族竞相崛起,走向与华夏本土文化相颉颃的道路,契丹、女真、蒙古、满洲等游牧或半农半牧民族相继入主。尽管他们最终都沿袭、传承了中原农耕文化,但是后进民族的一再军事征服所造成的破坏,无疑也阻碍了中国文化原发式近代转型的可能。有西方汉学家甚至认为:"在中国早已开始了近代化时期,是蒙古人的入侵阻断了此一迅速进步的过程。"②

唐中叶以降的文化转折,决定了近千年来中国文化的基本格局和大

---

① 陈寅恪:《金明馆丛稿初编》,上海古籍出版社1980年版,第296页。
② 谢和耐:《蒙元入侵前夜的中国日常生活》,江苏人民出版社1995年版,第5页。

体走向。故尔有识者多重视两宋文化,如严复说:"中国之所以成为今日现象者,为善为恶,姑不具论,而为宋人之所造就,什八九可断言也"。而对西方文化来说,"最近几个世纪西方所接触到的那个近代中国的大部分特征,就是在这时候出现的"①。总之,这一阶段构筑了西方资本主义侵入之前的中国文化背景,也即中国文化现代转型的基础和出发点。

6) 东西文化交汇及现代转型期:明末迄今

明清之际,早期殖民主义的南欧国家东来,其宗教及科技学术进入中国,然影响力有限;清中叶以降,完成工业革命的英国等西方列强用炮舰加商品打开中国封闭的国门,强行将中国纳入世界统一市场和全球性国际关系。中国第一次遭遇到"高势位"文化的入侵,中西文化既相冲突又相融汇,这一过程造成中国文化的空前危机,也赋予中国文化新的发展机遇,其文化的物质、制度、精神诸层面渐次发生近代转型,迈入"世界之中国"阶段。

(1) 明中叶以后,商品经济活跃,出现所谓"资本主义萌芽";在观念意识层面,明清之际,黄宗羲、顾炎武、王夫之、唐甄等思想家非君崇"公",将民本思想推至新阶段,开近代启蒙主义之先绪。此间,西方传教士进入中土,揭开西学东渐的序幕,这是继佛教东传之后,中国本土文化与外域文化的又一次大交汇。满洲人入主中原建立清王朝,其初期并未中断这一交汇过程,但雍正以后则大体使中西文化交流停顿下来。清前中期基本沿袭宋明以降的文化路径,理学是官方哲学,朱熹的《四书集注》是科举考试的范本,而士人实际经营的则是考据学,朴学实证精神得到空前发展,成就了古典文化的一次大整理,并对两汉以来经学的神圣性起着"解构"作用。

(2) 清晚期以降,文化的现代转型,是内力和外力共同作用的结果,是西方影响与中国文化固有因素彼此激荡、相互作用的产物。曾经颇有影响的"冲击-反应"模式,强调了西方现代文化的输入对于中国现代转型的作用,以及中国固有传统对现代转型的被动反应。但仅仅肯认这一侧面是不够的,还应当看到,在民族危亡和西方现代文化的冲击面前,中国文化自元典时代就深蕴其中的忧患意识、变易观念、华夷之辨、民本思想等精神传统,通过现代生活的激发,获得了新的生命,它们被现代中国人所借重,转换为近代救亡意识、"变法-自强"思潮、革命观念,以及近代民族主义、民主主义等,推助了中国文化的现代化进程;至于自宋

---

① 狄百瑞:《东亚文明——五个阶段的对话》,江苏人民出版社 1996 年版,第 44 页。

明以来隐而未彰的原发性近代文化因子,更被纳入中国文化现代转型的动因系统之中。中国近代文化并非西方文化的移植,而是中西文化涵化互动的产物,如果对此估计不足,必将导致对中国现代化进程做外因论的片面理解。

(3)由于现代西方文化从东南沿海登陆,所以两广、江浙成为一个多世纪以来中西文化碰撞的前沿。闽粤等地以及宋明以来就已成为文化中心的江浙等地,在这一阶段不仅是经济的重心而且是新文化的中心,其文化能量不断地向内地辐射、推进。此种由南向北、由东向西的文化传播路向,与两宋以前由西向东、由北向南的文化传播路向恰呈相反之势。而两湖地区则成为古与今、中与西相互交汇的要冲地带,际会风云,人文荟萃。这些都构成中国近现代富于特色的文化景观。

(4)20世纪以来的文化变革,无论在深度、广度还是在剧烈程度上,都比中国文化史上的前三次转折(春秋战国之际、魏晋南北朝之际和唐宋之际)有过之而无不及。五四新文化运动的新旧转换,可以看作是对明清之际以来启蒙思潮的一个终结,既对中国文化传统有所厘清,又在传统与现代之间、中西文化之间激发一系列矛盾运动。此后,中国人在改良与革命、战争与建设相交替的复杂而悲壮的过程中,经历了对欧美模式和苏俄模式的学习、选择与扬弃,锲而不舍地探寻着前行之径。20世纪70年代末期以来,在世界信息化、经济全球化的时代氛围中,中国抓住了发展机遇,在前所未有的规模和深度上经历着变革,从而把清中叶以来百余年间起伏跌宕的文化转型推向高潮,初步形成了现代转型的"中国模式"。这种转型的激变性和复杂性,为古今中外所罕见,它包括三个层面变革的交叉互叠:

一是从农业文明向工业文明的转化。此一过程自19世纪中叶已经开始,时下正在赢得加速度,这是当代中国社会及文化转型的基础内容。

二是从国家统制式的计划经济向社会主义市场经济转化。这种经济体制的转轨与上述经济形态变化同时并进,对文化也产生着巨大影响,它们共同汇聚为现代转型的中国特色之所在。

三是从工业文明向后工业文明转化。已经实现现代化的发达国家正在进行的这一转变,对包括中国在内的发展中国家提供了示范,使之通过"技术模仿"和"制度模仿"获得"后发优势"。与此同时,西方发达国家在后现代过程中所诱发出的种种问题,在全球化的趋势下也呈现在当代中国面前,如生态危机、能源枯竭、文明冲突、信仰危机等。

上述三方面内容的任何一个方面,所提出的文化课题都十分广远深邃,需要一个民族认真应对(仅以从农业文明向工业文明转化而言,西欧在思想文化层面经历了文艺复兴至启蒙运动几个世纪的深沉努力),而中华民族在20世纪与21世纪之交,同时面对三大转化,确乎是任重道远,各类问题纷至沓来,需要我们汇集古今中西智慧,对前人、外人提供的发展模式择善而从,并在新的历史条件下有自己的创造。

当下日益深化的现代转型,对中国文化提出的挑战和提供的机遇都是前所未有的,而波澜起伏的中国文化史正由此揭开蔚为壮观的新序幕。

八、学术

(一)

"学术"是一个联合结构的双音节词,由并列的"学"与"术"两个单字词组合而成。故为着把握"学术"的整体意义,须分释"学"与"术"。

"学"的本义为觉悟[1],引申为仿效[2]、认识[3]、学问[4]、学习[5]、学科[6];"术"原义为古代城邑的道路[7],从所取道路引申为权术、手段[8]、技术[9]。近人梁启超指出:"吾国向以学术二字相连属为一名辞。"[10]先秦典籍《礼记》便有"学术"连用之例[11],后之史籍又屡有类例[12]。这些典籍中的"学术",皆统指一切学问,特别是指"即器以明道"的形而上认识,因此又称为

---

[1] 《说文解字》:"教,觉悟也,从教冂,冂,尚矇也。臼声。学,篆文教省。"《白虎通·辟雍》:"学之为言觉也,以觉悟所不知也。"
[2] 《广雅·释诂三》:"学,效也。"《论语·学而》朱熹集注:"学之为言效也。"
[3] 《广雅·释诂二》:"学,识也。"
[4] 《老子·四十八》:"为学日益。"河上公注:"学,谓政教礼乐之学也。"
[5] 《论语·为政》:"学而不思则罔,思而不学则殆。"此处"学"作"学习"解。
[6] "学"作为含"学科"义的后缀,组成一系列学科名词,如文学、数学、兵学等。
[7] 左思《蜀都赋》:"当衢向术。""术"为城邑道路。
[8] 《史记·货殖列传》:"医方诸食技术之人。"
[9] 《礼记·祭统》:"惠术也,可以观政矣。"此处"术"指权术、手段。
[10] 梁启超:《学与术》,载《饮冰室文集之二十五》,上海中华书局1912年版。
[11] 《礼记·乡饮酒义》:"古之学术道者,将以得身也。"
[12] 《后汉书·盖勋传》:"凉州寡于学术。"《宋史·吴潜传》:"……诏求直言,潜所陈九事。……四曰:正学术,以还斯文之气脉。"

"道术",如《庄子·天下》所谓"道术将为天下裂";有时则简称为"学",如《韩非子·显学》所谓"世之显学,儒墨也"。《礼记·学记》所谓"论学取友"。

20世纪初叶,流亡日本的梁启超广泛接触学科分类明晰的近代西方学术文化后,不满意于古来"学"与"术"相混淆的笼统旧说,他参酌近代西方理论知识与技术知识相区别的思想,对"学"与"术"的内涵加以分疏:

> 学也者,观察事物而发明其真理者也;术也者,取所发明之真理而致诸用者也。例如以石投水则沉,投以木则浮。观察此事实,以证明水之有浮力,此物理也;应用此真理以驾驶船舶,则航海术也;研究人体之组织、辨别各器官之机能,此生理学也;应用此真理以疗治疾病,则医术也。①

梁氏还引述西方生计学(经济学)家倭儿格的言论,阐明学术的统合性:

> 学者术之体,术者学之用。二者如辅车相依而不可离。学而不足以应用于术者,无益之学也;术而不以科学上之真理为基础者,欺世误人之术也。②

梁氏的辨析,其立意当然不限于语义学,它实际上是试图对以认知的综合性、学科的融通性(所谓"文史哲不分家")为特征的传统学术做出一种超越,昭示了中国学术从"通人之学"演为"专家之学"、从古典混沌奔往近代分疏(亦不忘综合)的方向。我们今日整理浩瀚的中国学术遗产,考察其错综的发展脉络,固然要充分尊重传统语境,真实反映中国学术史的整体性、综汇性状貌,不可强作肢解和拼组。但与此同时,又有必要以现代学术分科理念观照过往的学术史,审慎地对传统学术做出分类与要素解析,如此既能对传统学术深入底里,获得真解,又能探幽致远,追溯现代各门学科的渊源,描述"一致而百虑"的学术发展轨迹。

(二)

近30年来,人们日渐重视文化史研究,这种研究拓展了我们的视野,提供了观察历史和现状的新角度,使我们得以深入了解本民族和别的民

---

① 梁启超:《学与术》,载《饮冰室文集之二十五》,上海中华书局1912年版。
② 同上。

族文化创造的走向,以及诸民族文化间交融互摄的复杂过程,这些都有助于我们正确把握现代化与文化传统的辩证关系。文化史以文化发生发展的总体进程为对象,并特别注意人类创造文化时主体意识的演变,从而与考察客观的社会经济形态的经济史和考察社会状貌的社会史相区别。文化史研究应当致力于对历史过程中所发生的一系列文化现象进行整合,以形成一种显示规律的记述,而构成这种记述的材料,则选自已知文化资料的整体。而"已知文化资料的整体"应当包括俗文化资料和雅文化资料两大部类。俗文化指流行于大众民间的文化,它成自众手,是在一定时代形成于一定生活共同体的非理论化的社会意识;雅文化指社会上层文化,它经由职业精神生产者依靠已有的精神生产资料加工而成,较为系统、专门、定型,便于保存与传播。这两种文化的区分由来已久,我国自古便有俗乐、雅乐的对称,有风(民歌)、雅(宫廷诗歌)、颂(庙堂诗歌)的并列,有高跷、秧歌等民间游艺与琴棋书画等君子雅道的分野。然而,这两种形态的文化又有着深刻的内在联系,它们相互渗透、彼此推引,雅文化要从俗文化中汲取营养,或者以其作为依托物,或者以其作为"补强剂""复壮剂";而俗文化又受到处于统治地位的雅文化的制约和影响。在各阶层人们的欣赏趣味上,这两类文化也并非总是楚疆汉界、壁垒分明,"雅俗共赏"这一成语便反映了两种文化相通互动的事实。

如果说,俗文化更多依赖于民间生活习俗的递嬗和大众间口耳相传的方式保存其文化资料(有的后来也笔之于书),那么,雅文化则主要是以经过认真加工的、精致的形态贮存其文化资料。在中国,雅文化的渊薮便是汇合为经、史、子、集四大部类的学术著作。一部中国学术史,大体反映了中国雅文化的发展历程。如果我们同时又注意于俗文化的研究,认真考察俗文化与雅文化的交互关系,便有可能对历史过程中所发生的纷繁错综的文化现象加以整合,形成一种显示规律的认识。就这一意义而言,治学术史是治文化史的重要基础之一。

(三)

我国自古便有重视学术的传统,学术往往被推尊到至高地位。东汉王符说:"天地之所贵者人也,圣人之所尚者义也,德义之所成者智也,明智之所求者学问也。"(《潜夫论·赞学》)

近人陈寅恪更指出,学术兴替"实系吾民族精神上生死一大事者"[①]。

---

① 陈寅恪:《金明馆丛稿二编》,上海古籍出版社1980年版,第318页。

而学术的积累尤为人们所强调,所谓"水积则生吞舟之鱼,土积则生豫章之木,学积亦有生焉"(尸佼《尸子·广泽》)。由于我国历来着意于学术的积累,于是有五经、六经,乃至七经、九经、十三经的确立和反复疏解,有前四史、十七史,乃至二十四史、二十五史的代代编纂,使中国学术延绵不绝,传统未坠,成为世界文明史上罕见的连续性学术文化。中国学人在注意学术积累的基础上,又追求学术的"因时制宜"。"袭故而弥新"(陆机《文赋》)、"濯去旧见,以来新意"(张载《经学理窟》)被认作是治学的高妙境界。加之中国本土学术不断汲纳外来学术(如南亚佛学、欧美西学),彼此融汇,更增添源头活水,使历代学术各具丰采,前后辉映。总之,中国学术既代代相因,又新旧更替,内外融汇,形成一种波澜起伏的万千气象。

中国学术史因其漫长复杂而带来研究的艰辛,也因其丰富多彩而引人入胜。事实上,我们的先辈已在这个困难而又饶有兴味的领域披荆斩棘、劳绩卓著。从先秦诸子开始,历代都不乏有识之士对前代和当代学术做"分其宗旨,别其源流"的工作,他们或者从微观(对某一学者),或者从中观(对某一学派),或者从宏观(对某一时代各学派以至纵观古今各学派)梳理学术发展的脉络,穷原竟委,各有创获。

战国及秦汉之际撰著的《庄子·天下》《荀子·非十二子》《韩非子·显学》《吕氏春秋·不二》,《礼记》中的《学记》《儒行》等篇章便有对晚周学术的综述、分论和评议,成为学术史的嚆矢。

汉代刘安主持编著的《淮南子》中的《要略》等篇,司马迁《史记》中的《论六家要旨》《孔子世家》《老庄申韩列传》《仲尼弟子列传》《孟子荀卿列传》《儒林列传》等篇,班固《汉书》中的《董仲舒列传》《司马迁列传》,尤其是《艺文志》《儒林传》更以较为整齐、系统的文字,记载、评介周秦以来的各个学派及其著作、思想。循此传统,以后各代史书,分设艺文志、经籍志、儒林传、文苑传、道学传、方伎传等包含学术史素材的专章。

此外,在各类文集的序、跋中,在学者的随笔、札记中,亦多有关于前代、当代学术流变的记述和评判。

唐宋以降,朝廷组织编纂大型类书、丛书(《册府元龟》《太平御览》《永乐大典》《四库全书》等),集历代学术大成,为考析流变提供了系统的资料基础。

始于宋代而盛于明清,还有学术史专书的涌现。继南宋《伊洛渊源录》《伊洛正源书》之后,明代有《伊洛渊源续录》《闽学源流》诸书,明末至清代,更有叙述学派源流并对各学派学说略加论断的"学案"式著作纷纷创制,如《元儒考略》《圣学宗传》《明儒学案》《宋元学案》《儒林宗派》《理学宗传》《清学案小识》《北学编》《国朝汉学师承记》《国朝宋学渊源记》，以及民初编纂的《清儒学案》，便是其中的名著。

佛教、道教素来注重本宗教（及其内部各宗派）的衣钵授受、系谱传递、道术承袭的记录和研究。佛教"灯灯相传"的"传灯录"一类教派史著作，直接启迪了宋明以降诸"渊源录"和"学案"的编写形式。至近代，梁启超、章太炎、王国维、陈寅恪、钱穆等学术大师，则力图站在新学的高度，对中国学术史重加评判，并留下内涵丰富的学术史论述。

（四）

前人对学术流变的追述、评论，当然都要受到自己学术观点的左右，见仁见智，各有创识。就总体而言，我国古代学术的发展是从多元走向一元的，在一元中又包蕴多元因子。这种进程也影响到各代学人评论学术流变的气度。在"处士横议""道术将为天下裂"的战国时期成文的《庄子·天下》，对先秦各学派并无特别的推尊和贬抑，关于诸子的分合变异及长短得失，都有较公允的评判，显示了学术多元时代的恢宏气象。以后，《史记·论六家要旨》《淮南子·要略》大体沿袭了这一传统，它们虽然承汉初思潮，显示了对道家的某种程度的偏爱，先黄老而后六经，但对于各家学说的来龙去脉和优长缺失，都尽其可能地给予客观、平正的论列。

战国晚期也有学派性强烈的评议，如《荀子》《韩非子》中论学术派别的几篇专文，党同伐异气息已渐趋浓厚。《荀子·非十二子》推重孔子、仲弓一派，抨击其他诸派；韩非子斥儒士为蠹虫，而将法术之士加以抬举。但毕竟荀、韩尚未明确提出一个排斥异说的单线学统。

两汉以降，随着"儒术独尊"的日趋明朗、定型，学者论学术流变大都逐渐落入儒学一脉独传的窠臼，董仲舒"诸不在六艺之科，孔子之术者，皆绝其道，勿使并进"之说，便开其端绪。到唐宋时期，更形成流行于士林的"道统说"。这个由韩愈的《原道》创立（该篇提出"尧—舜—禹—汤—文—武—周公—孔—孟"统系），由宋代理学家完成体系的"道统说"，以正统和僭伪为尺度，规范中国学术的发展程序，朱熹在《中庸章句》中编制的"尧—舜—禹—汤—文—武—周公—孔子—颜回、曾参—子思—孟子—二程"这样一个系列，被视作对"道统"的经典性归纳。"道统说"的基本思想是孔孟学说，尤以思孟学派为正宗，与此相悖的一切学说都是异端，应排斥在中国学术正统之外。两宋以来，虽有叶适等人批评"道统说"，但学界主潮则是奉"道统说"为圭臬的。清人熊赐履所撰《学统》颇有代表性：

  以孔子、颜回、曾参、子思、孟子、周敦颐、二程、朱熹等九人为"正统";闵子骞以下至罗钦顺二十三人为"翼统";冉伯牛以下至高攀龙等一百七十八人为"附统";荀子以下至王阳明等七人为"杂统";老、庄、杨、墨、告子及释迦氏为"异统"。①

  "道统说"的价值在于大体勾勒出儒家主流,其弊端是有强烈的宗派性和排他性,漠视儒、释、道三教共弘的事实,甚至也未能公正界定思孟学派之外的儒家各派的历史价值。

  晚明以来研究学术史的学者中,不乏识见卓异的人物,他们虽然很少正面批判"道统说",却能在自己的论著中挣脱这个范式的束缚,实事求是地对某一时代的学术流变给予评述。这方面劳绩最著的是黄宗羲。他独立撰写的《明儒学案》,以及由他奠定基础,由其子黄百家、其后学全祖望完成的《宋元学案》,是中国最早的详尽而有系统的两部断代学术史专著。

  这两部书发扬王阳明的反独断论精神:"学,天下之公学也,非朱子可得而私也,非孔子可得而私也。"(《答罗整庵少宰书》)不拘泥于"正统""僭伪"一类衡量标准,清洗韩愈、朱熹等人在学术统绪上涂抹的神秘色彩和正统理念,着力于对明代及宋代、元代各学术派别产生和发展的人文地理,学者生平、著作、思想,加以考辨,尤其注目于师生授受对学术派别延绵、变易的影响,并有意陈列"一偏之见""相反之论",使"学者于其不同处,正宜着眼理会"(黄宗羲《明儒学案·发凡》),并"为之分源别派,使其宗旨历然"(黄宗羲《明儒学案·原序》),这就把学术流变的考察置于理性主义的基础之上。而尊重中国学术的多元潜质,敢于穷原竟委、博采兼收,正隐约预示着挣脱学术大一统枷锁的时代趋势。这是近代学者梁启超等人在研究中国学术史时格外看重黄宗羲,并编《节本明儒学案》以求推广的缘故所在。

  清代,尤其是乾嘉时期,对中国学术进行了空前规模的大整理。其间编辑卷帙浩繁的《四库全书》,由纪昀等撰写《四库全书总目提要》,不仅对各种学术专著钩玄提要,而且对各学术派别的发展脉络做分门别类的述评,"嘉与海内之士,考镜源流"(《四库全书总目提要》卷首《办理四库全书历次圣谕》),为中国学术流变的探究奠定了坚实的基础。

  清末在综汇中外古今学术思想与观念后,熔铸出"新学"这一学术史新动向。这一动向既是对清朝学术的总结,亦是对外来学术思想观念的初步吸收与回应。随着中外学术的进一步涵化和交融互摄,"新学"成了民初以降现代学术转型的"桥梁"而备受学术史家重视。

---

  ① 《学统五十六卷》提要,载《四库全书总目·传记类存目五》。

九、智慧与智力

时代的步履已跨越21世纪的门槛,现代文明不断创造出辉煌成就,上天入地、呼风唤雨,世界统一市场建立,全息式信息迅速传递等昔日的遐想,都渐次演为活生生的现实。然而,现代化带来的并非单向式的进步,而是善恶并举、苦乐同行的"俱分进化"过程,正所谓:"省忧喜之共门兮,察吉凶之同域"(扬雄《太玄赋》)。在人与自然、人与人、人与社会诸层面,今人都患着不轻的"现代病",面临着若干不易突破的困局。此间的人类尤需反思,神交古人,听取历史这位导师的谆谆教诲,借重昔时积淀的智慧。

作为人类智慧重要组成部分的中国智慧,不仅是中国人的财富,而且也为域外所借重:《易经》成为德国人莱布尼茨创立二进位制数学的佐证,而二进制正是电子计算机的运作原理;《老子》的"有生于无"哲言为西方建筑大师提供了灵感源泉;《三国演义》是日本企业家从事商战的教材;美军将帅在海湾战争中星夜披阅《孙子兵法》,"声东击西"是其赢得胜算的谋略……外人研习中国智慧并取得实绩,使国人闻之而怦然心动——难道我们不应当以双倍的热情、更高的灵性,继承、发扬先辈智慧,以推动现代化事业健康发展,并在激烈的国际竞争中创造新的业绩吗?

何谓"智慧"? 狭义的"智慧"约指认识世界、改造世界的聪明、才智,与"贤德"相对称,故有"智性之知"与"德性之知"的分野。有些思想史家把西方文化的源头古希腊文化称为"智性文化",把中国文化称为"德性文化"。这当然是从东西方文化关注的侧重点之异而立论的,并非说古希腊不讲德性,中国不讲智性。我以为,区分"智性之知"与"德性之知"确有必要,如果两相混淆,则知识论与道德论便混为一谈,然而,强作两分,把二者割裂开来,又有悖人类精神的整体性。我们讨论的"智慧",并不全然限于狭义智慧,而涉及广义智慧,或曰"大智慧",包举才与德,兼容智与贤。如此议"智慧",或许更切近中华文化的本真面貌:中国智慧不限于"智性之知",还包含"德性之知",追求二者的统一,偏执一面、陷入偏锋者则每遭诟病——多智而无德者(如曹操)被斥为"狡智"的"奸雄";有德性追求却丧失智性者(如宋襄公)则被视为不足取的蠢材,这两类人都不是中国智慧的代表。中国人所推崇的文化英雄(如周公、姜子牙、诸葛亮)都是智者与贤人的整合,是智、仁、勇的统一体。从此种"大智慧"视角方可逼近中国智慧的真髓。

智慧是人类所具有的基于神经器官(智慧的生理基础)在社会实践中发展起来的高级综合能力,包含感知、知识、记忆、理解、联想、情感、辨别、判断、决定等多种机制。智慧由智力系统、非智力系统、审美及评价系统综合而成,其中智力系统是基本成分。探讨智慧问题,首先要从探讨智力入手。

智力,通常是指人们认识、理解事物的能力的总和,包括判断力、创造力、运用知识及经验解决实际问题的能力。智力是构成人的全面发展的基本要素之一。在近代大机器生产出现以后,特别是在科学技术长足进步的当代,人的智力愈益对社会生产力及全部社会实践产生重大影响,智力开发也就成为世界各国所关注的课题。当然,研究智力现象和智力培养的历史,可以追溯到十分久远的往古,公元前的古希腊哲学家苏格拉底、柏拉图、亚里士多德等人,在这方面曾留下不少睿智的格言;近代欧洲教育家夸美纽斯、洛克、乌申斯基更高度重视智力训练。就中国而论,从先秦诸子到近现代思想家,总结智力培养经验,对智力问题发表过许多精辟的意见,它们是中国智慧的辉煌展开。学习前哲的这些论述,并给予科学的评析,对于我们今天开展智力研究,发展中国智慧,是大有裨益的。

中国探讨智力问题的历史,大体可以分为古代、近现代和当代三个阶段。

如果说,古希腊哲人走的是"智者路线",那么,中国古代的学术正宗——儒家,走的是一条"贤人路线"而并非"智者路线",其视野主要集中在社会政治和伦理道德方面,即所谓"修身、齐家、治国、平天下"的一套功夫,智力较少作为专门论题被加以探究。墨家和儒学左翼荀况,以及后世的王充、王夫之等唯物主义者,较直接地讨论过智力问题;先秦纵横家和兵家钻研智谋韬略,汉以后入华的佛家也富于智慧之学;即使是那些专门研讨政治、道德问题的哲人,在发挥"修、齐、治、平"之道时,也要不同程度地顾盼"格物致知"之学,其思辨的触角往往也伸抵智力王国。例如,中国思想家反复论辩的一个古老主题——人性的善恶问题,本来属于伦理学范畴,但在探讨过程中,常常由人性善恶的成因,旁及人的愚智的成因,牵涉先天素质、后天习染、个人努力诸因素在智慧形成中的作用问题。另外,中国古代思想家关于认识论的丰富思想,包含对智力结构诸侧面(如注意力、观察力、记忆力、思维力、想象力、创新力、实践力等)的描述。至于中国许多古代哲人作为教育家,有关启发式教学、因材施教、量力而教、适时而教等教学原则的论述,以及关于教师在智慧传递中的作用的论述,更与智力培养直接相关。因此,尽管中国古代很少有智力研究的专门著述,但在经、史、子、集中仍然蕴蓄着智力论的丰富宝藏。

在近代,一些向西方寻求真理的先进中国人,如严复、康有为、梁启超、孙中山等,在广泛介绍欧洲资本主义上升时期的社会思潮时,十分强调"开智"的重要性。他们意识到,中国要富强起来,必须打破民众愚昧无知的局面。这种观念可以说是中国古代重视智力培养的传统与西方近代启蒙思想相结合的产物。五四新文化运动,提倡"德""赛"二先生(民主与科学),其中更包含着启迪民智的内容,对智力和智力培养诸问题多有阐发。当然,由于时代条件所决定,近现代哲人主要致力于政治、军事等方面的研究,不可能对智力问题做系统的、专门性的探讨。此外,五四新文化运动以来的一些教育学家、心理学家在介绍西方近代智力论的同时,也对智力问题进行试验和研究。对于他们这种承先启后的工作,应当给予积极的关注。

至于当代,严格地说,主要是近几年,随着我国社会主义现代化建设事业的发展,人才问题显得十分紧迫,与人才学直接相关的智力培养问题也就理所当然地提上了议事日程。可以这样说,智力研究在当代中国所受到的重视是空前的,而且这种重视方兴未艾。

前哲有关智力问题的论述,略谈以下几点。

第一,智力的界说。

正式给智力下定义,是近现代的事情。德国儿童心理学家施登说:"智力是指个体有意识地以思维活动来适应新情境的一种潜力。"这段话被现代心理学界认作智力的最早定义。其实,智力现象是从人类产生之日就有的,因此,在十分久远的往古,人类就自觉不自觉地对智力进行界说。儒家创始人孔丘,没有正面给智力下过定义,但他多次论述智者所应当具备的风度,这实际上已经进入智力界说的边缘。以后,墨翟、荀况等哲人分别给"智"下过定义,这些定义虽然不甚完备、精密,但亦颇有可采之处。

至于发展智力的重要性问题,先哲们主要是从"开智"与富国强兵的密切关系这一角度进行阐述的。先秦诸子就有这种观念的萌芽,而面临深重民族危机的近代思想家,这方面的论述特别丰富。他们指出:"民智者,富强之原"(严复《原强》),"才智之民多则国强,才智之民少则国弱"(康有为等"公车上书"),"故言自强于今日,以开民智为第一义"(梁启超《变法通议·学校总论》)。严、康、梁等人把"开智"与强国联系起来,是一种反蒙昧主义的、有价值的观点。

人类不仅是自然的人,而且是社会的人,人的智力的发展与社会意识是密不可分的,因而"智"与"德"二者之间存在着相互渗透、相互影响的关系。我国历来有重德传统，尤其是正宗儒学更明确主张把"德"放在首位，而将"智"的发展置于派生和从属的地位。这种将"智"当作"德"的附庸的"重德主义"，在宗法专制时代起过阻碍文化科学事业发展的消极作用；当然，"重德主义"也有积极的社会功效，它与我国自古以来仁人志士层出不穷不无关系，近人梁启超说，汉奸之才，奴隶之智，不如没有的好（见《论教育当定宗旨》），便是对"重德主义"积极面的发挥。此外，有些前哲还认识到"智"对"德"具有能动作用，"智者利仁"（《论语·里仁》）、"智者，德之帅也"（刘劭《人物志·八观》）即这方面的名言。

智力内部的两个侧面——知识与才能（能力）之间是既相矛盾又相统一的。我国古代史论家、文论家曾生动地论述过"才与学"的关系，认为二者缺一不可。明代科学家徐光启特别强调能力训练的重要性，他打比方说，培养刺绣工人，不仅要给他们提供现成的鸳鸯图形，还要教他们掌握金针、制造金针的技能。如此，"其绣出鸳鸯，直是等闲细事"。在当代，随着生产力和科学技术的迅猛发展，出现"知识爆炸"和"知识陈旧率剧增"的局面，我们更不能满足于让学生仅仅记住一些具体知识，而应该致力于培养他们分析问题和解决问题的能力。让人的智力得到健全的发展，是时代提出的迫切要求。

第二，影响智力形成的诸因素。

智力的形成与发展，受到内部和外部诸多因素的制约。内部因素包括遗传（生理素质）、个人的学习与努力、心理特征等，外部因素主要是指社会环境影响和教育的功能。这一部分将介绍中国思想家关于内外诸因素在智力形成中的作用的若干论述。

智力究竟是与生俱来的，还是后天习得的？一直众说纷纭。直到现代，关于智力的成因，仍然有"遗传决定论"和"环境决定论"两种各执一端的理论。尤其是"遗传决定论"，在当今的心理学界还颇有影响。美国心理学家斯坦莱·霍尔说："一两的遗传胜过一吨的教育。"夸大遗传在智力形成与发展中的作用。而在我国教育史上，学人们比较趋于一致的看法是：智力是人的先天素质与社会环境影响、教育作用以及个人努力等多重因素综合而成的。打个比方说，智力是上述因素的"合金"。

我国不少哲学家曾明确指出，人的感官和思维器官提供认识能力的自然基础，孟轲的"心之官则思"（《孟子·告子上》），荀况的"人何以知道？曰：心"（《荀子·解蔽》），便含有这个意思。与此同时，有思想家更强调环境影响和教育对智力发展的作用。值得注意的是，在我国思想史上"性善论"与"性恶论"这两个壁垒分明的派别，在肯定环境、教育等后天因素对人的品行和愚智的决定性影响这一点上，却是一致的。"性相近也，习相远也"（《论语·阳货》），"染于苍则苍，染于黄则黄"（《墨子·所染》），是各派所公认的名论。此外,重视学习、努力对智力形成的能动作用,也是我国许多思想家的共同看法,明清之际的王夫之说得好:"才以用而日生,思以引而不竭"(《周易外传》)。

根据对智力成因较全面的理解,我国一些思想家还对智力"早成"现象做了合理的解释。如东汉的王充指出,"早成"儿童并非"神"童,他们不过是有较强的领悟力,而又很早就"多闻见",并有"家问室学",幼年即"受纳人言",这样才"幼成早就"。王充的结论是:"人才有高下,知物由学,学之乃知,不问不识。"宋人王安石则在著名散文《伤仲永》中告诉人们,"天才"不足恃,素质良好的人,如果"不使学",也会降为庸才,"泯然于众人"。

此外,先哲们还注意到意志、兴趣、情欲等非智力因素与人的智力形成的密切关系。基于这种认识,他们力倡"志于学""乐于学",引导人们以坚强的意志和浓厚的兴趣致力于智力发展,并主张节制情欲以使智慧增长。

第三,智力结构诸侧面。

人的智力是由感知-观察力、记忆力、思维力、想象力、创新力、实践力所构成的;另外,注意力对人的感知-观察力、思维力、记忆力的发展有直接影响,也可以纳入智力结构之中。如果用形象的比喻说明问题,注意力是智力的窗口,感知-观察力是智力的眼睛,记忆力是智力的储藏所,思维力是智力的中枢,想象力是智力的翅膀,创新力是智力进步的关键,实践力是智力变化为物质力量的转换器。我国古代和近代哲人虽然还没有形成智力结构的总体观念,但对智力结构所涉及的各个侧面,都有相当精彩的描述:

——论及"不专心致志,则不得也",肯定了集中注意力对智力发展的作用。

——提倡"多闻""多见","好问""好察",把发展感知-观察力作为获智的第一步。有些哲人还提出,要使人的感知-观察力得到发展,须"善假于物",即借助外力,扩大、加深感官对外物感知的范围。

——告诫学习者"知而有藏",加强记忆力;"学而时习之",与遗忘做斗争。

——强调"近思""深思""思索以通之",大力发展智力的核心部分——思维力;并阐述了"学"(掌握知识)与"思"(训练思维力)并行不悖、相得益彰的关系。

——倡导"袭故弥新""陈言务去",力主发展人的创新能力。

——号召学人"躬行""践履",锤炼实践能力,把学、思、行结合起来。

关于想象力,中国教育家所论甚少,而文论家在谈及文艺创作过程时,对想象力做了生动的描述,有助于我们认识智力结构的这一侧面。

第四,智力培养的方法和途径。

中国自古以来在智力培养方面,积累了丰富的经验,其中尤其具有普遍意义的,是以下几个方面。

(1)在承认人的智力差异的前提下,实行"因材施教",有针对性地,因而也是有效地发展人的智力。

(2)反对把学习者当作消极被动的知识接收器,主张启发他们学习的自觉性,使其智力活动的诸方面(注意、观察、记忆、思维等)都呈现一种跃跃欲试的积极主动状态。

(3)"适时而教""不陵节而施",注意受教育者的年龄特征,把握智力培养的阶段性和节奏感。

(4)肯定师承的意义,强调长者、教师向幼者、学生传递智慧的重要作用;与此同时,又引导幼者、学生超过长者、教师,即所谓"当仁不让于师","青,取之于蓝而青于蓝"。

第五,中国古代的智力检验与测验。

进行智力研究的前提之一是测定人的智力。而比较严密的智力测验,是近代心理学兴起以后才正式开展起来的。但是,我国古人在社会生活中已产生检验人的智力水平的需要,并在智力检验方面做了若干尝试。如先秦时的韩非便主张通过"试之官职,课其攻伐"等实践活动,来考验人的愚智;三国时期的刘劭更在《人物志》中提出考查人的智慧、才能的种种办法;此外,我国在19世纪中叶以前,已出现了测定人的智力的"七巧板",这早于世界其他国家的智力测验机巧板。

十、"解释一字即是作一部文化史"
——冯天瑜 祖慰对话

祖(祖慰,以下简称"祖"):感谢将新作《三十个关键词的文化史》的电子版传来,让我先睹为快您又一学术峰峦,享受脑洞骤开之乐。

我是弄文学的,属非史学的门外读者,拜阅之后为求甚解,想东施效颦一位BBC(英国广播公司)的主持人——布莱恩·麦基。20世纪70年代中期，BBC播放了电视系列节目《思想家》。主持人麦基请来了15位当代西方著名哲学家（如以赛亚·伯林、马尔库塞、奎因、乔姆斯基、德沃金等）到节目中来对谈，直接面对哲学圈外的观众。麦基提的问题均是哲学门外汉的疑惑和诘问，由哲学家们作答，观众却因此获得了意外的收获。您是否愿意接受我用麦基的方式与您对谈？

冯（冯天瑜，以下简称"冯"）：这正是陶渊明所谓的"疑义相与析"。请祖慰兄赐题。

"概念史"由现代西方学者滥觞，吾兄是怎样进入这个新史学领域的？

祖：这部刚杀青的《三十个关键词的文化史》当属概念史论著吧？

冯：大约可以算是概念史习作。

祖：我检索相关资料，20世纪的西方哲学发生了所谓的"语言学转向"，即语言不再是传统哲学讨论中涉及的一个工具性问题，而是成为哲学反思自身传统的一个起点和基础。接着，德、英、法的史学界开始跟进，他们受到"语言学转向"的启迪，认为语言不仅是思维和交流的工具，语言中的"概念"还像出土文物和史书典籍一样，同样是历史积淀的载体。于是，史学家开始通过对语言中那些政治和社会的"主导概念"或"基本概念"的形成、演变、运用及社会文化影响的分析，来揭示历史变迁的特征。由于他们认为历史沉淀于语言的概念中，于是就诞生了从概念史入手的新史学。我想询问，这些来自西学的理论与方法与中国传统学术（如训诂学）是否有相似性？您是何时发现并运用这种新史学方法论的？又是如何与训诂学一类中国传统学术相贯通的？

冯：我步入概念史领域，主要受传统的考据学引导，中晚年方涉猎西欧学者"语言学转向"的前卫论著（如福柯的《词与物》之类）。

少时从先父庭训中略知许慎《说文解字》的释字方法，又时常翻阅俞正燮《癸巳类稿》等考据学书籍，养成逢重要字词便考证一番的习惯。之后尤其服膺清人戴震"由字通词，由词通道"之说，更从近人王国维倡导"新语"之论、陈寅恪"解释一字即是作一部文化史"诸教言中获得启示，故从1980年治文化史之始，每涉论题，必先辨析关键概念的来龙去脉，以使运思网络获得较为坚实可靠的纽结（这一点又受亚里士多德《范畴篇》影响）。壮年期习作《明清文化史散论》（1984）、《中华文化史》（1990）、《中华元典精神》（1994），已对"中华""文化""文明""封建""民主""自由""共和"

"经籍""元典"等概念的古今演绎、中外对接加以探究。世纪之交的 10 年间(1996—2006),我应邀赴日本讲学、访学,结识谷川道雄、沟口雄三、梅原猛、中岛敏夫、柳父章、加加美光行等日本史学家、哲学家、语言学家,又与史有为、方维规、孙江、陈立卫等从事概念史推介的旅外华人学者交游,同时还浏览日本出版的几十种"一个词一本书"的"口袋书",领悟概念史研究在汉字文化圈的具体操作方法,将其运用于汉字文化诸术语的实证考析,遂有《新语探源——中西日文化互动与近代汉字术语生成》(2004)、《"封建"考论》(2006)的撰写,注意于核心概念在中—西—日之间的迁徙与互动,后书还致力于概念的纠谬反正。

总之,我进入概念史研究领域,导因于中—西—日学术的综合影响,而中国近古、近代学术的启迪是基本的,西学则引发探究概念史的自觉意识,而现代日本学术起到中介作用。

何谓"关键词"?

祖:《三十个关键词的文化史》区分"普通词"与"关键词",界定曰:"基本词汇数少而质高,在语言的意义链中位居枢纽,表达文本要旨,可称之'关键词'(keywords)。"请问,如何选出"中国、文化、社会、民主、革命、物理"等 30 个词,并确定其为位居意义链枢纽、能表达文本要旨的呢?

冯:这又回到刚才说的文化史研究了。做文化史有一入口,那就是把握在文化史演进中所形成的一些基本概念。这些基本概念物化为关键词。透过关键词演绎这一窗口,可以看到历史与文化的场景。

祖:这就是说,"关键词"是历史选择出来的。我从尊著中读到,在文化史演进中,尤其在变法、革命期间,必然会催生出一批新的概念词来表述历史内容的更化。还有一种情况是,当外来文化进入,如中古时印度佛教传入,又如近古及近代西方宗教、科技、人文传入,还有留日学生带回日本在消化西方文化时参照汉语古典义对译出的新概念词等,也在催生汉语相对应的新概念。这些新概念词成为语言的枢纽,能够表达变革时期的文化要旨。正因为这个历史选择机制,才能在关键词中揭示历史的变迁。我这么理解对吗?

冯:吾兄深见。

祖:东汉的《说文解字》、清代的训诂学是否属于概念史范畴?

冯:中古以降的说文学、训诂学已孕育了概念史研究的早期因子。

对思想中最基本的元素"实"与"名"和各命题关系的诠释,先秦诸子多做考究,有"名不正则言不顺,言不顺则事不成"的名论,而"名家"更以此为专务。成书于战国(或汉代)的《尔雅》,就是以雅正之言解释和规范古汉语词、方言词的语义学著作——

祖：对不起，我得打断您一下。我在法国旅居时知道，拿破仑创立的法兰西学院设有40位院士负责规范法语，无论是翻译外来词还是自己创造新词，必须通过院士们审定才得在媒体上应用，不然属于违法。联想到我们今天的汉语，别说用雅言规范当今汉语的著作了，没有一个像法国那样严格规范语言的机构，各类媒体与网络自媒体可以随意创造新词，有人故意用错别字代替原词，而官方大媒体与一些官员为表示"接地气"，故意引用加以鼓励。这令人为汉语精确表达的前景堪忧。不好意思，我的插话完了，请冯兄接着讲。

冯：东汉许慎的《说文解字》是中国最早的系统分析汉字字形字义和考究字源的语文辞书，也是世界上较早的字典之一，收入并诠释近万字。《尔雅》则是最早的训诂学论著。训诂学研究古书中的词义，在译解古代词义的同时，也分析古籍中的语法、修辞现象，帮助人们阅读古典文献。先父的老师黄侃先生创发了近代性的训诂学。可以把章黄学派看作中国概念史研究的前导。

祖：以我之观察，传统学术似乎存在忽视概念精准性的弊病。

冯：诚如兄言。中古以降的学术确乎有此偏颇。此种弊端有其历史渊源。西汉以降独尊儒术，注重概念辨析的墨学被视为"小人之学"，墨学式微，寓含逻辑学萌芽的"墨辩"湮灭；与此同时，注重辨名实的名家被鄙夷为操弄虚幻无用的"屠龙之术"，视为旁门左道。"墨辩"和名学的衰亡，导致汉唐以降传统学术忽略概念辨析。

不过，清代复起的训诂学有纠偏之功，乾嘉考据学重视古音、古义的发掘与考辨，其代表人物戴震提出"以字通词，以词通道"，这就由语义研究提升到洞明世事之道了，逼近概念史基旨。兼领中西文化的近代硕学也深谙此道，清民之际，王国维多次强调中—西—日会通的"新语"的重要性与引入的必要性。他指出："言语者，思想之代表也。故新思想之输入，即新言语输入之意味也。"1936年，陈寅恪在评点一篇文章时强调"依照今日训诂学之标准，凡解释一字即是作一部文化史"，明确地将训诂学提升到概念史研究的高度。

受戴震与王国维、陈寅恪的启迪，我在研习中国文化史的过程中，隐约步入概念史的实体研究，通过辨析若干关键词，进入这一新的史学领域。应当说，我做概念史研究的理论准备并不完备，尤其对西欧新创的概念史理论未深入研习，只是观其大要，主要用力于做一些关键词的个案研究，试图一斑窥豹，但远未达成对概念史的系统把握。

《"封建"考论》在为中国概念史研究开辟新路径吗？

祖：我在南京大学教授李里峰的《概念史研究在中国：回顾与展望》一文中读到下面一段文字：

> 冯天瑜是较早实践概念史研究的大陆学者，其代表作《"封建"考论》《新语探源：中西日文化互动与近代汉字术语生成》也是国内较早的略具概念史色彩的著作。《"封建"考论》以中国历史为线索，对"封建"一词作概念史的考索与探究，分析这一词语的本义（古义）、西义（世界通用义）以及马克思的封建原论、现代中国的"泛化封建观"，试图为聚讼未决的中国历史分期提出新的观察视角和较精确的概念坐标。由于"封建"概念对于近代以来的中国史学研究具有重要影响，此书出版后受到学界的广泛关注，并一再重版。冯天瑜的其他研究还涉及"革命""共和""经济""科学""人民""社会""自由"等概念在近代的流变过程。

我还在胡漪的《〈"封建"考论〉读后》论文中读到：

> 冯天瑜先生《"封建"考论》（以下简称《考论》）一书是一部不囿旧说，充满创意，内容贯通古今中外的史学专著，充分体现了冯先生在文化史、政治史、思想史、学术史等众多领域的深厚功力。《考论》在语源语义学方面有重大突破和创新。《考论》运用历史语义学的方法依本溯源，从语源与史学两个方面，对历代特别是近代以来中外历史学者对"封建"指称意义的诠释运用进行了详细的考析，清晰地展示了"封建"所指词义的历史演变。

这些评论文章认为您的概念史研究走了一条自己的路，您认为应当如何开辟中国的概念史发展路径？

冯：40年间研习文化史，我一直用力于汉字文化系统中核心概念的实体考察，虽关注概念史理论，但处于浅尝阶段。吾兄看到的《三十个关键词的文化史》书稿，仍未在概念史理论研究方面登堂入室，只是试图推开关键词这扇窗户，纵览历史与文化，使术语研究延展到文化史、思想史层面，又使文化史（包括文化交流史）坐实到词语演绎层面。这种双向努力，不知是否算得上一种概念史研究的经验性理路，理论研究是谈不上的。

再说点题外话。您引述的李里峰文章称："中国的概念史研究，正是从译介西方尤其是德国的概念史开始起步的。在此方面，方维规、李宏图、孙江等教授做出了积极贡献。"值得注意，这些做概念史理论译介的学者，近期主张应该在概念史的本体研究上多下功夫。方维规还写长文《一个概念一本书——读冯天瑜先生新作〈"封建"考论〉》，清华张绪山教授撰《拨开近百年"封建"概念的迷雾——读冯天瑜〈"封建"考论〉》，都是从个案研究出发，探讨概念史理论问题。方、张、孙等都用心于西方概念史理论介绍，但又意识到必须进入汉语系统内，做概念的实体研究。王国维、陈寅恪、余英时等都通西学，不着痕迹地运用其理论与方法，以中学问题为研究对象，在理论与方法上均兼收中西之长，其研究绝非西学的位移中国。这方是概念史研究的正途。

祖：您的《中华文化史》《"封建"考论》等著作对"封建"一词的循名责实、正本清源是有风险的。把秦汉至明清划定为"封建社会"，是近80年的主流史观，其来源是《联共（布）党史简明教程》的"五种社会形态"单线直进说，把"以农业为基础的"从秦汉至明清的中国社会视为"封建社会"。大学者郭沫若力推此说，在1930年出版的《中国古代社会研究》中称："中国的社会固定在封建制度之下已经二千多年"，还将"废封建、立郡县"，完成非封建变革的秦始皇称之"中国社会史上完成了封建制的元勋"。这种观点又被冠以马克思主义圣环，一度成了不可争辩的定论，可您却去怀疑、纠错，这不仅需要学术功夫，更需要学术勇气。您是怎样走过来的？

冯：20世纪80年代末以来的二三十年，我一直在做"封建"辨析工作，其间并没有为可能带来"风险"而担心，脑子里只有"学理之辨"和"史实复原"两项使命，其他"非所计也"。幸运的是，时代毕竟进步了，颇带锋芒的议论虽遭遇批评，被戴上好几顶大帽子，但《"封建"考论》这本书及其作者，总体状况尚安然无恙，其说还在逐渐深化。在相当程度上，这得益于师友们的助力、切磋与教化。

祖：愿闻其详。

师友论析

冯：《"封建"考论》是2004—2005年在京都的国际日本文化研究中心（简称"日文研"）工作时成稿的，当时认为此书不可能出版，准备压在箱底，以待未来。但回国后，此稿被武汉大学出版社看中，2006年出版面世，引起热烈讨论，中国社会科学出版社又于2010年出《"封建"考论》修订版。这都出乎我预想之外。对于武大社、社科社，我十分感激。

祖：社会环境确乎宽容许多，"封建"可以作为学术问题展开讨论了。请谈谈同道间切磋互励的情况。

冯：关于"封建"的研讨，多得师友指教。难以忘怀的是与李慎之、唐德刚、谷川道雄三先生议"封建"。

我们这一代及下代中国人，史观曾深受《联共（布）党史简明教程》的"五种社会形态"单线直进说的影响，直到20世纪80年代中期，我还毫不怀疑商周是奴隶社会，秦汉至明清是一以贯之的封建社会。20世纪80年代中期以后，在撰写《明清文化史散论》及稍晚的《中华元典精神》之际，较系统地阅读《左传》《史记》《明史》《清史稿》以及柳宗元、马端临、黄宗羲、顾炎武、王夫之的史论，又从梁启超、章太炎、钱穆等近代学者的讲论中得到启示，并于20世纪90年代末读到刚翻译出版的马克思晚年的《古代社会史笔记》，对"泛化封建观"疑窦加深，不再将秦汉至明清是封建时代这一说法视为确论。这些思考，初步反映在1989年前后撰写的《中华文化史》，该书上卷专立《中国"封建制度"辨析》一目，指出中国古来即用的专词"封建"，是"封土建国"的简称，西欧中世纪的"封建制度（feudalism）"与中国周代"封建"的内涵切近。而自20世纪40年代以来，我国史学界将秦汉至明清定格为"封建社会"，这里的"封建"一词，已与"封建"的中国古义和西义均不搭界。该目中提出，"秦汉至明清两千年间社会形态较确切的表述，应是'宗法君主专制社会'"，其制度主体已不是"封建"的。1988年，中国社会科学院副院长李慎之邀请我与另三人赴夏威夷参加一个国际学术会议，出行前后聊天，我曾向李氏简述自己初步形成的封建社会观，李氏颇表赞同，并说他也正在思考这一论题，希望以后深谈。

1990年《中华文化史》出版，我立即寄送给已从中国社科院副院长职位卸任的李慎之。之后，在北京的学术会议上曾两三次见到李氏，他对我说，收阅《中华文化史》，特别称赞其中论"封建"一节"甚精当"。几年后，我读到李氏1993年10月发表《"封建"二字不可滥用》，该文指出"中国学术必须保持'自性'，不可乱套外来模式"，由此论及"封建"概念和历史分期问题。文曰："所幸的是青年一代史学家已经有人注意到了这个问题。两年多前，我收到湖北大学冯天瑜教授寄给我的《中华文化史》，书中即已专列《中国"封建制度"辨析》一节，可说已经开始了这一工程。"

另一与我议论"封建"的前辈学人是唐德刚。1988年，我赴夏威夷大学参会，结识纽约市立大学教授、亚洲研究系系主任唐德刚先生，一见如故。我们会议休息期间交谈，晚饭后到海边散步，指天画地，渐渐集中到"封建"辨析问题上来。我陈述对"封建"滥用的反拨之议，唐氏连称"难得"，因为在他的印象中，大陆学者普遍持"五种社会形态"单线直进说，认定秦汉至明清是封建社会。唐氏听罢我的陈述，立即操着浓重的安徽乡音，介绍他撰写的《论中国大陆落后问题的秦汉根源》中的观点。唐氏强调:"时至今日,在中国马克思史学派的词汇中,所谓'封建'显然既非中古欧洲的 feudalism,也不是中国古代封君建国的'封建'了,它变成中国马克思主义者受苏联影响而特创的一个新名词。"唐氏这一评论基本符合实际,但有误会之处。我插言:"大陆流行的泛化封建观,并非'马克思史学',实则与马克思封建社会原论相悖。"唐氏闻言诧异,连问:"这是什么意思?"我解释道:"泛化封建观是在苏俄影响下,中国初学唯物史观的学者形成的一种偏失判断。"唐氏可能没有读过马克思关于"封建"的论说,误以为那种泛化封建观出自马克思。我特别指出:"马克思认为,非欧国家只有日本的前近代是封建社会,中国、印度等绝大多数东方国家的前近代皆非封建社会。中国一些熟悉马克思原著的史学家并不赞成秦汉至明清为封建社会。"唐氏听到介绍后,点头说:"可能是你讲的这种情况",并连连拍我的肩膀,说:"看来你读了不少原著,所以不人云亦云"。唐氏的虚心态度和敏锐判断力令人钦佩。1998年以后几年我在日本讲学,1999年5月初专程回国参加在北京大学举办的纪念五四运动八十周年国际学术研讨会,会上重逢唐氏,我们不约而同地谈到,不能把五四运动的题旨概括为"反封建",而应称之"反君主专制",如辛亥革命诸人及五四健将并未声称"反封建",而是"反帝制,争共和"。由此我们在会上会下继续讨论"封建"所涉诸题。住在同一宾馆的王元化先生也曾参与交谈,三人所见一致。

这次北大重晤,与唐德刚讨论"封建"问题较夏威夷那次更深入。我把1988年以后10年间自己对"封建"问题的进一步思考告诉唐氏,他深表赞许,并阐述己见。唐氏指出:中国社会历史可划分为三个阶段,即封建、帝制、民治。帝制就是君主专制,民治就是进入民主制度的实践阶段。

唐氏这种划分与吾见相似。我补充道:"封建"的基旨是宗法,宗法封建制初现于殷商,西周得以完备。从春秋战国到秦汉,发生从分权的封建到中央集权的君主专制的转变(史书称"废封建,立郡县"),但周代确立的宗法观念和宗法制度,秦汉以后承袭下来。用严复的话来说,直到今天,中国人"犹然一宗法之民"。封建制解体,宗法制保留下来,周代是宗法封建,秦汉后是宗法君主集权制,这是中国史的一个特点。唐氏赞成此说。

我们还讨论到,中唐前后的中国社会形态,颇有差异。从秦汉到中唐以前,进入皇权专制社会,但封建性要素还多有遗留,从两汉到魏晋南北朝,一直发生封建制与郡县制的博弈。我们有一共识:因为秦汉到明清时间跨度长,应做阶段性划分,这两千年间,各种典制、习俗、思想多有迁衍变化,秦至中唐为"皇权时代前期",其地主经济、官僚政治粗具规模,却又保留领主经济、贵族政治的若干要素,某些时段(如两晋南北朝)封建制更有张大之势(可称"亚封建");中唐至明清为"皇权时代后期",领主经济、贵族政治淡出社会舞台,地主经济、官僚政治成熟,专制君主集权迈向极峰,但封建性要素仍有遗存。

唐氏以"历史三峡"(封建、帝制、民治的三段分期法)喻中国社会的前行愿景,今已广为流传。

祖:特别想了解日本的汉学大家谷川道雄与您讨论的内容。

冯:又一位与我切磋"封建"的是日本京都学派代表学者——谷川道雄。1998—2001年我应聘日本名古屋爱知大学专任教师,2004—2005年在京都的日文研做访问学者,这两个时段多次与谷川道雄先生深度研讨。他持非常明确的中国秦汉后"非封建"观点,所撰《中国中世社会与共同体》等书多有阐发。当时我正撰写《"封建"考论》,曾持文稿向谷川请益,他极表赞赏,并以蝇头小楷写意见书数页。2006年《"封建"考论》出版,他收到赠书后第一时间即细致阅读,并用红笔做了密密麻麻的批记圈点,后来见面,他专门翻给我看。2008年我赴京都参加学术会议,其间谷川先生邀我到他府上,畅谈一整天,议题是"封建"问题。谷川氏认为将秦汉至明清中国社会称为"封建社会",是斯大林教条的产物,与马克思史观相悖。他说,《"封建"考论》坚持并发展马克思的封建原论。我表示,自己并不认同马克思的全部观点,但认为马克思在"封建"问题上的阐述,是准确而深刻的。《"封建"考论》出版后,我遭到措辞严厉的批评,获得三顶帽子:一是"反马克思主义";二是"否定中国民主革命"(中国民主革命是"反帝反封建",若说中国前近代不是封建社会,便从根本上否定了中国民主革命);三是"否定了中国现代史学成就"。谷川先生笑问:"冯先生对这几顶帽子做何回应?"

我笑答:第一顶帽子是否恰当,那就得认定马克思的封建观是什么。查阅《马克思恩格斯全集》或四卷本《马克思恩格斯选集》,以及《马克思恩格斯论中国》,便会发现,马克思从来没有说过中国前近代是封建社会,而是用"东方专制主义""亚细亚生产方式"概括包括中国在内的东方国家的前近代制度。马克思有两篇文章直接论及东方国家社会形态,一篇是为驳斥俄国民粹主义者米海洛夫斯基而作的《给〈祖国纪事〉杂志编辑部的信》(1877年11月),文称:"关于原始积累的那一章只不过想描述西欧的资本主义经济制度从封建主义经济制度内部产生出来的途径",但米海洛夫斯基却"一定要把我关于西欧资本主义起源的历史概述彻底变成一般发展道路的历史哲学理论,一切民族,不管它们所处的历史环境如何,都注定要走这条道路,——以便最后都达到在保证社会劳动生产力极高度发展的同时又保证每个生产者个人最全面的发展的这样一种经济形态。

但是我要请他原谅(他这样做,会给我过多的荣誉,同时也会给我过多的侮辱)"。马克思明确反对用西欧的社会发展模式硬套其他区域的做法。另一篇是《科瓦列夫斯基〈公社土地占有制,其解体的原因、进程和结果〉一书摘要》。马克思的朋友、文化人类学家科瓦列夫斯基写了一部研究印度历史的书《公社土地占有制,其解体的原因、进程和结果》,认定前近代印度是封建社会,马克思不同意这一论断,他指出,中古印度不同于西欧中世纪,"依据印度法典,统治权不得由诸子平分;这样一来,欧洲封建主义的大量源泉便被堵塞了"。马克思的理由有二:首先,印度存在一个中央集权的官僚政治系统,这是非封建的;此外,当时印度的土地是可以自由买卖的,这也是非封建的。对照马克思确认的封建标准,中国的前近代就更不是封建社会了。秦汉以后确立中央集权的皇权官僚政治,制度的非封建性超过印度。至于土地可以自由买卖的情况,中国兴起于战国末期,秦汉以后更加普遍,经济制度的非封建性也在印度之上。而马克思认为印度前近代不是封建社会,那么中国前近代就更加不是封建社会了。因此,在封建问题上,有些人糊制的"反马"帽子很容易扣到马克思本人头上。这可万万使不得。(众笑)

第二,关于中国的民主革命,对外"反帝",这没有分歧;至于对内"反"什么,就要如实判定:中国民主革命不是反对封建性的领主经济,而是革除非封建的地主经济。在政治领域不是反对封建性的贵族政治,而是革除非封建的君主专制,从辛亥革命、二次革命,直到新民主主义革命,都是反对君主专制及变相的君主专制。孙中山说过,封建贵族制中国两千年前已经打破,我们的革命对象为非封建的专制帝制。他的名言是:"敢有帝制自为者,天下共击之。"中国民主革命在经济、政治两方面,皆不能以"反封建"概括。因此"否定中国民主革命"的帽子也戴不上吾头。(众笑)

第三,是不是否定了中国现代史学的成果。《"封建"考论》中以很大篇幅回顾近现代史学家的"封建论",从章太炎、梁启超、钱穆、瞿同祖、张荫麟、李剑农等,一直到晚近的吴于廑、齐思和等,这些史学家或对封建制度有正面阐述,或对泛化封建论提出质疑,均言之凿凿。我们正是承袭近现代史学的这一传统,对沿袭苏联《联共(布)党史简明教程》的史学偏误略加纠正。不知是何人在"否定中国现代史学成果"。(众笑)

一言以蔽之,如果把西欧历史模式硬套到中国史上,便是"削足适履"(钱穆语),结果造成"语乱天下"(侯外庐语)。

祖:您考析术语古今演绎、中外互动的论著,包括刚刚杀青的《三十个关键词的文化史》,都是用概念史的理论与方法,研究中国文化史及中外文化关系的成果,是概念史这一新学科的拓展,虽然冒着风险,得到三顶帽子,但学术效应可喜可贺。(笑)不过,话又得说回来,据我所知,你们严肃的学术研究成果仍未得到充分的认可,教科书等文宣材料,往往继续沿用泛化"封建"之说。

如何看待自然语言中概念演绎的不确定性?

祖：我在巴黎当过12年记者,发现在采访人文学科讨论会时,一些人无法进行合乎逻辑的讨论,居然在同一概念下违反同一律而吵得不可开交。我很困惑。后来读19世纪研究人类自由史的英国阿克顿勋爵的论著,他收集到200多个关于"自由"的定义,我忽然开悟：人类的语言为记忆节能,不愿造太多新词,就在旧瓶里不断装新酒,即不断地对老概念进行新的界定,千年万年积累下来,几乎日常语言(自然语言)中每个概念都有几百个定义,充满歧义。人文学者们企图对自己使用的概念进行严格界定,但是根本做不到。因为,定义一个概念要使用两个概念——一个属概念、一个类概念,而这两个概念又充满歧义,需要先对所用属概念、类概念进行定义……如此无穷定义下去,永远不能得到一个如自然科学用数学定义的无歧义概念。当一个概念的外延和内涵都不确定,就满足不了逻辑学三段论的要求,因此,所有人文学科的推理成了伪推理。这就导致了把自然语言作为符号体系的人文学科不能得到无歧义的结论。我想问：概念史用的恰恰是自然语言的概念,充满歧义,那么由概念史开掘出来的文化史,会不会是不能合乎逻辑的一团乱码?

冯：概念史研究的是概念在历史演进中的不断变化,也就是您说的旧瓶装新酒的各种新义。换言之,概念史研究的对象就是概念的歧义。通过概念在历史演进中的歧义,寻找所对应的历史。因此它不是逻辑学的三段论推理,也就不会产生人文学科推理的不确定性。按照概念史开创者的说法,概念史询问的是：什么时候、什么地点、由谁、为了谁、出于何种目的或者哪种形势、如何进行定义。故词义的演化既是在自然语言环境中进行的,又不可避免地受到政治的、社会的因素影响,而且这种非自然的影响力在愈益强化。

就拿您刚才谈到的阿克顿搜集到的有200多个定义的"自由"概念为例,讨论上述问题。

"自由"在古汉语中是"自"与"由"两语素组成的主谓结构名词。"自"与"由"组合成"自由"一词,兼纳"自"的自我义,"由"的不受限制义,合为"由于自己、不由外力"之义。在汉字文化圈,"自由"的古典义为"任意、随意、自恣、自专",与"限制、制约、约束"相对应。古汉语中的"自由",使人联想到的是嵇康"越名教而任自然"式的旷达与洒脱,孟子称之"自得",庄子称之"自是""自善",佛家谓之"得大自在"。在重礼教规范的史典中,

"自由"多作为一个消极的贬义词使用,而在文学作品中则往往用来表述"放达""逍遥"的境界。

祖:"自由"含义的这种状态,大体是在自然语言中演进的。那么,"自由"含义如何在非自然的情形下发生改变呢?

冯:16、17世纪之交的入华耶稣会士与中国士人合作,推动东西方自由观交汇和反映自由观的语词的译制。19世纪入华的新教传教士与中国合作者发展此一译事,把西方积累的多义的"自由"用"自主""自由"等多种译词翻译过来。

近代日本,将"自由"逐渐从含有"放任、自恣、自专"义的生活用语,通过对译西洋概念,演为近代政治术语及哲学术语。留日人士将译有西义的"自由"带回中国。19、20世纪之交,梁启超等在一些具有启蒙思想倾向的书刊竞相从积极、进步义上使用"自由"一词,以与专制主义相拮抗。这期间,严复创"自繇"一词来代替"自由",以防范"自由"根据古义而走向放任,可谓用心良苦,既表明严复对西方自由主义真谛的把握,也显示出他对中国容易从专制主义极端走向放任主义极端的担心。但他所制作的"自繇"一词并未得到社会认可,因其笔画繁复,含义隐晦,又有生造之嫌,无法推广,故后来流行的仍然是"自由"一词。到五四新文化运动,李大钊宣示"自由为人类生存必须之要求,无自由则无生存之价值。(宪法是)现代国民自由之证券",胡适将"自由"诠释为"不受外力拘束压迫的权利,是在某一方面的生活不受外力限制束缚的权利"。

被称为"五四之子"的殷海光是自由主义的发挥者,他将"自由的神髓"概括为:"个人必须依其良心底指导而自由行动,这种自由行动以不侵犯别人底相等权利为界限"。殷海光还特别强调自由经济,认为"一旦经济自由不存在,便不能有任何自由"。

总之,"自由"在中国,由于概念义的不断嬗变,导引着与此相关的文化史的变迁。古典汉字词"自由"意谓放任、自恣、自纵,此义至今仍在使用。而近代义的"自由",是有约束的、理性的自由,在政治上是指受法治制约的公民自由权,观念上是指基于自身主动意志的思想自由,法律上是指在不违法前提下的行为自由,伦理上是指在道德自律前提下的操守自由。这种自由观日益深入人心,逐渐被大众所认可和实行。这是中西语汇涵化的结果,而"自由"一词正通过这种涵化获得共认的现代性,并成为思想和行为的准绳。

如果概念演绎发生重大失误,是否需要纠谬反正?

祖:我在您《三十个关键词的文化史》书中的"名实错位"一章读到,您批评现代汉语在翻译西方经济学、哲学术语时,将古典汉语词的名实错位了,例如"经济",还有"形而上学"。我想问:瑞士语言学家费尔迪南·德·索绪尔,他把语言符号的"能指",即声音、文字,认定是随意的约定俗成,即一个概念名称是群体约定俗成的自由选择,例如汉语把用羽翼飞翔的动物称作"鸟",而英语的能指是"bird"。但其概念的内涵、即"所指"是一致的,否则就不能进行跨语言的交流了。那么"经济"这个概念,其"能指"可以确定任何一个新名称,也可以在古汉语中找出"经济"现成名称,只要大家约定俗成就行了,您为什么认为是一种概念命名的病态呢?

冯:吾兄提出一个不可回避的问题。弟以为,概念演绎过程发生偏误是常见现象。如果词义偏误已经约定俗成,又无重大危害,可以任其自然演化,不必人为干预,但在适当场合,须做必要说明(如"经济""形而上学"等关键词可这样对待)。若导致路向性失误,造成严重学术紊乱,则又当别论。如流行大半个世纪的泛化"封建",既有悖古义(贵族分权政治、世袭领主经济),亦有悖西义和马克思的封建原论。因"封建"的误用,造成中国历史分期陷入混乱,侯外庐先生称"封建"语用之误导致"语乱天下",钱穆先生称之"削足适履"。对于这样的案例,便有纠谬反正的必要。拙著《新语探源——中西日文化互动与近代汉字术语生成》《"封建"考论》已有详论,此不赘述。

祖:天瑜兄给我上了对概念史求甚解的一堂课,解我对概念史之忧。

冯:深谢祖慰兄的点化与启示。

(本文由祖慰记于 2020 年 11 月)

第二章

盛世危言

一、文明进展：一柄善恶并举、苦乐同行的双刃剑

今日世界，其文明的器用层面、制度层面、行为层面和观念层面都发生着愈益深刻的现代转型。人类的生活在剧变，人类栖息的星体——地球也出现超乎以往任何世纪的大改观。

18世纪欧洲的启蒙思想家曾构想一幅美妙的前景，认为未来社会将在理性的指引下，得到健全的、有秩序的发展。然而，两三个世纪的实践证明，现代化给人类带来的并不是单一式的进步，而是善恶并举、苦乐同行的矛盾过程，正所谓"省忧喜之共门兮，察吉凶之同域"（扬雄《太玄赋》），也即中国现代思想家章太炎所谓的"俱分进化"：

> 彼不悟进化之所以为进化者，非由一方直进，而必由双方并进，专举一方，惟言智识进化可尔。若以道德言，则善亦进化，恶亦进化；若以生计言，则乐亦进化，苦亦进化。双方并进，如影之随形，如罔两之逐影，非有他也。①

中外哲人所臆想的那种"乌托邦"②"太阳城"③"君子国"④式的"无差别境界"并没有因现代化的推进从天而降。展现在世人面前的，是一个错综复杂的、利弊共存的世界。一方面，由于现代人类对自然、社会和人生的规律性有了更自觉的认识，又具备较之以往强大得多的改造世界的能

---

① 章太炎：《俱分进化论》，载《章太炎全集》第四卷，上海人民出版社1985年版。

② 英国空想社会主义者托马斯·莫尔1516年出版《乌托邦》一书，描写了一个美好的社会——乌托邦（意即"乌有之乡"），其中没有贫穷，一切财产公有，人民安居乐业，各取所需，"乌托邦"遂成为空想社会主义的代名词。

③ 意大利文艺复兴后期思想家托马斯·康帕内拉于1623年出版《太阳城》一书，描写了一个理想社会——太阳城，这是一个庞大的公社，其中一切财产公有，人们过着绝对平均的生活，各尽所能、各取所需。

④ "君子国"是中国清代作家李汝珍所著小说《镜花缘》中描写的一个理想国度，那里礼仪有度，谦让成习，人人为君子风。

力和手段,因而赢得超越往昔的自由,其生活质量也随之大为改善;另一方面,工业文明的弊端随着现代化的纵深发展而愈益昭彰,人类面临的问题其严重程度不可同日而语。这正如德国哲学家尼采所指出的:

> 凡人类所能享有的尽善尽美之物,都必须通过一种亵渎而后才能到手,并且以此一再要自食其果,受冒犯的上天必降下苦难和忧患的洪水,侵袭高贵地努力向上的人类世代。①

这段哲理诗当然是针对整个人类文明史而言的,但也尤其针对现代文明而发,因为在现代,随着工业化的高歌猛进,文明悖论达到更尖锐的程度。

二、文明病初诊断

从文明取得巨大进展论,20世纪诚然是人类史上的"盛世"。但从积淀的问题的严重性论,20世纪又堪称"危乎险哉"的百年。盲目乐观与悲观绝望均不可取,发出切实的"盛世危言",以引起疗治的注意,却十分必要。

就人与自然的交互关系而言,工业文明降临的两三个世纪间,尤其是在20世纪,发生了根本性变化。此前,无论是在延续百万年之久的采集、渔猎经济时代,还是在长达数千年的农耕文明时代,人类都没有摆脱对自然的依附与敬畏,人类与其生存的环境间保持着"一体不二"的关系,中国古代哲人"天人合一"②"民胞物与"③的思想、印度佛学"依正不二"④的信念,正是对于人与环境保有原始和谐状态的一种观念升华。

然而,现代工业文明的信条却是"征服自然""向自然索取"。这种信

---

① 尼采:《悲剧的诞生》,生活·读书·新知三联书店1985年版,第39页。
② "天人合一"是中国古代强调"天道"与"人道",或"自然"与"人为"合一的思想,战国时思孟学派提出这种理论,西汉董仲舒"天人之际,合而为一"(《春秋繁露·深察名号》)之说,成为"天人合一"的正式表述。
③ 宋代理学家张载提出"民吾同胞,物吾与也"(《西铭》),主张爱一切人如爱同胞手足一样,视天下万物为自己的同类。
④ 佛教哲学中的"依"即"依报",指一切环境;"正"即"正报",指生命主体。"依正不二"意谓人与自然相互依存,是不可分的统一体。

条首先导源于犹太教和基督教的上帝创世论。依据此论,人类作为最近似上帝的存在,有理由支配自然,令其为自己服务。在古代与中世纪,人类不具备征服自然的强有力的手段,这种人与自然相分离、相对立的思想尚没有获得实践的动力。近代初期,英国哲学家培根提出"知识就是力量",认为掌握知识的目的是认识自然,以便征服自然,他还致力于从思想体系上锻造征服自然的"新工具"——归纳、分析、比较、观察和实验的理性方法。时隔一个多世纪,在产业革命行将到来之际,英国人瓦特于1769年首创燃煤的带冷凝器的蒸汽机,人类第一次实现了热能向机械能的转化。以此为开端,人类拥有越来越强劲的征服自然的能力。如果以人均耗费能量作为人类征服自然能力的标志,下列数据是富于典型意义的,《大英科技百科全书》载,人类发展的各个历史阶段每人每天的能量消费(以千卡计)分别为:原始人时期,2000;渔猎社会,5000;原始农业社会,12000;高度农业社会,26000;工业社会,77000;后期工业社会,230000。这就是说,在后期工业社会,现代人的人均能源消费为原始人的115倍。

按照"天人合一""依正不二"原理生活的东方人未能自发地走出农业与手工业结合的自然经济轨范,停留在原始农业社会或高度农业社会;而以犹太教-基督教及古希腊-罗马文化为源头的西方文化,从主体与客体两分的思路出发,将人与自然离析开来,对立起来,从而走向征服自然、向自然索取的路径,率先跨入工业社会及后期工业社会。被理性这一"思想新工具"和机器这一"物质新工具"武装起来的现代人,开辟了文明史的新纪元。

以"征服自然""向自然索取"为行动指针的工业文明,在造就巨大物质财富的同时,因为人以自然为征服和索取的对象,很少注意自然资源的养护与再生,牺牲环境求得发展,带来始料未及的严重后果,诸如环境污染、温室效应①加剧、资源系统崩溃、森林破坏、沙漠化漫延等。其中有些情形是触目惊心的——

生物多样性损失。据专家统计,由于生态环境的恶化,全世界每天约有45个至270个物种灭绝。人类若不采取积极措施,在今后几十年间,动植物物种有1/4可能永远从地球上消失,这意味着生物界的生态平衡会被打破,其后果将难以预料。

人口爆炸。工业文明提供的医疗系统,在一个世纪以来大大降低了死亡率,却未能成比例地降低出生率,导致人口急剧上升。世界人口在1999年达到60亿,21世纪中叶将突破90亿,逼近甚至超过地球的人口

---

① 温室效应,指地球大气吸收太阳热的一种效应,这时大气起着如温室一样的作用。

承载极限。尤其值得担忧的是,发达国家人口已得到控制(一些欧洲国家人口增长率为零,甚至出现负增长),又伴之以人口老龄化趋势;而很多第三世界国家人口却在高速增长,导致第三世界耕地、森林、淡水等各种资源的人均占有量迅速下降,生存条件趋于恶化。

城市膨胀和畸形发展。其突出表现是超级城市迅猛发展。人口超过800万的超级城市,1950年仅有2个,即美国的纽约和英国的伦敦;1995年则增至22个,预计2015年增至33个,其中大多数在第三世界国家,诸如墨西哥城、孟买、加尔各答、上海、北京、圣保罗、里约热内卢、拉各斯、卡拉奇、开罗等。

不可再生资源巨量消耗。石油、煤炭都是数千万年积累的古生物化石,是不可再生的燃料,而工业文明期间疾速开采,20世纪以来,消费量剧增。以石油为例,一些人声称,现已探明的全球石油贮藏量,以目前的开采量仅能维持几十年,天然气的情况大体相似。当然,也有一些较为乐观的估计,认为地下矿物资源可供开采的时间更长一些,但对于漫长的人类史而言,几十年、几百年都是短暂的时段。

人类的生存依据——空气与水被大规模污染。工业化造成煤炭、石油等含硫的碳氢化合物每年数十亿吨被燃烧,排放出含有 SO_2 和 CO_2 的滚滚烟尘,酸雨区扩展,呼吸清新空气成为现代人的一种奢侈;工业废水及溢油大面积地毒化着江、河、湖、海,食用洁净饮水已是现代人的渴望。总之,当下的地球上,保有纯洁空气与水的"净土"已属难能。

概而言之,现代人类正在榨取、掠夺自然,为了眼前利益,人们正在愈益迅速地"透支"子孙后代享用的资源份额,并破坏着唯一可居住星球的环境,这无异于剥夺子孙后代的生存权利。1992年11月,世界1575名科学家(内有99位诺贝尔奖获得者,包括1992年诺贝尔物理学奖得主法国人乔治·夏帕克)联名公布一份长达4页的《世界科学家对人类的警告》。此文件开宗明义指出:"人类和自然界正走上一条相互抵触的道路。"这份文件将臭氧层变薄、空气污染、水资源浪费、海洋毒化、农田破坏、森林滥伐、动植物物种减少以及人口增长列为最严重的危险现象。

严峻的现实告诉我们:在现代化过程中,必须自觉防范人与自然协调关系的崩解。自然因被超负荷掠取正在失去固有的生态平衡,而失衡本身已经给予人类以有力的回敬,如果人类不能改弦更张,善待自然,那么自然必将用自己的铁腕给予人类更猛烈无情的报复,人类在以往若干世纪取得的文化成就将化为乌有。

就人与人的关系这一侧面而论,现代文明取得了社会契约论、法治化、民主化的重要进展,却又带来社会的失衡和人的异化,金钱与权力拜物教的极度膨胀导致的物欲主义泛滥和道德沉沦,两种文化(科技文化与人文文化)的分离割裂等令人困扰的问题层出不穷,造成人变为单向度的片面的人;精神价值的失落,人性的萎缩与畸变,显示着个人失调以至社会失调的危险趋向。早在19世纪中叶,古典的工业文明蒸蒸日上之际,就已经显露出工业文明的进展带来的社会问题:

> 大工业通过普遍的竞争迫使所有人的全部精力极度紧张起来。只要可能,它就消灭意识形态、宗教、道德等等,而当它不做到这一点时,它就把它们变成赤裸裸的谎言。……它把自然形成的关系一概消灭掉(只要这一点在劳动范围内可能做到的话);它把这些关系变成金钱的关系。①

由市场经济所启动的现代化进程,给人类生活带来的效应是双重的。一方面,以市场经济为基础的价值系统,有自由、平等、效率、创新、开放等特性,较之中古社会的权力本位、停滞、封闭、守旧,是一种时代性跃进;另一方面,市场经济在"看不见的手"——利益的推动下运作,其思想动力不是善良、公正和奉献精神,而是利己心和对财富的贪欲,是"恶"这个杠杆左右着社会的演进。因此,现代化的发展并不一定带来人们幸福感的全面增长,正如美国政治心理学家罗伯特·E·雷恩一篇文章的题目所表示的——《市场经济的乐趣缺失》。这篇文章用社会学统计方法揭示,1972—1994年间,美国人的幸福感和满足感日趋下降,有非常快乐感受的人,由1972年的34.9%降至1994年的29.5%;婚姻幸福感由1973年的67.8%降至1994年的60%;工作满意度由1972年的50.8%降至1994年的44%,总之,"在经济发达国家中,越来越多的人感到沮丧"。②

这种物质文明增进与人们精神愉悦不成正比的情形,在现代化方兴未艾的发展中国家,也同样存在。例如,1992年中国首次举行全国性的社会人际关系现状抽样调查表明,大多数被调查者对人际关系状况深感忧虑:72.8%的人认为"人都变得自私了";71.9%的人为"人心难测",需谨慎提防而苦恼;78.2%的人为"不送礼,办不成事"的现象而操心……这一社会统计资料从一个侧面显示发展中国家步入现代社会轨道的同时,人与人相互关系领域"恶"的因素也疾速衍生和膨胀。

按照理性主义的预言,现代化必将消除贫富差别,使各类人都过上丰裕的生活。然而,近两三个世纪的实践证明,贫富悬殊,这既体现在一国之内,穷人与富人的财富占有量差距的扩大,还体现在穷国与富国间人均收入

---

① 马克思、恩格斯:《德意志意识形态》,载《马克思恩格斯全集》第三卷,人民出版社1960年版,第68页。

② 罗伯特·E·雷恩:《市场经济的乐趣缺失》,《战略与管理》1996年第4期。

悬殊的增加,即"南北问题"日益尖锐化——发达国家步入"后现代",一些发展中国家却在"前现代"徘徊,"极度富裕"与"食不果腹"并存于我们这个星球的不同角落。此外,种族冲突、宗教冲突也困扰着今日的人类。

工业文明造成的"二律背反"在20世纪最为突出的表现,是国家及国家集团之间为争夺市场与原料基地试图重新划分势力范围,从而一再引发战争。1914年至1918年发生的第一次世界大战,参战国33个,卷入战祸的人口在15亿以上,死伤3000余万人,经济损失约2700亿美元。1937年至1945年由德、意、日法西斯国家发动的第二次世界大战,先后将60多个国家及地区、20亿以上人口卷入战争,其破坏程度更大大超过第一次世界大战。第二次世界大战结束以后的半个世纪,局部战争此伏彼起,军备竞赛每年消耗数以万亿计美元。战争虽然古来即有,但现代人因工具理性的空前强大,战争的规模和破坏性不可同日而语。20世纪末叶,随着两大阵营对垒格局的终结,世界大战的威胁大为缓解,和平与发展成为时代的主题,但局部战争仍未消弭。而且,自20世纪40年代中期核武器发明以后,核威胁如同悬在全人类头顶上的达摩克里斯之剑。自此,人类已经成为地球上出现过的数以亿计的物种中唯一具有毁灭地球能力的物种。人类必须时刻以此自警。

在协调国与国相互关系方面,现代人类正在竭智尽力,各国度、各民族都为此采取种种措施,国际社会也做出努力,其中联合国便是现代人通过处理国际事务协调人与人、人与社会、人与自然相互关系的一个重要机构。联合国的宗旨是:维护国际和平与安全;发展各国之间以各国人民拥有平等权利及自决权这一原则为根据的友好关系;促成国际合作,以解决国际间经济、社会、文化和人道主义性质的问题;作为协调各国行动的中心,以达到上述共同目的。这一宗旨显然是针对当今世界存在的种种危机而提出来的。联合国当然不能包治百病,但这个组织的建立和运作,显示了人类在寻求公正、和平与协调发展方面所做的共同尝试。

三、东方智慧与文明病疗治

现代化作为一柄利弊并存的"双刃剑",在取得巨大成就的同时,也引发了种种病端,其中有些还是相当严重的,称之"文明病"或"现代病"并非危言耸听。疗治现代病,协调人与自然、人与人、人与社会的双向互动关系,实现人类在能力、情感、道德等方面的全方位成长,使发展学的理念从"经济增长理论"向"经济社会综合协调发展理论"转化,进而促成经济及社会走上可持续发展(sustainable development)的轨道,也就是既满足当前需要又不削弱子孙后代满足其需要之能力的发展,兼顾子孙后代的需要、国家主权、国际公平、自然资源、生态抗压力、环保与发展相结合等内容,这是今日世界面临的共同课题。

如前所述,东方民族没有自发走出自然经济的故道,未能直接引导出经济理性主义,现代化是在"两希"(古希腊、希伯来)文明传统的基础上,由西欧首先启动的。近两个世纪以来,以综合思维为特色的东方智慧曾经被视作落伍、过时的历史陈迹,关爱者也只能从中引发"思古之幽情"。然而,随着现代化向纵深推进,古老的东方智慧以其综合、中道特色而日渐显示出生命活力。例如,"以人为中心""社团意识"和"面向发展",是作为现代化"优等生"的日本及东亚"四小龙"现代企业家经营管理的三大特点,而它们正是通过对东方智慧,尤其是对儒家仁学传统的创造性诠释方得以形成的,其精义在于把企业、公司视为"人"的社团,是富于人情味的组织,而不仅仅是完成某种经济职能的操作工具。另外,"和谐高于一切"的人际关系准则,"高产乃是为善"的劳动道德,都是从东方智慧引申出来的行之有效的现代企业精神。它们较为接近可持续发展的理念。

东方智慧在当下被人们重新发现其价值,绝非偶然,就人类思维历史的发展规律而言,有着内在的必然性。

人类在跨入文明门槛以前,有过原始思维和野蛮思维,此不具论。跨入文明门槛以后,其思维史大体经历了古典的整体思维,近代的分析、实证思维,进入现代,则在古典的与近代的思维奠定的基础上,产生分析与综合相统一的新的整体思维①,从而完成一个否定之否定的"正—反—合"螺旋全过程。

古典的整体思维,其特征是概览森林,却并未详考树木,着眼于事物的统一性,从整体上进行直观考察,并且常用类推逻辑。

近代的分析、实证思维,其特征是详考树木,未对森林做整体把握,或把森林简单看作树木的拼合,着眼于专科研究,竖切一条,割断联系,纵向

---

① 古典的整体思维,近代的分析、实证思维,现代新的整体思维的三段划分,是大略而言的,各民族又各有自身的特点。例如古希腊人在古典时代,整体思维虽然比较发达,分析思维也相当普遍,"分析"成为古希腊人的格言,古希腊文化中处处显示出分析的力量。欧洲近代的分析、实证思维得以发展,与古希腊的分析思维传统有着内在联系。而中国的古典整体思维发达,分析、实证思维未能得到独立的充分发育。

深入。

现代整体思维则既详考树木,又概览森林,而且不是把森林看成树木的拼合,却认作是众树木的生态系统整合,整体大于部分相加。这是一种整体有序、动态相关的研究对象的思维方式,是定性分析与定量分析相结合的系统思维方式。

现代整体思维作为文明人类思维史的第三阶段,是对近代分析、实证思维的突破与扬弃,这一进程伴随着对古典的整体思维的创造性"复归"。也就是说,思维史上的第三阶段区别于第二阶段,却与第一阶段颇有类似之处,不过处在不同的层次上。这正如中国清代思想家龚自珍所指出的:"万物之数括于三:初异中,中异终,终不异初。"(《壬癸之际胎观第五》)

概言之,东方的整体观同现代整体思维之间存在着否定之否定的逻辑相关性,可以成为现代整体思维的一种启示源泉。

东方整体思维在《周易》中发挥得尤为充分和完备。《周易》提出"观其会通"的命题,反对强为割裂事物,力主有机地、整体地看待万事万物。《周易》描绘了一幅世界生成的整体图式,这便是由阳(——)、阴(— —)两爻排列组合成的六十四卦系统。代表天地的乾、坤二卦是万物的起点,"有天地,然后万物生焉。盈天地之间者唯万物"(《易·序卦》)。这是整体观的一种精彩概括,它强调主体与客体的统一,从而奠定"天人合一"宇宙观的基础。这种整体观念与追求新的综合的现代科学思维颇有相通之处。耗散结构理论创始人、比利时物理学家普里高津说:"我相信我们已经走向一个新的综合,一个新的归纳,它将把强调实验及定量表述的西方传统和以'自发的自组织世界'这一观点为中心的中国传统结合起来。"①这种古与今、东与西的结合,也许正是现代文化、现代思维发展的方向。

与东方整体观密切相连的是融通、中和观。中华古典里,讲中庸、中和、时中、中行、中正的不可胜数。

这种合和融通观念,在中国思想史上不少流派那里都有表现,如惠施力主"天地一体",庄周讲究"死生存亡一体"(《庄子·大宗师》),《易传》倡导"天地交而万物通",中国化佛教宗派——华严宗以"圆融无碍"为主旨。

求融通、致中和的思想,强调事物的同一性与平衡性,主张以缓和的、调谐的方式解决世间诸问题,意在防范事物走向极端而出现系统平衡的破坏,认为诸事要留有余地,莫走极端,这便是老子所谓:"大成若缺,其用不弊;大盈若冲,其用不穷"(《老子》第四十五章)。

---

① 转引自颜泽贤:《耗散结构与系统演化》,福建人民出版社1987年版,第108页。

《易传》也辟"亢(过分)"而主适度:"亢之为言也,知进而不知退,知存而不知亡,知得而不知丧。其唯圣人乎? 知进退存亡而不失其正者,其唯圣人乎!"(《易·乾卦·文言》)

这种知进且知退、知存且知亡的"圣人之思",是融通、中和观的真髓所在,它与整体观共同构成东方思维方式的主旨。这种思维方式的现世意义,可以普里高津的一段话概括:

> 中国传统的学术思想是首重于研究整体性和自然性,研究协调与协和。现代新科学的发展,近十年物理和数学的研究,如托姆的突变理论,重正化群,分支点理论等,都更符合中国的哲学思想。……中国思想对于西方科学家来说始终是个启迪的源泉。①

除融通合和精神外,东方智慧关于文明双重效应的认识,以及关于克服文明悖论的设计,对现代人认识并疗治现代"文明病"也具有参酌价值。

东方哲人在对文明进展的正面效应给予肯定的同时,敏锐洞察到文明进展还将带来负面效应。关于后一侧面,《老子》五千言中多有犀利的揭示。"大道废,有仁义。慧智出,有大伪。"(《老子》第十八章)"天下多忌讳,而民弥叛;民多利器,国家滋昏;人多伎巧,奇物滋起;法令滋彰,盗贼多有。"(《老子》第五十七章)

老子这类思想曾经被视作"反文化"观念而遭到批评。其实,老子是通过对文明进展导致的二律背反的披露,向陶醉于文明进步的人们提出警告。老子本人的思路可能是消极的,然而这种警告却是中肯的,而且历时愈久,这种警告愈益显示出深刻性和预见性。

即使是盛赞历史进步的韩非子(约前280—前233),在对于由上古到当世的演化加以肯定的同时,也清醒地看到文明发达以后出现的新问题。例如韩非子谈到文明进步后人口骤增,就是一大难题。"古者丈夫不耕,草木之实足食也;妇人不织,禽兽之皮足衣也。不事力而养足,人民少而财有余,故民不争。是以厚赏不行,重罚不用,而民自治。今人有五子,不为多,子又有五子,大父未死,而有二十五孙,是以人民众而货财寡,事力劳而供养薄,故民争。虽倍赏累罚,而不免于乱。"(《韩非子·五蠹》)

诸如此类的问题随着文明的进展而层出不穷。可见,古代哲人已经洞察到,文明的进步其实是一柄双刃剑,有其利必有其害。

东方哲人不仅提出文明进步导致的双重后果问题,而且力图设计克

---

① 颜泽贤:《耗散结构与系统演化》,福建人民出版社1987年版,第107页。

服文明悖论的方案,大略言之,有老庄的"回归自然论"和《易传》的"人与天地合德论"。

老子看透了文明将带来的恶果,因而他主张人类应当放弃智慧与伦常,返回自然人状态,所谓"绝圣弃智,民利百倍;绝仁弃义,民复孝慈"(《老子》第十九章)。他号召人们"复归于婴儿","复归于朴"(《老子》第二十八章)。庄子则主张因任自然,"不以人助天"(《庄子·大宗师》),"不以人灭天"(《庄子·秋水》)。老庄关于防范文明恶果的建议,在人与自然相互关系层面,是主张回归自然,不干预万物的自然发展,"以辅万物之自然而不敢为"(《老子》第六十四章);就人生个体发展史而言,主张回归童年的"赤子之心",以杜绝伪善、欺诈,明人李贽力主的"童心说"即脱胎于此;就人类群体发展史而言,主张回归上古原始社会,"使民复结绳而用之",回到"邻国相望,鸡犬之声相闻,民至老死,不相往来"(《老子》第八十章)的农村公社,甚至幻想过那种"不食五谷,吸风饮露。乘云气,御飞龙,而游乎四海之外"(《庄子·逍遥游》)的融化于大自然的神仙生活。

老庄通过回归自然来防范文明弊端的思想,在近代西方也出现过,如俄国文学家托尔斯泰企图用自由平等的俄国农村公社来防范资本主义的弊病,便是突出的一例。这种思想,其顺应自然规律的方面是富于哲理的,但其否定人的能动性、否定文化积极效应的方面则是消极无为的,其悲观、倒退的主张则不可取。相比之下,《易传》的思想既主张顺应自然法则,又肯定人为的积极效应,并力主自然与人为的统一。《易传》提出的理想境界是:"夫大人者,与天地合其德,与日月合其明,与四时合其序,与鬼神合其吉凶。先天而天弗违,后天而奉天时"(《易·乾卦·文言》)。

这里既提出了"天不违人",又提出了"人不违天",以天人相协调为基准,所谓"易与天地准,故能弥纶天地之道"(《易·系辞上》)。

《易传》崇尚"天道",认为人应遵循天道,不能悖逆天道;但《易传》又赞扬"人道",并主张人应当积极有为地去效法天道——"天行健,君子以自强不息"。如此论述天人之际,是深刻而周到的。荀况的观念与这一思想相通,而又更强调人的主观能动性,他的"天生人成"(《荀子·富国》)和"制天命而用之"(《荀子·天论》)两个命题,在肯认自然规律的前提下,高度称颂人类创造文明的伟力。

东方智慧所贯穿的一天人、合知行、同真善、兼内外的融通精神,行健不息、生生不已的好勤乐生主义,人道亲亲的人文传统,以及德业双修观念、变化日新观念、社会改革意识、厚德载物的文化包容意识、不走极端的时中精神等,经过现代社会实践的过滤式选择和创造性转换,可以成为现代人克服撕裂主体与客体有机联系的"现代病"的一剂良药,对于今日解决人与自然、人与人、人与社会诸问题提供有益的借鉴。即使是老庄揭露文化悖论的犀利语言,我们也不应因其带有"反文化"倾向而加以简单否定。这类观点剖析文化进展带来的负面影响,富于哲理。这种哲理在文明高度发达、文明的弊端随之日益彰著的今天,尤其显示出其锋利的针对性。

四、对东亚智慧现世意义应持平允态度

"东亚智慧"是一个十分广泛的概念,其包蕴的内容极其丰富,人们对它的认识和评价难免见仁见智,各执一端。就西方而论,自 18 世纪以来,对东亚智慧的观感,历来呈两极状态:一极以伏尔泰、魁奈等人为代表,对中国文化的经验理性、仁爱精神等东方式智慧大加赞叹,并借以作为鞭笞欧洲中世纪神学蒙昧主义的"巨杖";另一极则以亚当·斯密、黑格尔为代表,他们透见了中国传统文化发展的迟滞性,认定它是一个缺乏活力的系统,黑格尔还把东亚智慧的化身孔子视作"一个实际的世间智者,在他那里思辨的哲学是一点也没有的——只有一些善良的、老练的、道德的教训,从里面我们不能获得什么特殊的东西"①。时至 20 世纪,西方人对东亚智慧的认识在逐步深化,但大体仍在上述两极间徘徊。

论及"东亚智慧现世意义"这一题旨时,有一要义不可忽略——东亚智慧作为古典整体思维的产物,所潜藏的只是克服现代病的某种启示(正因为是"潜藏",故有待今人去"开掘""阐扬"),而不可能提供现成的解决方案和操作手段,因为在东亚智慧的发展历史上,并未创建过人与自然、人与人全面和谐共处的黄金时代。以人与自然的关系这一层面为例,东亚智慧的"天人合一""民胞物与""依正不二"等观念,对于现代人克服人与自然两分对立的观念,是富于启迪意味的。然而,"天人合一""民胞物与""依正不二"等观念其原始义是讲人处天地间的超越态度,并不是正面探讨人如何在操作层面上现实与自然的和谐;同时,"天人合一""民胞物与""依正不二"固然洋溢着综合的、生机主义的智慧,但在这类理念诞生

---

① 黑格尔:《哲学史讲演录》第一卷,生活·读书·新知三联书店 1956 年版,第 119 页。

并流传的东亚世界,因理念本身的弱点和工具理性不发达,并没有普遍保持人与自然的和谐,未能在实践上解决发展生产力与保护自然生态的矛盾问题,实际情况却是生态环境的逐步恶化。其基本原因,是人们未能摆脱对自然的盲目开发,人们谋求自身的生存与发展,一直有意无意地损伤自然、破坏环境。农耕文明持续几千年,并且长期处在对自然的盲目开发状态中,因而农耕文明给自然生态造成的破坏,其程度是不应低估的。以中国的黄河流域为例,其在三四千年前曾经是森林繁茂、麋鹿成群、气候温润的地带,正如《诗经》所描绘的黄河支流渭水流域一带"周原朊朊,堇荼如饴",但经过数千年破坏性的农业垦殖,黄河流域变得童山兀兀,沟壑纵横,水土流失极端严重,整个黄河的中下段已成河床高于两岸地平面的"悬河",夏季常常出现长达数十天甚至百余天的断流。又如中美洲曾经在8世纪前后几百年间繁荣一时的玛雅文明,后来戛然中绝,其原因之一便是玛雅人的无限制垦殖,造成生态环境恶化,加之玛雅人好战嗜杀,终于致使这一文明在13世纪前后灭亡,"只在大雨连年的尤卡坦森林里留下了它的伟大古城的遗迹来纪念它的存在"①。至于权势者出于穷奢极欲,广修宫室、坟墓,不断巨额耗费自然资源(森林首当其冲),其危害性更为迅疾。唐代诗人杜牧抨击秦始皇暴政的名篇《阿房宫赋》所云:"蜀山兀,阿房出",绝非一朝一代的特例。此外,战乱焚林毁堤的惨况,在古代中国也层出不穷。较为经常起作用而又少为人所谴责的,则是人口增加导致土地过度垦殖,使中国的生态在秦汉、唐宋、明清三个阶段恶化速度渐增,森林在黄河流域、长江流域大面积消失,曾经林木草场茂盛的黄河河套地区的沙漠化,都是突出表现。

中国的自然生态严重破坏,特别值得一提的是秦汉以降农耕者在河西走廊、天山南北两路开垦农田,造成森林、草场的毁坏,终致这些地带盐碱化和沙漠化。日本作家井上靖曾创作一系列古代西域系列题材小说(《楼兰》《敦煌》等)。20世纪70年代后期80年代初期,井上靖得以两次到河西走廊观瞻,三次去塔克拉玛干周围地区游览,他后来在西域小说集的序文中说:

> 有许多人询问我,到这些地区去旅游,有何感慨。我目睹了作品舞台已经全部湮没在流沙之下,沧海桑田,确实令人感慨万千。②

---

① 汤因比:《历史研究》,上海人民出版社1997年版,第42页。
② 井上靖:《井上靖西域小说选》,新疆人民出版社1984年版,第3页。

中国西北地区一系列绿洲终于被漫漫黄沙所淹没,并非始于工业文明时代,早在农业文明时期,主要是高度农业文明时期,生态的恶化已经愈益加快步伐。这提示我们:不要把产生"天人合一""依正不二"理念的农业文明加以美化,那并不是一个"桃花源"式的黄金时代。那时的人类由于生产力落后和认识的局限,不可能避免对自然的盲目性开发,在愚昧和贫困两大病端的逼迫下,自然生态的破坏,已经频频发生,不过规模和力度不如现代而已。因此,某些"回归主义者"主张的退回前工业时代,绝非人类文明的正途。

就现代世界而言,也并非工业愈发达的地区环境问题愈严重,反之,第三世界地区由于人口压力和初级工业化滥用资源等因素的作用,生态环境正在急剧恶化,如拉丁美洲的墨西哥城,非洲的拉各斯,亚洲的加尔各答、北京、兰州等城市都存在着极尖锐的污染问题,已引起全世界的关注。而发达国家在经历了工业化初期的生态恶化之后,时下的生态环境则进入良性转换阶段,如流经伦敦的泰晤士河,19世纪末和20世纪初曾因工业污染而成为没有鱼类的河道。20世纪中叶以来,经过治理,泰晤士河变得洁净,两岸垂钓者每每能获得肥硕的鲤鱼。美国的老工业城市匹兹堡曾以空气污浊闻名,现在已是世界上生存条件极好的城市之一。这都说明当现代人在理念上实行调整之后,便有可能将科学技术的伟力应用于构建良好的生态环境中,使古代"天人合一""依正不二"的美好理想,逐步转化为可操作的现实。

就人与人、人与社会层面而言,东亚智慧重视人伦,肯认道德自觉,形成一种对人生目标的公正概念、宽容和深思的精神和平,具有很高的德性价值和美学价值。这也是东亚智慧吸引一些西方哲人之所在。中国固有的仁学传统承认人的独立意志,所谓"三军可夺帅也,匹夫不可夺志也"(《论语·子罕》),所谓"富贵不能淫,贫贱不能移,威武不能屈"(《孟子·滕文公下》)的"大丈夫"精神,以及在社会规范中主张的"民为贵,社稷次之,君为轻"(《孟子·滕文公下》)等,都闪烁着人本精神的光耀。然而,古代的东亚智慧并没有寻觅到普遍维护民众人格独立、社会公正的制度保障,社会长期运作的却是"轻视人类,使其不成其为人"的君主专制制度,在"君为臣纲,父为子纲,夫为妻纲"的"三纲"束缚下,广大民众的自由被剥夺,一些起码的生存权利也被禁绝。同时"尊尊""亲亲"的宗法积习又妨碍法制的推行,"官本位""任人唯亲"更成为沿袭至今的痼疾。这些问题的克服,当然有赖东亚智慧内部健康因素的发展,但尤其需要现代文明的强劲冲击,其间西方智慧的补助,也是必不可少的。就伦理层面而言,东亚智慧中发扬道德义务及社会责任心,与西方强调个人权利、公平竞争原则,应当互补共存;东亚伦理"成圣成贤"的修养论,需要西方文化注重权利与义务的公民意识的补正。

总之,那种无视东亚智慧现实意义的认识自然有害,那种以为东亚智慧可以提供克服现代病的现成灵丹妙药的认识也无益于世,而东亚智慧与西方智慧的互补相济,古典文明与现代文明的友好对话,促成人类价值理性与工具理性的全面发展,方有可能创建一个较为美好的未来。中国当代哲学家张岱年"综合中西文化之长以创造新文化","主动吸取外来文化的成果,取精用宏,使民族文化更加壮大"的主张,是可取的方略。

五、剪不断,理还乱——从梁启超对中华文明两极评断说开去

1904年,梁启超在《新大陆游记》中严厉批评中国文化;可到了1920年,他又在《欧游心影录》中高度赞美中国文化。

对中国传统文化从离异到回归的两极评断,竟然呈现于同一思想者真诚而富于感染力的言说之间,此一奇异的文化景观,透露出怎样的历史信息?

中国传统文化,是自立于世界民族之林的一种延续力极强的文化。它从农耕经济、宗法社会的土壤中生长发育,在长期发展中又屡与外来文化交融互摄,因而具有经验理性发达、高扬德性、崇尚智性的特色。由于其内容复杂、价值多层,因而,人们如果从不同的视角和取向出发,对中国传统文化的评价就难免见仁见智,各执一端。

(一)

就西方而论,自18世纪以来,对中国文化的观感历来呈两极状态:一极以德国科学家莱布尼茨、法国启蒙思想家伏尔泰、重农学派魁奈等人为代表,他们对富于经验理性、仁爱精神的东方智慧大加赞赏。在《中国近况》一书的绪论中,莱布尼茨写道:全人类最伟大的文化和最发达的文明仿佛今天汇集在我们大陆的两端,即汇集在欧洲和位于地球另一端的东方的欧洲——中国。

在日常生活以及经验地应付自然的技能方面,我们是不分伯仲的。

我们双方各自都具备通过相互交流使对方受益的技能。在思考的缜密和理性的思辨方面,显然我们要略胜一等。但在时间哲学,即在生活与人类实际方面的伦理以及治国学说方面,我们实在是相形见绌了。

伏尔泰推崇中国文明,认真研究儒家思想,并借以作为鞭笞欧洲中世纪神学蒙昧主义的"巨杖"。他认为中国是一个理性主义国家,尤其钦佩中国史学的人文精神。他指出,当欧洲史书充斥神异怪说之际,中国已在理性精神指导下,确切真实地记述历史进程。他根据元杂剧《赵氏孤儿》的法译本,写了一部悲剧《中国孤儿》,赞扬了中华民族的智慧和德行,在法国引起很大反响。与此类似,德国文豪歌德从明清小说中发现中国人高尚的德性,对之赞美不已。魁奈更高度评价中国古典哲思,他的名论是:一部《论语》即可以打倒希腊七贤。18世纪的西欧启蒙学者还把耶稣会士所介绍的中国皇帝康熙视作柏拉图所构想的那种"哲学王"。

与上述崇仰中国文化的一极同时出现的,西欧还有否定中国文化的另一极,以亚当·斯密、黑格尔为代表。这些西方哲人透见了东亚文化发展的迟滞性,认定它是一个缺乏活力的系统。英国经济学家亚当·斯密的《国富论》说:

> 中国,一向是世界上最富的国家。其土地最沃、其耕作最优,其人民最繁多,且最勤勉。然而,许久以前,它就停滞于静止状态了。今日旅行家关于中国耕作、勤劳及人口状况的报告,与五百年前客居于该国之马哥孛罗的报告,殆无何等区别。若进一步推测,恐怕在马哥孛罗客居时代以前好久,中国财富,就已经达到了该国法律制度所允许之极限。

德国哲学家黑格尔轻视中国文化,认为"东亚智慧化身"的孔子不能超越平庸,黑格尔对孔子的评语是:"一个实际的世间智者,在他那里思辨的哲学是一点也没有的——只有一些善良的、老练的、道德的教训,从里面我们不能获得什么特殊的东西"。

自17世纪耶稣会士介绍中国文化以来,欧洲人便有上述两种中国文化观。如果说,17、18世纪的欧洲人崇仰中国文化的较多,那么19、20世纪的欧洲人贬抑中国文化的则较多。时至当代,西方人对中国传统文化的认识在逐步深化,但大体仍在上述两极间徘徊。

(二)

现代中国人对自己的传统文化的看法也颇不一致,其分歧之大,并不亚于西方人。这种分歧不仅指西化派对东方传统的贬斥与东方文化本位论者对东方传统的褒扬之间形成的强烈对比,而且,即使在同一位中国思想家那里,先后对东亚传统的褒与贬、扬与抑,往往形成巨大反差。如本文要讨论的现代中国著名文化人梁启超,在20世纪初叶评价东亚传统的言论的骤变性,便是一个典型案例。

梁启超是中国近代重要的革新运动——戊戌变法的领袖之一和主要宣传家。1898年变法失败后,梁氏流亡日本,潜心研习西方文化,以谋求强国之道;1899年,梁氏东渡太平洋,造访美国,目的是"暂将适彼世界共和政体之祖国,问政求学观其光"。1903年2月梁氏再次离日游美,并于1904年2月在《新民丛报》增刊发表《新大陆游记》,文中流露出中国大不如日本,更不如美国的感慨:

> 从内地来者,至香港、上海,眼界辄一变,内地陋矣,不足道矣。至日本,眼界又一变,香港、上海陋矣,不足道矣。渡海至太平洋沿岸,眼界又一变,日本陋矣,不足道矣。更横大陆至美国东方,眼界又一变,太平洋沿岸诸都会陋矣,不足道矣。此殆凡游历者所同知也。①

此游记除大力推介美国的现代文明,特别是民主政治以外,还尖锐批评中国固有文明。梁氏在这部游记中列举"吾中国人之缺点"如下(仅引纲目):一曰有族民资格而无市民资格。二曰有村落思想而无国家思想。三曰只能受专制不能享自由。四曰无高尚之目的。② 此外,梁氏还痛论中国人行为方式的种种不文明处,诸如:

> 西人数人同行者如雁群,中国人数人同行者如散鸭。西人讲话……其发声之高下,皆应其度。中国则群数人座谈于室,声或如雷;聚数千演说于堂,声或如蚊。……吾友徐君勉亦云:中国人未曾会行路,未曾会讲话,真非过言。斯事虽小,可以喻大也。③

1899年至1904年间的梁启超,对西方现代文明的仰慕,对东亚传统社会及文化的不满都溢于言表。

但时过十余载,1918年12月,梁启超与蒋百里、丁文江、张君劢等7人旅游英、法、德、意等欧洲列国,1920年1月离欧,3月回归上海。梁氏

---

① 梁启超:《新大陆游记》,商务印书馆,2016年版,第37页。
② 梁启超:《饮冰室合集》第七册,中华书局1989年版,第121-124页。
③ 梁启超:《饮冰室合集》第七册,中华书局1989年版,第126页。

一行访欧期间,正值第一次世界大战刚刚结束,西方现代文明的种种弊端一并充分暴露,一批西方人,尤其是西方的人文学者对西方文明持批判态度(德国人斯宾格勒1918年出版的《西方的没落》为其中的代表作),有的甚至对西方文明深感绝望,并把希冀的目光投向东方。梁启超返回后发表的《欧游心影录》对这种情形有如下描述:

> 记得一位美国有名的新闻记者赛蒙氏和我闲谈,他问我:"你回到中国干什么事,是否要把西洋文明带些回去?"我说:"这个自然。"他叹一口气说:"唉,可怜,西洋文明已经破产了。"我问他:"你回到美国却干什么?"他说:"我回去就关起大门老等,等你们把中国文明输进来救拔我们。"①

曾几何时,在《新大陆游记》(1904年印行)中梁氏历数中国社会及文化的种种病态,认为唯有学习西方才有出路,而在《欧游心影录》(1920年印行)中,梁氏却一百八十度转变,向中国青年大声疾呼:

> 我可爱的青年啊!立正!开步走!大海对岸那边有好几万万人,愁着物质文明破产,哀哀欲绝的喊救命,等着你来超拔他哩。我们在天的祖宗三大圣(指孔子、老子、墨子——引者)和许多前辈,眼巴巴盼望你完成他的事业,正在拿他的精神来加佑你哩。②

这里梁启超申述的不仅是"中国文化救国论",而且是"中国文化救世论"。必须指出的是,1920年的梁启超与1904年的梁启超相比,其爱国救世的热情和诚意别无二致,其笔端也都"常带感情"。然而,同样是这位有着赤子之心的梁启超,何以在十余年间对中国文化现世价值的评判发生如此截然相反的变化呢?

(三)

因篇幅的限制,这里不拟就梁氏个人的心路历程做具体分析,而只能简要考察梁氏十余年间关于中国文化评价系统的变化,进而探求梁氏关于中国文化的两种极端之论透露出怎样的历史文化信息。

梁启超1904年刊行的《新大陆游记》,洋溢着对中国固有传统的批判精神,这是那一时代中国先进分子"向西方求真理",以谋求现代化出路的

---

① 梁启超:《饮冰室合集》第七册,中华书局1989年版,第15页。
② 梁启超:《饮冰室合集》第七册,中华书局1989年版,第38页。

必然表现。这种批判的出发点,是中国社会及文化未能导引出现代化,而且其若干层面还成为现代化的阻力。梁氏由此出发所揭露的中国社会及文化的种种病态,是中肯的,即使今日读来,人们也能产生会心之感。

梁启超于1920年撰写的《欧游心影录》,则是在对西方现代文明的弊端(或曰"现代病")有所洞察后,再反顾东方,发现中国智慧具有疗治现代病的启示价值。这种以中国智慧挽救现世文明的论断,虽然缺乏细密的历史分析,然而其间也包蕴着若干真理的颗粒。

人们往往因梁启超1904年至1920年间的思想大转变而嘲讽他的"多变",梁氏自己也曾以此类行径自嘲。其实,对传统文化先后持两种极端之论,并非梁氏个别特例,在其他近代文化巨子那里也有类似表现,如严复戊戌时期在《救亡决论》中历数中国传统文化弊端,并倡言:"天下理之最明而势所必至者,如今日中国不变法则必亡是已"。而严氏晚年力主回归传统,高唤:"回观孔孟之道,真量同天地,泽被寰区"。

我们今天对此种现象的认识,不能停留于对梁氏、严氏等前哲跳跃式思维做一般性批评,而应当进一步考析:这种"大转变""大跳跃"报告着怎样的时代消息,今人应当从中获得什么启示?

简言之,否定与赞扬中国传统文化的两种极端之论集于一人,是近代中国面对多层级变革交汇的一种反映。西方世界几百年间实现工业化与克服工业化弊端这两大先后呈现的历时性课题,都共时性地提到近代中国人面前,鲁迅1919年在一篇随感录中说:

> 中国社会上的状态,简直是将几十世纪缩在一时:自油松片以至电灯,自独轮车以至飞机,自镖枪以至机关炮,自不许"妄谈法理"以至护法,自"食肉寝皮"的吃人思想以至人道主义,自迎尸拜蛇以至美育代宗教,都摩肩挨背的存在。①

面对中国社会的"多重性",孙中山力主发展资本主义经济,同时又在中国资本十分薄弱之际便警告要"节制资本",便是交出的一种有民粹倾向的答案。而梁启超于20世纪初叶的两种极端之论也是试交的一种答案:梁启超1904年批评东亚社会及文化,其出发点是"现代化的诉求";而1920年呼唤以东亚智慧拯救西方,拯救现代文明,其出发点则是"后现代的探索"。

梁氏在短短十余年间发表两种极端之论,给人以荒诞印象,是因为他在尚未厘清前一论题时,便匆忙转向后一论题,更没有来得及对二者加以

---

① 鲁迅:《鲁迅全集》第一卷,人民文学出版社2005年版,第360页。

必要的整合。这当然是梁氏个人学术性格所致,但也是 20 世纪的中国及东亚社会面临文化转型的"多重性"所致——作为"后发展"的中国,以经济层面的工业化和政治层面的民主化为基本内容的现代化尚任重道远之际,早已完成现代化任务的西方世界面临的"后现代"问题,通过种种渠道朝着中国纷至沓来。这样,中国人(特别是知识精英)一方面要扬弃东亚固有的"前现代性",以谋求文化的现代转型;另一方面,又要克服主要由西方智慧导致的"现代病",此刻,以原始综合为特征的东亚智慧又显现出其"后现代功能"。

梁启超敏锐地把握了东亚智慧在历史不同层面上的不同功能,各有精彩阐发,留下足以传世的谠论,当然,他未能将两种历时性的论题加以必要的厘清与整合,留下思维教训。

(四)

当下中国社会及文化转型的繁复性更远胜梁启超时代。自 1978 年以来中国的社会转型,是在这样一种背景下展开的:世界文明史几个世纪以来现代化进程的种种历时性课题,都竞相在中国大地做共时性演出。简言之,今日中国经历着三个层级变革的交叉互叠——

其一,从农业文明向工业文明转化,又称"第一次现代化"。自洋务运动建立机器工业以来,一直在进行此一转变,时下的中国也还只完成工业化任务的大部分,估计到 21 世纪中叶中国方可全面实现第一次现代化(即工业化),成为"中等发达国家"。总之,改革开放及今后三四十年,中国首先要实现"第一次现代化",即由农业文明向工业文明的转化,科学与民主的倡导,"启蒙"的呼唤,便是此一转换间需要完成的文化任务。

其二,从国家统制的计划经济体制向市场经济体制转化。这是对"苏式"的突破,时下正在走计划体制与市场体制的辩证统一之路。苏式的计划经济体制是工业化的一种进步,作为一种"集权-动员式体制",曾取得显著实绩,但又存在严重的经济、社会及文化的僵滞之弊,终于在冷战较量中败下阵来。中国自 1978 年以来的改革,在很大程度上便是扬弃 20 世纪 50 至 70 年代仿效过的苏联模式,发挥市场的动力机制,使中国的经济、社会及文化赢得巨大活力,中国从物资短缺的卖方经济向物资充盈的买方经济转化,从而加速第一次现代化进程,并为第二次现代化的展开奠定基础。这是改革开放的重要成果。

其三,工业文明向后工业文明(知识经济)转化,又称"第二次现代化"。在全球化趋势下,发达国家正在经历的这一转化,也提上发展中国家的日程,当代中国也不例外。中国不必重走原初工业化的老路,而可直接采纳信息化时代的成果,赢得"后发优势"。与此同时,生态危机、信仰危机等后工业时代的问题也纷至沓来,亟待我们解决。我们提出的建立"资源节约型、环境友好型社会"目标,便是得之后工业文明的启示。在第一次现代化尚未完成之际,又身历第二次现代化大潮,是改革开放及今后几十年中国现代化进程的一大特色。改革开放几十年在完成第一次现代化任务的同时,也愈益深刻地接触到第二次现代化诸课题,而此一使命的展开可谓方兴未艾。生态问题的提出,"低碳经济"的追求,"可持续发展"命题上升到战略高度,是向后现代文明转换的产物。而此间传统文化提供着某些启示性资源。

因此,近几十年来传统文化现代转型,不仅是古典意义的近代化(工业化),而且是上述三个层面的转型的集合,这就意味着我们对传统文化的创造性转化,较之单一的工业化时代更为复杂、深刻。面对多层级变革交汇,应当防止只注意某一层级,忽略其他层级的偏颇。我们今日讨论中国传统文化的现代价值,不应重蹈先辈的故辙,在"一味贬斥"与"高度褒扬"的两极间摆动,而应当历史地考察中国智慧的生成机制和内在特质,既肯定中国智慧创造辉煌古典文明的既往事实,又研讨中国智慧未能导引出现代文明的因由,从而不回避现代化的"补课"任务。同时还要开掘中国智慧疗治现代病的丰富内涵。在展开这些思考时,应当把握历史向度,克服醉心"西风"的西化主义和夜郎自大的东方主义两种偏颇,这是梁启超等先辈提供给我们的思维教训。以平允、周正的态度看待中国智慧与西方智慧,努力谋求二者在不同层面的互补与整合,方有可能创造健全的新文明。

(本文来源于"中国高校人文社会科学信息网")

六、张之洞《劝学篇》的文明观

近代中国处在社会急剧变化的历史关头,敏感的梁启超称之为"过渡时代"。而面对这种"过渡时代",各个不同的政治和文化派别所做出的反应各不相同:有的抗拒"过渡",有的致力于探究"过渡之道",因而各自所设计的方案又有差异。就清朝统治阵营而言,从19世纪60年代开始,便分化出顽固派与洋务派两大集团。顽固派如同治间大学士倭仁、光绪间大学士徐桐,他们声称,"道"和"器"均应一仍其旧,纲常名教不得有丝毫改易,从而坚持抗拒"过渡"的立场。洋务派则有限地赞成"过渡",他们主张"变器不变道",即在保存君主专制制度的前提下,"留心西人秘巧",提倡学习"西技""西艺",也兼及"西政",并在他们主持的部门和地区兴建近代化的军事和民用工业、修造铁路、创办学堂、组建新式陆海军。洋务派的代表人物,当朝大臣有奕訢、桂良、文祥;疆吏则有曾国藩、左宗棠、李鸿章等人,张之洞是后起者。

张之洞,字孝达,号香涛,直隶南皮人,同治进士。早年任翰林院编修、湖北学政、四川学政、内阁学士等职,曾是著名的清流党人。光绪七年(1881年)补授山西巡抚,开始由清流党向洋务派转化。光绪十年(1884年)署理两广总督,正式展开洋务建设,中法战争期间,竭力主战,并起用老将冯子材,奏请唐景崧率师入越,会同刘永福所辖黑旗军抗法,在广西边境击败法军。光绪十五年(1889年)调任湖广总督。此后在督鄂及暂署两江总督的近20年间,开办汉阳铁厂、湖北枪炮厂,设立织布、纺纱、缫丝、制麻四局,筹建芦汉铁路,兴建各类学堂,大量派遣留学生,组训江南自强军、湖北新军,造成一种耸动朝野视听的格局,张氏长期坐镇的武汉,继上海、天津之后,成为又一洋务基地和实力中心,张氏的势力亦"由武昌以达扬子江流域,靡不遍及"(《张文襄公事略·张文襄在鄂行政》)。

由于张之洞在中法战争和中日甲午战争期间是主战派健将,赢得"天下之望";而张之洞主持的"湖北新政"实绩更使他声名大振,在19世纪90年代中期,他被舆论界推重为"朝廷柱石"。1895年康有为发起成立强学会,曾对暂署两江的张之洞寄予厚望。张之洞则企图利用强学会扩大自己的影响,遂捐银五千两,列名入会,以后张又成为上海强学会的发起人。1896年张之洞返回湖广本任,曾札饬湖北全省官销梁启超主笔的《时务报》。同年秋冬之际,《时务报》连续发表梁启超、徐勤等人批评朝廷丧权辱国和种种社会弊端的论文,张之洞认为是"越轨"文字,便指示汪康年对梁启超加以掣肘。

1898年初,随着维新变法的深入,坚守纲常名教的张之洞与这个运动的矛盾也愈益尖锐。同时,作为宦场老手的张之洞"深窥宫廷龃龉之情与新旧水火之象",知道清廷的实权掌握在反对变法的后党手中,遂"预为自保计",于1898年4月撰写《劝学篇》。张之洞后来这样追述写作《劝学篇》的原委:"自乙未后,外患日亟,而士大夫顽固益深。戊戌春,金壬伺隙,邪说遂张,乃著《劝学篇》上下卷以辟之。大抵会通中西,权衡新旧。"(《抱冰堂弟子记》此记托名"弟子",实为张之洞自述。)可见,《劝学篇》意在两线作战:一方面批评顽固派的"守旧""不知通";另一方面批评维新派的"菲薄名教""不知本"。他企图在顽固派和维新派的主张之间寻找第三条路——"旧学为本,新学为用,不使偏废"(《劝学篇·外篇·设学第三》)。这便是洋务派文化思想的集中概括。张之洞的这一思想酝酿已久,早在他做京官清流时,便常以"体""用"这对范畴规范中华文化与西洋文化的彼此关系;19世纪80年代初,张氏出任山西巡抚时,便提出"体用兼资""明体达用"的论点。不过1898年问世的《劝学篇》将这一思想系统化、理论化了,以完整的形态构筑了洋务运动的思想蓝图,使"中体西用"成为当时"流行语"。

《劝学篇》共24篇,4万余字,"内篇务本,以正人心;外篇务通,以开风气"。所谓"本",指的是有关世道人心的纲常名教,不能动摇;所谓"通",指的是工商学校报馆诸事,可以变通举办。全书贯穿"中体西用"精神,主张在维护君主专制制度的前提下接受西方资本主义列强的技艺,并以这种新技艺"补"专制旧制之"阙","起"清廷统治之"疾"。张之洞倡导的"新旧兼学"中的"新学"亦包括"西政",这比早期"中体西用"论者的"西学"等同于"西艺"的观点进了一步,扩及"学校、地理、度支、赋税、武备、律例、劝工、通商"诸项,但对"设议院"等涉及政体的部分讳莫如深。一言以蔽之,张之洞的公式是:"中学为内学,西学为外学;中学治身心,西学应世事"(《劝学篇·会通》)。

1898年6月11日,光绪皇帝诏定国是,变法运动进入关键时刻。6月16日光绪帝召见康有为以后,决定变法;接着又召见梁启超,后又特授谭嗣同、刘光第、杨锐、林旭四品卿衔,充军机章京,专办新政。与此同时,慈禧也采取对策,在光绪帝颁布"明定国是"上谕后的第4天(6月20日),即迫令光绪帝将翁同龢开缺回籍。"皇上见此诏,战栗变色,无可如何。翁同龢一去,皇上之股肱顿失矣!"(梁启超《戊戌政变记》)慈禧又任命荣禄为直隶总督,掌握近畿兵权,随时准备朝维新派猛扑过去。光绪帝此刻的处境是,既想变法维新,又"上制于西后,下壅于顽臣",无所措手足。正在这一微妙时刻,张之洞的门生、翰林院侍读学士黄绍箕以张之洞所著《劝学篇》进呈。7月25日,光绪帝"详加披览",以为"持论平正通达,于学术人心大有裨益";遂以圣谕形式下令军机处给诸省督抚学政各一部,要求他们"广为刊布,实力劝导,以重名教而杜卮言",又谕总理衙门排印300部下发。

《劝学篇》因有若干新学内容,故为光绪帝所接纳;而其上篇力辟民权论,又为慈禧太后所欣赏。这正表现了《劝学篇》及张之洞本人的双重色彩。而恰恰是这种双重色彩,使《劝学篇》在多事之秋的戊戌年间能够左右逢源,被帝后交相嘉许,作为"钦定维新教科书","挟朝廷之力以行之","不胫而遍于海内",十日之间,三易版本。据在华洋人估计,刊印不下

200万册，这在当时是一个相当惊人的大数字。西方各国对此书也颇为重视，先后译成英、法文出版。1900年美国纽约出版的英文本，易名为《中国唯一的希望》。美国传教士丁韪良的《花甲忆记》也选录了《劝学篇》。

《劝学篇》对文化的不同层面持不同态度，引申出"变"与"不变"的二重观点。张之洞说："夫不可变者，伦纪也，非法制也；圣道也，非器械也；心术也，非工艺也。"这就是说，"器可变而道不可变"。为证明"器"的可变性，张之洞旁征博引，如《周易》的"穷则变""变通尽利""变通趋时""损益之道"；《尚书》的"器非求旧，惟新"；《礼经》的"五帝不沿乐，三王不袭礼，礼时为大"；《论语》的"温故知新"，等等。为论证"道"的不可变性，张之洞则征引《礼记·大传》的"亲亲也，尊尊也，长长也，男女有别。此其不可得与民变革者也"。他进而发挥道："五伦之道，百行之原，相传数千年更无异义。"

张之洞的"变易"与"不易"的二重思想，虽然与诸经都有关系，而其主要渊源则在《周易》关于"变易"与"不易"的二重学说。应当指出的是，张氏并没有追求"变易"与"不易"间的辩证统一，这与其说是其哲学思想的不足，不如说是其政治上陷入矛盾与惶惑的结果。作为有限的改革者，张氏力图变更陈法，改弦更张，在技艺层面，甚至部分地在制度层面采用"西法"；然而，作为宗法——专制政体和纲常名教的卫道者，他又竭力维系旧的政治——伦理系统。而现代化过程本来就是全方位的社会转型，企图在保存已经垂死的旧有本体的前提下，变更某些枝节，必然事倍功半。

总之，张之洞从"器可变"的观念出发，导演出颇有声色的早期现代化建设一幕：近代工业、近代教育、近代军事，一度达到东亚先进水平，使继续从事这些现代事业的人感受其赐，如毛泽东在论及中国现代工业建设时曾说：讲到重工业，不能忘记张之洞。然而，洋务派从"道不可变"的观念出发，力图维护清王朝所代表的宗法——专制制度，又阻碍着中国现代化向纵深进展，这种"变易"与"不易"就陷入一个二律背反的怪圈。

以后，张之洞在1900年与刘坤一合谋策划"东南互保"，1902年又与刘坤一合奏"变法三疏"，都是《劝学篇》阐明的路线的延伸。尤其是"变法三疏"中提出的"变法"主张，如"兴学育才"四"大端"以及"整顿中法十二条""采用西法十一条"等，基本上是《劝学篇》的具体化。张之洞也因此成为清末新政的主角。也可以说，清末新政是《劝学篇》各项主张的实践——政治上维持专制体制，经济文化上推行若干新法。《劝学篇》刊行后不久，即遭到改良派人士的谴责。严复等着力批评其"体用两橛"的理论混乱；而揭起系统清算《劝学篇》旗帜、并侧重抨击其反民权思想的，则是长期居住香港、受过系统西式教育的何启和胡礼垣所撰的《劝学篇书后》。

应予指出的是,张之洞晚年的改革方略也曾涉及政体层面,他于光绪二十七年(1901年)致刘坤一等人的电牍中称"西法最善者,上下议院互相维持之法也",该电牍主张仿效英国国会上下议院制度,州县长官由全省绅民公举,并建议刘坤一等"本此意而思一可行之法"。限于历史条件,张氏的这一改革政治体制的设计未及实施。

1909年10月,张之洞在体仁阁大学士、军机大臣任内溘然长逝。富于戏剧性的历史场景是:在张氏死后两年,中国第一次较完全意义上的资产阶级革命运动——辛亥革命,在张氏经营近20年的湖北省城武昌首先爆发,其经营的机器工业、新式学堂和新军,一并转变为打击清朝的物质力量,专制帝制随之轰然坍塌,历史揭开了新的一页。历史自身的逻辑昭显了《劝学篇》内外篇的矛盾性难以在同一框架内和平共存。然而,《劝学篇》作为探讨中国社会及文化如何在古今中西大交汇时代实现"过渡"的一部作品,是道、咸、同、光间一批朝野人士求索过渡之道的思想结晶,并为此后提供了继续讨论此一切关宏旨的论题的基点,无论是发扬它还是批判它的人们,都离不开《劝学篇》设定的范畴、论题与展开域。尽管《劝学篇》的许多具体论点论据已成明日黄花,但它关于文化的内—外、本—末、体—用、常—变、动—静之辨,关于文化的民族性保持与世界性获得二者关系的探求,都已提出后人无法回避的题目,促人深思。

七、"中国世纪"说应当缓议

中国复兴的显著进展,赢来好评如潮,疑惧、非议乃至谴责也接踵而至。时下西方对复兴的中国有多种评议:除中国"威胁"论、中国崩溃论之外,还有中国机遇论、中国责任论等。而国人尤其需要辨析时兴的"21世纪是中国世纪"说。

(一)"中国世纪"说的提出

1973年,英国历史学家阿诺德·汤因比与日本宗教和文化界人士池田大作展开关于人类社会和当代世界问题的对话。其间汤因比说:

> 按我的设想,全人类发展到形成单一社会之时,可能就是实

现世界统一之日。在原子能时代的今天,这种统一靠武力征服——过去把地球上的广大部分统一起来的传统方法——已经难以做到。同时,我所预见的和平统一,一定是以地理和文化主轴为中心,不断结晶扩大起来的。我预感到这个主轴不在美国、欧洲和苏联,而是在东亚。

在西方中心主义占据主导之际,而且当时中国尚未摆脱低迷状态,汤因比把未来文明的希望寄托东亚,寄托中国,诚为卓识远见。汤因比进而阐发道:

> 由中国、日本、朝鲜、越南组成的东亚,拥有众多的人口。这些民族的活力、勤奋、勇气、聪明,比世界上任何民族都毫无逊色。无论从地理上看,从具有中国文化和佛教这一共同遗产来看,他们都是联结在一条纽带上的。并且就中国人来说,几千年来,比世界任何民族都成功地把几亿民众,从政治文化上团结起来。他们显示出这种在政治、文化上统一的本领,具有无与伦比的成功经验。这样的统一正是今天世界的绝对要求。中国人和东亚各民族合作,在被人们认为是不可缺少和不可避免的人类统一的过程中,可能要发挥主导作用,其理由就在这里。

汤因比基于中国文化的天下一体说、整体观与和平主义,认为中国有可能引领世界统一。这大约是较早系统提出中国将在未来世界"发挥主导作用"的议论。此后,多有欧、美、日学者阐扬汤因比之说。汤因比本人在晚年所作《人类与大地母亲》中再次强调,弘扬中华文化有益于全人类在未来走出困境。

汤因比、池田大作对话后20年,美国《时代》周刊总编辑法里德·扎卡里亚于20世纪90年代中期指出,当人们将目光流连科索沃战争、伊拉克战争的时候,忽略了20世纪90年代最具象征意义的一件大事——中国的崛起。10年以后,这位印度裔美国人执掌的《新闻周刊》2005年9月就中国发展的各个层面进行专题报道,总题《中国的世纪》,扎卡里亚撰写主文《未来属于中国吗?》,内称:

> 中国是一个在规模上使美国自惭形秽的国家,13亿人,4倍于美国人口。一百多年来,这个巨大的规模对于美国的传教士和商人而言,始终是一个令人神往的梦……中国非常大,但是非常贫穷。但所有这些正在发生变化,过去看来十分迷人的庞大的规模,现在看来变得令人恐惧不安。而且美国人也不知道所

谓的"中国威胁"会否噩梦成真,每个商人这些天都得到一些有关中国的令人眩目的统计数据,令闻者顿时陷入缄默且印象深刻。……最令人惊异的发展例子当然是上海。在15年以前,浦东,在上海东部,是未开发的乡村。今天它是上海的金融区,它比伦敦的新金融区——金丝雀码头大8倍。……工业革命巅峰时期,英国被称为"世界工厂",这称号今天当然属于中国。它生产了世界上2/3的复印机、微波炉、DVD播放器和鞋子。……中国的崛起不再是一个预言,它已是一个事实。

时至世纪之交,随着中国现代化建设的长足进展,"未来将是'中国时代'"(美国知名投资家吉姆·罗杰斯语)、"'中国时代'将提前到来"(韩国李泰勋语)等议论纷至沓来。

提出近现代世界政治大循环论的美国学者乔治·莫德尔斯基认为:16世纪是葡萄牙世纪,17世纪是荷兰世纪,18和19世纪是英国世纪,20世纪是美国世纪。

莫德尔斯基发问:"21世纪是谁的世纪?"

美国《时代》周刊对此问作答,2007年1月22日刊登的封面文章指出:中国的和平崛起已成既定事实,21世纪注定是中国的世纪。

美国俄亥俄州立大学教授、中国问题专家奥戴德·申卡尔说,中国崛起不同于日本及新加坡等在20世纪七八十年代以来的勃兴,而"更类似于一个世纪以前美国的崛起"。这一评析是基于:唯有中国与美国在国家规模上相当,具有全球性影响力,中国兴起的世界意义绝非日本等亚洲国家的兴起所可比拟。

我国的著名学人中,也颇不乏"中国世纪"说倡导者,他们往往更多从文化层面论析21世纪将是东方文化占主导地位的世纪。有学者曾有一段颇具代表性的论述:

> 西方形而上学的分析已快走到尽头,而东方的寻求整体的综合必将取而代之。以分析为基础的西方文化也将随之衰微,代之而起的必然是以综合为基础的东方文化。"取代"不是"消灭",而是在过去几百年来西方文化所达到的水平的基础上,用东方的整体着眼和普遍联系的综合思维方式,以东方文化为主导,吸收西方文化中的精华,把人类文化的发展推向一个更高的阶段。这种取代,在21世纪中就可见分晓。21世纪,是东方文化的时代,这是不以人们的主观愿望为转移的客观规律。

奥戴德·申卡尔则更多地从经济实力为基础的国力角度论说:

目前我们正看到一个未来世界强国经济的持续和快速的增长,它具有无比丰富的资源、远大的志向、强有力的谈判地位,以及一个确定的、具有商业头脑的多民族国家所必需的资金和技术,崛起中的中国对于世界上其他国家——无论是发达国家还是发展中国家——的影响将是巨大的,所以,这些国家需要制定战略,对这种挑战做出反应。

上述中外人士的判断,归纳起来,基于三个事实:

一者,中国的人口和国土面积决定了这是一个超大体量国家,又具有渊深宏博的文化传统,一旦崛起,必将震撼世界。

二者,中国发展势头迅猛,21世纪前10年,GDP渐次超过法、英、德、日,时下已经"坐二望一",循此惯性,GDP达到全球之冠似在指日之间。

三者,世界历史进入一个拐点:工业文明的西方主宰全球的500年行将结束,以整体、联系、综合理念为基旨的东方(尤其是东亚)必将重回世界中心舞台。

笔者以为,"21世纪是中国世纪"说,作为一个文化史命题颇具深意——以整体、联系、中道、和谐为主旨的中国文化传统,对于修正起于西方的以分析、征服、社会达尔文主义支配的工业文明的弊端,是大有裨益的,在这一意义上,可以预期中国文化将在后现代世界发挥重大作用。同时,中国经济也有争占鳌头之势。然而,从现实社会层面审度,"中国世纪"说又多存可疑之处。

19世纪中叶中国GDP总量高于英国,19世纪末叶中国GDP总量高于日本,却在鸦片战争惨败于英、甲午战争惨败于日,说明经济总量并非国家强弱的决定性要素。以广土众民、经济总量名列前茅而论,时下中国已然是世界大国,却并非世界强国。世界强国必须科学技术领先,占据国际产业链上游;世界强国必须有成熟的民主与法治体系,政制严明高效,国民素质较高,文化具有全球感召力。中国与这些目标皆有一定距离。

建设世界强国是中国复兴的愿景,却远非指日可达的目标。中国还有许多艰巨的功课要做。"中国世纪"说应当缓议。

(二)"中国世纪"说的反论

一向肯定中国现代化建设成就的美国前国务卿亨利·基辛格等人,不赞成"21世纪是中国世纪"说,也不认为中国已经成为美国的威胁。

2012年,哈佛大学历史学教授尼尔·弗格森与基辛格、《时代》周刊总编法里德·扎卡里亚以及中国经济学者李稻葵,就"21世纪属于中国吗"一题举行辩论,基辛格和弗格森反对这个命题,扎卡里亚则赞成,而李稻葵作为一名中国学者，虽然站在正方，却否认中国将会称霸世界的可能。基辛格指出，中国不会成为21世纪主导力量，原因在于：

从经济方面言之，各大经济体（如美国、西欧、日本等）在快速增长后都会进入减速时期，中国不可能例外；同时，中国经济增长数量与质量不成正比。

从政治方面言之，中国尚欠缺领导力与执行能力；在地缘政治方面，中国与亚洲的对手必然有激烈的竞争。

基辛格具体阐发道：

我的同事们已经谈到了中国的重要性。我尊重它的巨大成就，谁都不会否认。事实上我也承认中国在过去40年间已经取得了很大成就，我也曾经直接见证过这些成就，但是摆在我们面前的问题是21世纪是否属于中国。我要说的是在21世纪，中国将会受制于国内丛生的经济问题以及十分迫切的环境问题。有鉴于此，我很难想象中国会主导世界。

基辛格从多个侧面论述"中国世纪"说的非现实性：

就经济角度而言，中国已经取得了巨大的成就，但是作为一个国家而言，它还必须每年创造出2400万个就业岗位，每年必须吸纳迁徙到城市的600万人，必须处理1.5亿～2亿流动人口带来的问题。中国的沿海地区处于发达国家的水平，而广大的内陆地区则尚未充分发展，为此，中国社会必须做出调整。

在政治方面，它的政治体制必须同时包括经济变革与政治调整，这是辉煌的经济成就引发的必然结果。

从地缘政治角度而言，中国周边有着14个与其接壤的国家，有些是小国，但是能够将自己国家的影响扩展到中国，有些邻国较大，而且历史上还占据重要的位置。因此，中国任何一个主导世界的企图都会激起周边国家的过度反应，这将为世界和平带来灾难性的后果。

基辛格机智地将"中国世纪"说这一并不恰当的论题，转移为中国如何适应外部世界、外部世界如何对待中国的问题：

中国面临的一个挑战就是适应世界。在这样一个世界中，中国在过去的20个世纪里都没有谋求过霸权。

因此，如果我有权擅自改变辩论题目的话，世界面临的问题就不是21世纪是否属于中国了。中国在21世纪无疑会变得更加强大,因此我们面临的问题应该是我们西方人能否在21世纪与中国开展合作。而且,我们还面临另外一个问题,即中国能否与我们一道努力,共同创造一个新的国际结构,在这个结构中,一个正在崛起的国家有史以来第一次融入国际体系,巩固和平与进步。我在我的书中说过,根据我的经验,这种前景不太乐观。但是,从另一个方面来讲,我们从来没有遇到过一系列只有在共同努力的基础上才能解决的问题,比如武器扩散问题、环境问题、网络空间问题以及一系列其他问题。

因此,作为我的结论,我认为,问题不在于21世纪是否属于中国,而在于我们能否让中国在21世纪接受一个更加普遍的观念。

这里提出一个有价值的观点:过去两千年间中国没有谋求世界霸权,而"21世纪是中国世纪"说与中国的这种"不称霸"传统正相悖反,理当加以扬弃。世界也应该善待并不谋求世界霸权的中国,虽然做到这一点并不容易。

提出"软实力"概念的约瑟夫·奈在新著《权力的未来》中也发表类似意见:所谓的"中国世纪"尚未到来。未来几十年,中国无论在经济、军事还是软实力方面,皆无法与美国比肩。

(三)警惕"老二"位置,避免落入"修昔底德陷阱"

从国际战略言之,执著于"中国世纪"说也颇不明智。

作为复兴中的大国,中国与老牌世界强国之间正处于"崛起与遏制"的相持阶段(这种相持阶段将长期延续)。

从第二次世界大战结束后的国际格局看,美国一直处于国力第一的超级大国地位,不容他人窥其神器。虽然先后出现苏联对美国全球霸主地位的挑战、日本对美国世界经济宰制地位的抗衡,但这两个"老二"皆在与美国较量中先后败下阵去。1990年苏联解体,是最明显的实例。日本1989年前后GDP达到美国GDP的80%,财大气粗,颇有把美国"买"下来的势头。石原慎太郎、盛田昭夫等人声言"日本可以说不",但语犹未干,日本经济泡沫化,连续两个"失去的十年",2010年GDP仅为美国的35%左右,重新回到美国"小兄弟"位置上。

21世纪初,中国经济总量迅速上升到世界"老二"位置上,加之人口、国土面积、发展潜力均称巨大,中国特别为美国看重,引起美国军事、政治、经济、文化诸方面愈益增强的警觉,美军战略重心由大西洋转至太平洋便是显在表现。近年中国与日本及一些东南亚国家的矛盾尖锐化，美国为其推手，中国的国际关系不容乐观。面对此种外部环境，中国需要形成"有理、有利、有节"的国际战略，而不应当以"中国世纪"说自傲并傲人。此间尤须记取"修昔底德陷阱"的教训。

公元前424年被推选为雅典"十将军"之一的古希腊史学家修昔底德，在分析伯罗奔尼撒战争起源时说："使得战争无可避免的原因是雅典日益壮大的力量，还有这种力量在斯巴达造成的恐惧。"斯巴达与雅典之间终于爆发伯罗奔尼撒战争，雅典惨败，希腊城邦制由盛转衰，给古希腊民族带来巨大痛苦。此后两千余年，新兴大国与老牌强国之间一再演出此类冲突，15次竞争中，有11次以战争告终。这种老牌大国限制新兴大国，新兴大国急欲挣脱束缚以求发展，二者从健康有益的竞争演为你死我活的搏杀的情形，被人们称之"修昔底德陷阱"。

新老世界大国皆须以"修昔底德陷阱"为戒。复兴的中国尤应努力逾越此一陷阱，在"有文事者必有武备"的前提下，以自尊而又尊人的态度处理好国际关系，特别是大国关系，坚定不移地走和平发展之路。此为中国之福，也是世界之幸。

随着中国GDP有赶上美国之势，加之美国内政外交的弊端屡现，掌控世界霸权捉襟见肘，不时有人发出"美国衰落""美国梦终结"的议论。国人对此应当保持清醒。诚然，美国在后冷战时代最初十余年的一强独霸势位难以为继，近十年面对包括复兴的中国、俄罗斯在内的多极力量的制衡，然而，统谓美国正"走向衰落"，则言过其实。且勿论美国科技领先、军力强盛、经济也活力依在，一度忽略的制造业正重获进展，即以人才聚集而言，尚无其他国家可望其项背。今天及今后相当长的时期，包括中国在内的世界各地优秀人才持续地向美国汇聚，仅此一端，便昭显着美国兴旺发达的一面。以"趋衰"指认美国，既不确切，也无益于中国保持心态的谦谨和戒备。

先哲云："生于忧患，死于安乐。"今日中国虽有较大进步，但绝不可以自我陶醉。我国的基本国情是：我国已处于并将长期处于社会主义初级阶段，对此要有清醒估量。联合国开发计划署2013年3月14日发布《人类开发计划报告书》，以"人类发展指数"（用期望寿命、知识水平、体面的生活水准作评估依据），对各国民众生活的富饶程度排名，上榜国家187个，前10位为挪威、澳大利亚、美国、荷兰、德国、新西兰、爱尔兰、瑞典、瑞士和日本。中国列101位，属中间偏后国家。从"人类发展指数"而论，中国距离成为发达国家尚有相当距离，经济处在全球价值链低端，国民素质更亟待提升。

历经改革开放，中国经济突飞猛进，从低收入国步入中等收入国，从而抵达一个关键性节点。

今后存在两种可能,一如新加坡、韩国那样,较成功地实现社会现代转型,形成壮大的中产阶级,社会结构呈橄榄状,进入稳定前行的高收入国家行列;二如拉美、东南亚、中东一些国家,未能成功实现产业升级、抑制贪腐、克服两极分化等社会矛盾,在相当长时段落入"中等收入陷阱"及"城市化陷阱",徘徊于经济顿滞、社会紊乱的困境之中。

中等收入阶段发展势头迅猛而又伴随社会矛盾尖锐化,呈现希望与危机并存的矛盾状态,让人联想到英国作家查尔斯·狄更斯撰于1859年的小说《双城记》,该书起首有一段散文诗式的话语,描述法国大革命时代:

> 这是最好的时代,这是最坏的时代;这是智慧的时代,这是愚蠢的时代;这是信仰的时期,这是怀疑的时期;这是光明的季节,这是黑暗的季节;这是希望之春,这是失望之冬;人们面前有着各样事物,人们面前一无所有;人们正在直登天堂,人们正在直下地狱。

当下的中国自然不可与18、19世纪的英法同日而语,但其前景的不确定性及人们对此所产生的忧乐两极感受,令人对狄更斯的名论发出会心之叹。

第三章

文化生态

一、疫中意外发现

2019年底以降,新型冠状病毒感染肆虐中国乃至全球,人类遭遇一场空前规模的生态危机。这场疫情带来的灾难之一,是沉重打击各国经济,曾经如火如荼的物质生产及交换活动萎缩。列邦无不忧心如焚。

但出人意料的是,近几十天也呈现别种景象——由于各类发动机冒烟骤减,天地忽然明净了许多。以笔者所在的武汉为例,平日站立珞珈山顶可以看见的从武汉钢铁公司方向飘散过来的滚滚烟尘,现在已然消弭。抬头仰望,三镇碧空如洗,久违了的蓝天白云回归视野;低头俯看,宽阔的街道竟有松鼠、黄鼠狼大摇大摆地漫步。这显然都是生态良性转化的征兆。

又从电视新闻获悉,曾经游船如织、漂满秽物的意大利"水都"威尼斯的运河变得清澈见底,游鱼、水母、章鱼频现,鸥鸟在河中及岸边嬉戏,甚至出现鳄鱼光顾的罕见场景;罗马诸广场长出青草,海狸鼠、乌龟、野鸭踱步街头。以烟尘弥漫著称的印度旁遮普邦,人们生平第一次看到北边2300千米之外的喜马拉雅雪峰,污浊的印度河、恒河支流也变得明净。多国的气象卫星传回的数据显示,全球的二氧化碳浓度减低,其他污染物指标下降,地球上空"干净"了些许。

上列情景报告一个信息:当人类减轻对环境的压迫(这次是不得已而为之),地球立即展示出夺人心魄的美丽。这无意间反证一个事实——人类在过往的若干世代,尤其是工业革命以来的三四百年间,对生态环境破坏何其深广:化石燃料的焚烧,使碳排放量远超大气层和地层的消解能力;化肥、农药喷洒,使作物和土壤毒化达到难以挽回的程度;原子弹曾经夷平广岛、长崎两座城市,切尔诺贝利核电站核子反应堆事故致祸乌克兰、俄罗斯、白俄罗斯,日本福岛核电站泄漏至今余患未息;而多国拥有数万枚核武器,足可千百次摧毁全球,成为悬在世界头顶的达摩克里斯之剑;转基因技术促成农畜品的高效生产,也可能危及人类健康和生育能力;至于修改基因、创造新物种的生物工程,更潜伏着肇祸整个有机界的危局……

大疫迫使我们暂时放松对生态环境的压力,稍事喘息的地球,立即对人类做出良性回应。这是疫情对我们的一次重大启蒙:善待环境,环境必还以善报;反之,人类必遭自然铁腕的回敬。这种回敬的力度,将因人对自然压迫的加剧而增强,如若不能减缓这种超负荷的压迫,有机生命体的唯一家园——地球终将抛弃肆无忌惮的人类。

保护生态环境、维系生态平衡,是人类的第一要务。以当下言之,复工、复产,是列国的迫切需要,但全面恢复经济活动以后的人类,不应再度摧残生态环境,更不该加剧人际、国际间的恶斗。而我们已经听到与看见,这种重操劣行的可能性,时下正严重存在。借用捷克反法西斯战士尤利斯·伏契克的遗言:"人们,我爱你们,但你们要警惕啊!"

善待人类的家园,善待人类自身,皈依先哲张载的名论"民吾同胞,物吾与也",方是文明可持续发展的进路。

(本文原刊《中国文化》2020年春季号)

二、抗疫之际议"生态"

余自1980年开始研习文化史,文化生态是40年来始终关注的要处。拙作《中华文化史》(1990)上篇专论此题,《文明的可持续发展之道》(1999)、《中国文化生成史》(2013)再做探讨,却皆言未尽意,遂有近两年病中续撰《中华文化生态论纲》。庚子岁首,出版社送来小书校样,余阅改之际,恰逢新型冠状病毒感染肆虐武汉、国内其他省市以及外域,令吾辈对生态问题的重要性、严峻性平添切肤感受。

2020年1月23日武汉关闭离汉通道前后的一个多月期间,余"宅"在家里,围绕生态问题,翻阅中外相关篇什,如《老子》《墨子》《周易》《荀子》《周礼》《礼记》《正蒙》《西铭》及《地球祖国》《敬畏生命》《罗马俱乐部决断力》《只有一个地球》《转折点》等,以之观照现实,心绪万端,集中到一点便是——生态危机是人类面临的紧迫问题,切关全人类的生存与发展;公共卫生防疫系统的建立和完善,必须上升到国家乃至全球战略层面,涉及社会、政治、经济、文化、舆情信息诸多层面。"生态"不仅指涉人与其赖以生存的自然环境的关系问题,同时也切入经济活动和社会结构,包含"天人"和"人文"两大系统。这两大系统综汇而成的"文化生态"的历史演绎,正是定稿中的拙著所要探究的范域。

"生态"的汉语传统义,是生动意态,而现代所用"生态"一词是外来语,源于希腊文,意谓居所、栖息地。19世纪60年代,进化论者海克尔等创立生态学,探讨有机体与环境的相互关系。20世纪中叶,文化人类学家斯图尔德又将其引申为人类与生态环境相互关系的科学,从人—自然—经济—社会—文化的变量关系进行研究,这便是文化生态学。

吾国做此一学科研究是晚近之事,但中华先贤很早就对人与环境的相互关系阐发睿智之论,可视作"生态先见"。现在余谈谈中华文化传统中的生态先见,以作当下借鉴。

先民有"居楚而楚,居夏而夏"(《荀子·儒效》)一类环境决定人性的观点。有"仰以观于天文,俯以察于地理"(《周易·系辞》)的全方位审视生态环境的哲思。有珍惜自然资源之论,如墨家少耗资源的"节用"观;道家"去甚,去奢,去泰",反对暴殄天物的警告。

在古代的社会实践中,各朝设置虞、衡等环境保护机构,周代有山虞、泽虞、川衡、林衡等职官,负责制定保护山林、河泽的法规,并巡视林麓,严禁乱砍滥伐。

维护动植物的可持续发展。《礼记》载"天子不合围,诸侯不掩群",田猎时须网开一面,给野兽留条生路,以传后代。《国语》载,贤臣里革反对鲁宣公在春夏鸟兽孵卵怀孕时捕杀。《孟子》有"数罟不入洿池,鱼鳖不可胜食也。斧斤以时入山林,材木不可胜用也"的名论。还有人建议渔网孔大,让幼小者逃生,反对一网打尽、竭泽而渔。

要求人类放弃中心意识,是过高标准,而收敛侵占自然物欲望的"弱人类中心主义",先民便有此种睿智,值得今人学习。有哲人更从形上层面做生态议论。荀子谓:"天有其时,地有其财,人有其治,夫是之谓能参。舍其所以参而愿其参,则惑矣!"(《荀子·天论》)人们熟知荀子的"人定胜天"之说,但不要误解,荀卿并非以为人可以任意摆布自然,而是主张人与天地配合,如果与天地争职分,就是犯糊涂。

《易传》把天地人并称"三才",天人协调是理想境界。《淮南子》讲:"禹决江疏河,以为天下兴利,而不能使水西流;稷辟土垦草,以为百姓力农,然不能使禾冬生,岂其人事不至哉?其势不可也。"北魏农学家贾思勰说:"顺天时,量地利,则用力少而成功多。任情返道,劳而无获。"(《齐民要术·种谷第三》)这种人事不违天地规律、顺应自然使用人力的思想,乃关于天人关系、人地关系的远见。老子说:"人法地,地法天,天法道,道法自然。"(《老子》第二十五章)此语中之"自然",或解为形容词,"自"指本身,"然"指如此,合指本然如此。"自然"又解为名词,指物理性的大自然。故任继愈先生曾先后称老子唯心论与唯物论。而余以为,"道法自然"无论做何解释,都包含天地人皆以自然为归依、为原本之义,自然是宇宙的最高范畴,是宇宙本身,此为千古卓绝之论。

人类必须顺从自然,而不可违逆自然。反对逆天而行,主张天人一体,是中华传统文化的基旨。

如果把人创造的文化比喻为一株参天大树,是自然提供了大树赖以生长的阳光、雨露和土壤。对此当念兹在兹。

然而,吾辈所生时代往往背离此道。工业革命以来的300年,"征服自然"衍为主流意识,物本主义压过人本主义,更蔑视自然生机主义,"人类中心主义"得到病态扩张。当下迈入后工业文明的信息化时代,物本主义的工具理性更趋发达,掌握了核裂变、人工智能、生物工程等尖端技术的今人,似乎可以得心应手地"改造自然",但"人类不要过分陶醉于我们人类对自然界的胜利。对于每一次这样的胜利,自然界都对我们进行报复"(《自然辩证法》)。如果背弃自然法则,违背生命伦理,包括生物工程在内的科技创造,必招致自然铁腕的回敬。

以下论说绝非无端危言:地球上产生过千万计物种,唯有人类,特别是创制核武器和生物工程技术的人类,已经具备毁灭地球上生灵(包括人自身)的能力。卡普拉在《转折点》中说:"我们第一次被迫面临着人类和地球上所有生命灭绝这样一场确确实实的威胁。"这种威胁,并非来自毒蛇猛兽、地震火山,也不是天然病毒,而可能是自以为超越自然、左右自然的愚妄之人的逆天而行。这是当下人类必须时刻自警的。而我们的生路是存在的,这便是——遵从自然法则,在社会活动中限抑物本倾向,复归人本精神和道法自然。理性的人类应当深怀敬畏——敬畏自然,敬畏生命,效法自然,善待自然,实现人与自然和谐、人与人和谐。视万物为友朋,引人类为同胞。此即宋人张载所言:"民吾同胞,物吾与也。"(《西铭》)执此之念,人类方有远大前程(借用狄更斯小说名),张载《正蒙》又云:"和则可大,乐则可久,天地之性,久大而已矣。"诚哉斯言。

(本文源自《湖北日报》2020年3月12日第16版)

三、"上医医国"与"商贾救亡"

己亥冬至庚子春,即2019年底到2020年3月,新型冠状病毒感染肆虐,我居宅已然50日,唯思虑、读书为务,现将学思小感呈献诸君,盼获指教。

(一)"上医医国"

此题大意是,上等医生不仅治疗人体疾痛,还要医救国家病患。

这个论题是在阅读以下两本书时体悟出来的。一为先秦的国别史名著《国语》。是书记录西周中期到春秋战国之交的历史,偏重记言论,有周语、齐语、楚语、晋语、郑语、吴语、越语等。我是从《国语》的《晋语》获悉"上医医国"之论的。另一本书是唐代医药大家、被称作"药王"的孙思邈的著作《备急千金要方》。这两本书昭示了"上医医国"的辉煌思想。

疫情期间,来自武汉和全国其他省市及部队的医护人员,战斗在抗疫一线,奋不顾身地治病救人,挽狂澜于既倒。一开始,形势是非常严峻的,在医护人员的努力之下,病毒得到相当程度的抑制。医者的职业操守和献身精神可歌可泣!他们的仁者之心、侠者行为,令人感佩。我曾为其题词——仁心侠行。我国古来记述医者仁心侠行的典籍,引起我们这些医学行外人的阅读兴趣。

冯天瑜题词　唐翼明书法

10多天以前,我浏览唐初孙思邈的医药学名著《备急千金要方》,确有一种入山探宝的感觉。书中记录医者的懿言嘉行,琳琅满目,美不胜收,而尤其开人神智的金句,是书中的一段话:"古之善为医者,上医医国,中医医人,下医医病。"意谓:古来擅长医术的医者中,最上等的是医疗国家的疾患,中等的是治人,再次一等的是治病。把医者划分为上医、中医和下医,上医之要,在于医国。

医者治病救人,从事的是一种高尚职业,历来为世敬仰。而古贤告诉我们,医者的使命不止于此,还负有为国除患祛弊的使命,这便是"上医医国"。孙思邈的这一宏论,并非他的首创,而是有渊源的,典出《国语》。《国语》相传是春秋末年鲁国史官、《左传》的作者左丘明所作。后经学者考证,该书成书于战国初期,记述西周中期到春秋战国之际列国重大事件和历史人物的言行。记晋国事的《晋语》为其中之一。

《国语》卷十四《晋语八》记述春秋年间的一件事情——医和探视晋平

公疾。

鲁昭公元年（前541年），晋国的国君晋平公生病，向秦国求医，秦景公派了一位叫和的医生前去治病。医和来到晋国之后，执政卿赵文子接待他，主客之间有一番对话。

看完晋平公病的医和告诉赵文子，根据他的"淫生六疾"理论，诊断鲁国国君的病因是过于亲近女色，淫欲无度，现在病已深沉。随后，医和话锋一转，说晋君得此重症，与辅佐大臣平时乏于劝诫不无关系。

赵文子（名赵武）听后很不高兴，反诘医和："你们当医生的来治病，难道还要管到我们的国政上面来吗？"这就引出一段传诵千古的名论。文子曰："医及国家乎？"对曰："上医医国，其次疾人，固医官也。"医和在回应赵文子的质问时指出，上等的医生是要医国的，其次才是疗疾治人，我们做医生的也是官员，有义务过问和治疗国家的毛病。

我以为，医和提出"上医医国"，也可以泛指各类职业者，无论大家是做哪一门、哪一行、哪一业的，在完成专业职守之上，还承担着祛除国家弊端的使命。《国语》所载"上医医国"是一个精彩、深刻的论旨。

中外古今不乏医国的上医，我举三个人为例——孙中山、鲁迅、契诃夫。这三位都是医者出身。孙中山在香港和夏威夷学医、行医，目睹清末国政的衰败，认为在医病之外更需医国，首次呼唤出"振兴中华"这个直到今天还在使用的命题。他终身致力于国民革命，给社会治病。

鲁迅为了救治国民身体的虚弱，到日本学医。后来看了一部关于日俄战争的纪录片，一个给俄军当探子的中国人被日本人杀戮，群众神情木然地围观，这给鲁迅以巨大的心理震撼。后来鲁迅撰文说，愚弱的国民，即使体格如何健全、如何茁壮，也只能做毫无意义的示众的材料和看客，身体再健康也毫无意义。所以我们的第一要务就是要改变他们的精神。鲁迅便转而以文学医治国民精神的疾患，解剖国民性的病灶，成为一个医国的上医。鲁迅锋利的解剖刀指向过去以至当下社会的病灶。这是何等高超的医国之上医。

俄罗斯作家契诃夫是个医生，他在行医过程当中，洞悉沙皇俄国的社会问题，以其小说和戏剧，揭示国家的疾患，他的一篇小说《第六病室》，以一个医者深邃的目光，直击社会弊端，这也是医国。

孙中山、鲁迅、契诃夫，都是"上医医国"的显例。

在时下这场悲壮的抗疫战争中，涌现了一批由治病、医人进而医国的医者。虽然他们并没有明确意识到是在医国，更没有宣称是治国的上医，但他们的行为，实际上是在医国。下举两位医生的例子。

在2019年底，新型冠状病毒感染已经出现并开始蔓延，当然还是处于疫情初期。相关部门未公开相关信息。而民众由于不知情,便有4万人参加的百步亭万家宴,有百余万武汉人春节前走访外省外国,疾患扩散,感染、亡故者甚多,武汉于1月23日关闭离汉通道,在这座有千万人口的特大城市,这是空前的事情。多地停工、停产,国民经济损失巨大。这些严重后果的肇因之一,便是堵塞言路。一批医生,早期发现新型冠状病毒有传染的可能性,立即警示社会、向朋友报告。他们的行为不仅仅是在治病,也是在疗治堵塞言路的社会疾患。有人说,一个受训诫的眼科医生,其行为实际上是医治了千千万万双眼睛,让人们审视社会的疾患。这批医生堪称上医。

另外还有一批科学家和专家。2019年12月31日、2020年1月8日、2020年1月18日,专家组先后到武汉考察,宣布新型冠状病毒人传人,疫情严重,这才有武汉1月23日关闭离汉通道。如无此断、此举,疫情的播散还不知道要严重多少。与那些不敢面对真实情况,出于各种各样的原因掩饰问题的人相比,科学家和专家们反其道而行之,从客观事实出发,做出明智决断。最终,国家上下动员,发起全民性的抗疫总体战。这些科学家、专家和医生的言行,昭显了从医病、医人进而医国的上医风范。

马克思1875年在《哥达纲领批判》中,对于第一国际时期的一位机会主义者拉萨尔展开批评。拉萨尔崇仰"国家至上论",认为社会和人民应对国家唯命是从,国家决定一切。马克思谴责拉萨尔的这种论调,在《哥达纲领批判》中指出,"国家需要人民对它进行极严厉的教育"。不仅国家要教育人民,同时人民也要教育国家,而且是极严厉的教育。需要人民监督国家、指出国家存在的问题,这样国家功能才可以健全运行。马克思的论述有深远的意义。国家有管理社会的职权和功能,但是国家必须受到人民的监督。国家同任何机体一样,都有可能在这种时候、那种时候发生病患,不会永远健康。国家有了病患怎么办?人民有义务、有权力参与治疗。古之医和、孙思邈,近之孙中山、鲁迅、契诃夫,今之警示人们审视社会疾患的那批科学家、专家和医生,便是医治国家病患的上医。只有上医多起来,国家才能长葆健康,人民幸福才更有保障。

(二)"商贾救亡"

商贾即商人。行商坐贾,在外面经营的商人叫商,坐在店里面卖东西的就叫贾。

"商贾救亡",是读以下书引申出来的论题,其一是《左传·僖公三十三年》,其二是《吕氏春秋·先识览》,其三是《淮南子·人间训》,这些篇目载有古代商人弦高救郑的故事。另外,我还浏览了《抗日战争史》和《中国抗日战争大辞典》,里面涉及民生公司总经理卢作孚航运救亡的故事。

中国长时期处在农耕文明、自然经济阶段,有"重本抑末"传统。"本"指农业,"末"指商业。四民排列秩序是"士农工商",商贾屈居末座,在雅俗两层面往往不受待见,这其实是很不公道的。

从文明史全过程来看,商业和商人具有重要的、不可替代的社会作用。商业的功能,民众皆有体验,许多思想家都有阐发,特别是《史记·货殖列传》对于商业和商人的社会作用有翔实而生动的载述。可以不夸张地说:没有商业和商人,社会无法正常运转,文明无法进步。

举近代史上一例,可见商人的重要性。

清末,左宗棠力排李鸿章放弃西北地区的意见。李鸿章是晚清第一重臣,他认为国家积贫积弱,财力、军力有限,当前战略重点在东南地区,因为西方列强从这里打进来,海防关系国家命脉。有所重视就须有所放弃,时下只能放弃塞防。李议似乎有道理,但是,不顾塞防、放弃西北地区又是危险的。左宗棠指出,海防固然重要,但是塞防一旦失守,丢掉新疆、甘肃,国防线就要退到陕西,敌锋直逼中原。故左宗棠坚主西北地区用兵,平定新疆的阿古柏叛乱。阿古柏在沙俄支持下要把新疆分裂出去,如果阿古柏得逞,中国就国将不国。左宗棠深知国家财政困难,但他认为西征必不可少。1875年,年过六旬的左宗棠率领楚军远征,平定阿古柏,保卫了占全国面积1/6的新疆国土。左宗棠的这一历史功绩得到时人及后人的高度评价。

但是我们不要忘记、不可忽略,左文襄公在清末财政困难、军力疲惫之际,能完成耗资巨万的西征,得益于安徽商人胡雪岩的金融运作。胡雪岩筹措了5000万两白银以供军需,这是一笔巨大的资金,要知道,当时清朝一年的国库收入也不过1亿多一点。这样才使左宗棠西北地区用兵得以运作,取得胜利。可以说,如果没有商贾胡雪岩的金融运作,便不可能有左军收复新疆这样一次关系国家命脉的军事胜利。

按下商人无可替代的社会功能且不详表,即以商人在国家危难之际的卓异表现而论,可谓商人中不乏足堪世范者,令人肃然起敬。

下面讲两位商人的故事:春秋的弦高和近代的卢作孚。

第一个故事——弦高犒秦师救郑。犒,就是慰问、犒劳,弦高犒劳秦军以救郑国。

春秋是一个诸侯争霸、列国兼并剧烈的时代,有齐、晋、秦、楚几个强国,齐桓公、晋文公、秦穆公、楚庄王都先后当过霸主。秦国和晋国这两个强国一直是竞争对手。

公元前628年冬，郑文公、晋文公相继去世。被压制多年的秦穆公急欲争夺诸侯长之位，打算趁晋国国丧、无暇外顾的时机，与驻守郑都北门的秦大夫杞子等里应外合，偷袭郑国，在中原腹地打下一枚楔子。于是，争霸野心膨胀的秦穆公不顾蹇叔的反对，派遣孟明视、西乞术、白乙丙3位将领率兵远征。

秦军偃旗息鼓，悄悄经过晋国南部，千里行军，至次年春经洛邑（今洛阳），不理会周王室，继续行至郑国近邻滑国（今河南偃师一带）境内，郑国危在旦夕。恰在此时，郑国商人弦高要到周王室辖地贩牛，途经滑国，见状大骇，分析秦军至此，必为图郑，然郑国上下仍浑然不知，且国都尚有秦军可做内应，乡邦必遭袭灭，遂急遣人归国报告。同时，弦高冷静分析，料定秦孤军来袭，并无十足把握，难免瞻前顾后。遂灵机一动，佯装作郑使犒劳秦军，秦人以为郑国有备，必引兵退却。

主意定后，弦高将自己打扮一番，献出自己准备拿到周国贩卖的4张熟牛皮和12头肥牛，假称自己是郑国使者，前来犒劳秦军，并派人回郑报信。见到孟明视等3位将领后，弦高佯传郑穆公之命，正色道："我郑国君主听说贵军将经过敝国，特遣我前来犒劳贵国将士。敝国虽一向穷困，但贵军将士行军在外，如果想要住宿的话，我们仍然可以为贵军提供一天的粮草，如果要继续行军，我们也可以提供一个晚上的守卫。"弦高一番外交辞令，令孟明视等人深信其为郑使。秦人琢磨自己袭郑之事泄，郑国肯定已做好准备，强攻恐难获胜，于是就地把滑国攻灭，然后班师回秦，郑国得保平安。

弦高的事迹在《左传》首载，之后陆续见载于众多典籍，比较重要的是《吕氏春秋》和《淮南子》。成书于战国末年的《吕氏春秋》，记载内容几乎一致。成书西汉的《淮南子》则描述更为详细，加了两段内容。一补写——郑穆公认为弦高有存国之功，准备给予厚赏，弦高坚辞不受，带着随从迁居东夷，终生不返故地。二补写——弦高讲拒赏的理由：我是假奉郑君之命犒劳秦师，乃欺骗之举。若因此举而获赏，是郑国无信义，"赏一人而败国俗，仁者弗为也"。我认为这是汉代人的添加之笔，意在渲染儒家的仁德思想。这种思想言论，不可能发生在春秋年间。

弦高仅为一名普通行商，并无官职，也未受委托，非为谋取私利，国难前义字当头，为国家安全而甘愿令个人财富受损，救郑国于危难之间，有高尚的情操，对祖国和人民有深切的责任担当，成为历代商人的表率。唐代诗人吴筠在《高士咏·郑商人弦高》中赞道："卓哉弦高子，商隐独摽奇。效谋全郑国，矫命犒秦师。赏神义不受，存公灭其私。虚心贵无名，远迹居九夷。"我们千万不要小看、更不要鄙视商人。

第二个故事是卢作孚民生公司航运救国。疫情居家期间，在家浏览

《中国抗日战争大辞典》。这本辞典由我作序,惭愧的是,先前只看过这部篇幅浩繁的典册的少数条目,这次方挑选卢作孚及民生公司诸条仔细拜读,即大为感佩,对中国商人有了进一步的认识。

卢作孚(1893—1952),近代著名爱国实业家、教育家、社会活动家,有"中国船王"之称。他出身贫寒,经过艰苦努力,积攒了一定的资本,1925年发起建立民生公司,后来成为中国最大的民族资本航运企业。1953年12月,在全国政协会议期间,毛泽东议及中国民族工业时说:"讲到重工业,不能忘记张之洞;讲到轻工业,不能忘记张謇;讲到化学工业,不能忘记范旭东;讲到交通运输业,不能忘记卢作孚。"这段话可以成立。

1937年,卢沟桥事变后不久,卢作孚前往南京协助草拟抗日战争总动员计划,并号召民生公司将一切工作迅速转移至战争轨道,集中宜渝线上所有的轮船,抢运川军数十万出川抗日,并组织撤退长江中下游的工业设备、物资和人员至西南后方。

1938年10月23日,武汉沦陷前夕,卢作孚飞赴宜昌,坐镇指挥民生公司将物资和人员向四川撤退。当时长江上游的中水位仅能保持40天,此后较大的轮船将无法航行,而按照正常情形,民生公司在此期间最多仅能运送1.4万吨物资,运输压力十分巨大。卢作孚集中民生公司的22艘轮船和2艘挂法国旗的中国船,冒着敌机轰炸,不停往返宜昌与长江上游各港口之间。第一批上船的有卢作孚亲自护送进舱的几百名孤儿难童,孩子们扒在栏杆上放声高歌,摇着小手向卢作孚告别的情景,观者无不为之动容。

囤积在宜昌的物资按照轻重缓急实施分段运输,除最紧要及过于笨重的物资直接运抵重庆之外,其余先抢运至万县等地,再接运至重庆。此外,卢作孚还征集1200艘木船参与抢运。最大限度利用40天中水位时间,将全部待运人员和一半以上的物资安全运抵后方。随后20天,民生公司又抢运了2万多吨重要的兵工器材,直至长江水位已低落至不能大规模运输,战时运输最紧张的一幕——宜昌大撤退才落下了帷幕。

此后,民生公司继续抢运物资。在整个过程当中,民生公司一共输送了部队和壮丁270万人,弹药、武器30余万吨,运送军粮11万吨,对中国抗战贡献巨大。

中外史书尝称卢作孚指挥的宜昌撤退为"东方敦刻尔克撤退",这样比拟有道理,因为它们是二战期间最重要的两次大撤退,为反法西斯阵营保存了有生力量,可以并辉千秋。但这个提法毕竟是西方中心主义的产物,我以为应予修正,改为敦刻尔克是"西方的宜昌大撤退",因为宜昌撤退在先(1938年)、敦刻尔克撤退在后(1940年),而且撤退物资人员的规模,宜昌在敦刻尔克之上,故比拟的主体应该是宜昌。

令人感奋的是,在时下的抗疫总体战中,多方豪杰慷慨,各路人士竞力,而民营企业员工是其中的一支生力军,民营企业家堪称卓越。

从古代、近代到当代的般般事例中,可以见得,商人、民营企业家,具有崇高的爱国爱民精神和社会担当意识。

向他们致敬!

四、古今中外三位商人的启示

(一)弦高犒秦师以救郑

弦高是春秋时期的郑国人,是我国历史上第一个见于史册的爱国商人。

公元前628年冬,郑文公、晋文公相继去世。被压制多年的秦穆公急欲争夺诸侯长之位,打算趁晋国国丧、无暇外顾的有利时机,与驻守郑都北门的秦大夫杞子等里应外合,偷袭郑国,在中原腹地打下一枚楔子。于是,争霸野心膨胀的秦穆公不顾蹇叔的反对,派遣孟明视、西乞术、白乙丙3位将领率兵远征。

秦军偃旗息鼓,悄悄经过晋国南部,千里行军,至次年春经洛邑(今洛阳),不理会周王室,继续行至郑国的近邻滑国(今河南偃师一带)境内,郑国危在旦夕。恰逢此时,郑国商人弦高要到周王室辖地经商,途经滑国,见状大骇,分析秦军至此,必为图郑,然郑国上下仍浑然不知,且国都尚有秦军可做内应,乡邦必遭袭灭,遂急遣人归国报告。同时,弦高冷静分析,料定秦孤军来袭,并无十足把握,难免瞻前顾后,何不伪装郑使犒劳秦军,秦人以为郑国有备,必引兵退却。

主意打定之后,弦高将自己打扮一番,献出自己准备拿到周国贩卖的4张熟牛皮和12头肥牛,谎称自己是郑国使者,前来犒劳秦军。见到孟明视等将领,弦高诈传郑君之命,正色说道:"我郑国君主听说贵军将经过敝国,特遣我前来犒劳贵国将士。敝国虽一向穷困,但贵军将士行军在外,如果想要住宿的话,我们仍然可以为贵军提供一天的粮草,如果要继续行军,我们也可以提供一个晚上的守卫。"弦高一番成熟的外交辞令,令孟明视等人深信其为郑使。秦人琢磨自己袭郑之事遭泄，郑国肯定已做好准备，强攻恐难获胜，于是就地把滑国攻灭，然后班师回秦了。

弦高仅为一名普通行商，并无官职，也无委托，却是义字当头，为国家安全而甘愿令个人财富受损，救郑国于危难之间，成为历代商人的表率。唐代诗人吴筠在《高士咏·郑商人弦高》中赞道："卓哉弦高子，商隐独摽奇。效谋全郑国，矫命犒秦师。赏神义不受，存公灭其私。虚心贵无名，远迹居九夷。"

（二）卢作孚与宜昌大撤退

卢作孚，重庆市合川人，近代著名爱国实业家、教育家、社会活动家；民生公司创始人、中国航运业先驱，被誉为"中国船王"。

1925年，卢作孚发起成立民生公司。次年夏，民生公司的第一艘轮船"民生"轮（载重70.6吨）开始在嘉陵江上营运。至1935年，重庆上游至宜昌一线的数十家中国轮船公司均并入民生公司。次年，民生公司成功击败英美日等国的轮船公司，占据川江航运业务的六成以上，迅速成长为中国最大、最有影响力的一家民营航运企业。

随着日本帝国主义侵略步伐的加快，卢作孚开始为抗日战争做长江航运的准备。仅1935年秋以后的一年半中，民生公司在上海订造的新船就达21艘之多。至1937年抗日战争全面爆发前，民生公司已拥有轮船46艘，总吨位1.8718万吨，为长江航线的战时运输打下了坚实的运力基础。

卢沟桥事变后不久，卢作孚接到国民政府的通知，前往南京帮助政府草拟抗日战争总动员计划。他立即动身前往南京，号召民生公司将一切工作迅速转移至战争轨道，集中宜渝线上所有的轮船，抢运川军数十万人出川抗日，并开始组织撤退长江中下游的工业设备、物资和人员至西南后方。

1938年10月23日，武汉沦陷前夕，卢作孚飞赴宜昌，坐镇指挥"中国版的敦刻尔克大撤退"——宜昌大撤退。宜昌作为长江咽喉、入川门户，当时拥塞着3万以上的人员和9万吨物资器材，待运入川。这批物资极为重要，堪称中国战时工业的命脉，不容有失。当时长江上游的中水位仅能保持40天，此后较大的轮船将无法航行，而按照正常情形，民生公司在此期间最多仅能运送1.4万吨物资，运输压力十分巨大。

到任后，卢作孚连夜开会分析形势，制定航行办法。次日，卢作孚集中民生公司的22艘轮船和2艘挂法国旗的中国船，开始不停往返宜昌与长江上游各港口之间。第一批上船的有卢作孚亲自护送进舱的几百名孤儿难童,孩子们扒在栏杆上放声高歌,摇着小手向卢作孚告别的情景,观者无不为之动容。

囤积在宜昌的物资按照轻重缓急实施分段运输,除最紧要及过于笨重的物资直接运抵重庆之外,其余先抢运至万县等地,再接运至重庆。此外,卢作孚还主持征集木船运输会议,征集 1200 艘木船参与抢运。在卢作孚的指挥之下,民生公司最大限度利用 40 天中水位时间,将全部待运人员和一半以上的物资安全运抵后方。随后 20 天,民生公司又抢运了 2 万多吨重要的兵工器材,直至长江水位已低落至不能大规模运输,战时运输最紧张的一幕——宜昌大撤退才落下了帷幕。1939 年元旦,卢作孚被国民党政府传令嘉奖,并获得了国民政府颁发的一等一级奖章。此后,民生公司仍全力抢运物资,至 1939 年 1 月底,宜昌仅余七八千吨重件。

中国 1938 年底的宜昌大撤退,对中国的抗日战争具有重大意义,大批知识精英和大量战略物资安全撤离至大后方,为战时支援抗战和后方建设做出了巨大贡献。1940 年 5 月 26 日—6 月 4 日,英国发动敦刻尔克大撤退,使 30 多万英法联军撤至英国,保留了反法西斯斗争的火种。可以说,敦刻尔克大撤退是欧洲版的"宜昌大撤退"。二者可并列二战成功的两次战略大撤退,为战胜德日法西斯做出伟大贡献。

更难能可贵的是,相对于英国在敦刻尔克大撤退中的举全国之力,中国宜昌大撤退的中坚力量始终是卢作孚的民生公司。为了报效国家,民生公司仅收取平常运费的一二成,甚至免费运送难童,自身却付出了 16 艘船舶被炸沉炸毁,69 艘船舶被炸伤,117 名员工牺牲,76 名员工伤残,其余厂房、码头、货栈、设备损失不计其数的巨大代价。

此后,卢作孚的民生公司仍在宜昌继续转运战时人员与物资,至 1940 年宜昌沦陷之前,共计有超过 150 万难民和 100 万吨的物资通过宜昌运至大后方。宜昌失陷后,卢作孚还亲自前往接近宜昌的三斗坪等地组织抢运物资。1940 年 10 月 20 日,国民政府军事委员会传令,对民生公司在宜昌撤退中的奋勇工作予以嘉奖。

(三)松下幸之助的经营哲学

松下幸之助,"松下电器"的创始人,日本"经营四圣"之首〔其余三人为本田宗一郎(本田公司)、盛田昭夫(索尼公司)、稻盛和夫(京瓷公司)〕,"终身雇佣制""年功序列"等日本企业管理制度皆由其首创,奠定了日本商业的精神。

松下幸之助为人谦和,无论见了谁都会点头致意。他用一句话概况自己的经营哲学:"首先要细心倾听他人的意见。"松下电器产业株式会社自 1918 年创办以来,始终以"为了使人们生活变得更加丰富、更加舒适"的理念从事着企业经营活动。在长期的经营实践中,松下幸之助总结出一整套经营哲学,其中以"自来水哲学""玻璃式经营"和"堤坝式经营"最为重要。

1. "自来水哲学"——消除世界贫困,使人类走向繁荣和富裕

"自来水哲学"是松下的根本经营理念,贯穿其经营活动始终。松下在大阪创办了松下电气器具制作所后不久,看到一个木板车夫在大阪天王寺附近街边的自来水龙头下自由取水洗漱、饮用而并无人向其收取费用。这个现象引起了松下的思索:自来水是有价值的东西,他为何可以随意取用却不会受到责备、更不用付钱呢?经过一番思考,松下得出结论:自来水固然有其价值,然而喝路边的自来水不用付费也不会受到责备,这是因为水资源相对丰富。企业是社会的公器,其社会责任正是促进物资极大丰富以消除贫困,使人类走向繁荣和富裕。松下电器公司的使命就是把大众需要的电器产品做成像自来水一样大量、便宜、可靠。

松下的自来水哲学,强调把先进技术、优质产品变成如自来水一样可供大众使用的物美价廉产品,为人民服务,而不是仅仅为上层提供奢侈品,这才是富于人民性的企业精神。

这一经营理念在 1927 年的电熨斗生产上体现得淋漓尽致。当时,全日本电熨斗每年的销量不超过 10 万个,每个售价 4~5 日元。松下认为,这么方便的东西人人都想用,但很多人却因为价钱高而买不起。因此,只要大量生产从而降低价格,就会有许多人去买。只要东西质优价廉,也不用担心产品积压。于是,松下决定每月生产 1 万个电熨斗,售价降至 3.2 日元,结果大获成功。

松下经过十几年的经营实践与认真思考,终于在 1932 年 5 月 5 日明确提出了"自来水哲学",指出企业经营就应该通过工业手段,把原本只能够少数人享受的奢侈品变成大众都能享受的普及品,就像自来水这样广为人们所需要且价格十分低廉,只有这样才能够使企业获得巨大的市场份额,并赢得消费者的尊重。于是,松下将 1932 年 5 月 5 日定为公司的创业纪念日。"自来水哲学"推动松下电器走向了规模化经营,至今仍因其倡导的客户需求、服务理念、消除贫困以及推动社会繁荣发展的企业使命等理念而备受学者和大众的推崇。

2. "玻璃式经营"——使员工有自主精神

"玻璃式经营"的要旨是公开和透明。这种公开和透明,建立在对员工信任的基础之上。企业经营要做到像玻璃一般清澈可见,让每个员工

都清楚地了解公司的现状及未来发展方向,从而提高员工的责任心及主人翁意识,具备自主精神。这是松下诞生最早的经营理念。

松下电器在创业之初只是个小作坊,松下与几名员工生产和生活融为一体,并没有老板和雇工之间的明晰界线,松下对员工们开诚布公,随时向大家通报经营状况,由此形成了"玻璃式经营"。此后,松下一直秉承这一经营理念,即使当松下电器已经变成了大型公司,松下仍然努力通过多种手段让员工明确企业的经营理念、经营宗旨、经营目标及发展方向。例如松下每个月都结算盈亏,向所有员工公布。因此,相比其他企业的员工,松下的员工能清楚地看到自己的努力成果,同时也能感受到老板的诚恳和信任,由此催生出员工的主人翁意识,提高了员工的士气。

3. "堤坝式经营"——降低企业经营风险

松下认为,企业经营要像堤坝那样,具有阻拦和储存河水,经常保持必要的用水量,以应对季节或气候变化的功能。企业有了这种调节机制,才能稳定发展。换句话说,就是企业在经营上各方面都要做到留有余地,以应对紧急状况。不能只顾眼前利益,而应考虑长远,从而避免经营过程中的周期性震荡,减少不确定性对企业的冲击,保证企业长期稳定地发展。正如松下所说:"经营者就像在高空走钢索,随时有摔死的可能。所以他应该评估自己的实力,即使能载得动50公斤重,也只载40公斤重好了。"

日本在一段时期内流行过银行要求公司把从银行贷款中的一部分再存入银行的做法,许多企业指责银行的做法太过分。松下却说:"50多年来,我一直是这样做的,我从银行借钱的时候,只需借1万元就够了,可是我多借些,借了2万元,然后把剩余的1万元钱又原封不动地作为定期存款存入银行。看起来是赔钱的,但是我却不那么认为。我把它当成保险金。有了这笔保险金之后,随时都可以提出来使用,而且银行总是十分信任我。"

追逐利益是商人的天性,但正如松下幸之助所说:"合理利润的获得,不仅是商人经营的目的,也是社会繁荣的基石",义利并不是相反的。义利本即并行不悖、相互统一,《周易》有言"利者,义之和也""利物足以和义",只有靠仁义经商才能成为真正成功的商人。春秋商人弦高、民国商人卢作孚,他们在国家危难面前,深明民族、文明大义,果断选择义字当先,用自己的智慧、谋略和献身精神,为国家民族做出了不可磨灭的重大贡献,皆得彪炳史册。而日本商人松下幸之助,能够站在普通民众和员工的角度思考问题,找到利己和利人之间的微妙平衡,令松下电器蓬勃稳定发展,顾客和员工也享受到福利,也是义利双行的现代商人典范。

(本文整理自冯天瑜先生在武汉大学第六届校友珞珈论坛的主题演讲)

五、"采风"与"诗谏"①

己亥末、庚子初,疫情发生,余居家读书思考,逐渐形成几个题目,一是"上医医国":最好的医生不仅要疗治人身疾患,还须医救国家毛病。二是"商贾救亡":商贾以发展商品经济为务,又不忘社会担当,例如春秋商人弦高救郑;民生公司总经理卢作孚主持宜昌大撤退,不畏牺牲,为抗战做出重大贡献。今天的民营企业家在抗疫期间斥资献力,昭显爱国护民精神。民营企业与国有企业是吾国经济两大支柱,缺一不可。那种鼓噪一时的"民营经济下课"及贬抑民营企业家的调头,在这些古今史例面前不攻自破。

今天谈第三个题目——《"采风"与"诗谏"》,涉及言路开放问题。关于此题,国史有丰富载述,虽然那是君主制时代的史论,但开通言路是一个普遍性、永久性议题,现时代仍可从历史记述中获取有益教训。

(一)"采风"乃古之良制

中国古代政制有两大系统——封建分权的"周制"与君主集权的"秦制"。

社会相对宽和的周制,有一种沟通上下、使信息畅达的举措,这便是"采风"——朝廷派专人到民间采集反映民情的"风"。风的本义是空气流动,引申为风俗、风教,具体指承载民俗民情的民歌。"采风"便是搜集反映民俗民情的歌谣。

无论古今中外,包括古代的清明治世和现代民主制,社会的上下层总是存在距离、难免隔阂的。而要缩小距离,化解隔阂,便需要执政方倾听民意,体察下情,纠正国政弊端;而民众则有义务、有权利将意见上达朝廷。周代的"采风"便是沟通上下信息的一种举措。

当然,"采风"的一个直接目的,是提供宫廷乐舞演出所需要的歌词和

---

① 2020年3月18日,经心读书会邀请冯先生主讲《"采风"与"诗谏"》。冯先生从《诗经》《国语》《治安策》《明夷待访录》等典籍出发,鉴古知今,给人以警醒和深思。本文根据当天的讲座整理。

曲调。而上层人士欣赏"采风"所得民歌,便随之获悉下情,这比倾听一味歌功颂德的谀词有益得多。终年陶醉于吹捧之中的君王,定然昏聩,如西晋惠帝,当饿殍遍野之际,却问身边侍臣:"百姓既无粟米充饥,何不食肉糜?"(《晋书·惠帝纪》)西晋的速亡,与惠帝一类昏君昧于民情大有干系。

周朝享国791年,是史上历时最久的朝代,这与其实行下情上达的采风制颇有关系。文王、武王、周公、成王、康王、宣王等深怀忧患,勤谨治国,原因之一是了解社情民意,这得益于采风制。

周朝专设采诗机构,由职官收集民歌向上呈报。《汉书·艺文志》云:"古有采诗之官,王者所以观风俗,知得失,自考正也。"采诗之官,分"行人",即采访员和"太师",即审查、修饰采诗的长官两级。此制运作过程略为:"孟春之月,群居者将散,行人振木铎徇于路以采诗,献之太师,比其音律,以闻于天子。"(《汉书·食货志》)——每年春秋,气候温和,朝廷派专门采诗的行官,敲着木梆子,向路边人招唤:"我来了,大家有什么好的诗歌,都告诉我"。行人返回朝廷,把所采之诗献给高官太师,太师对这些诗进行加工,并令人配上音乐,以在宫廷演唱。天子通过这些来自民间的歌曲,知道老百姓怎么想的,老百姓对时政有什么意见。

周朝"采风"所得甚丰,据说古诗3千,孔子删留300篇(有学者认为删诗者不是孔子,而是众人汰选的结果)。《论语》多言"诗三百",显示春秋末存诗状况,传世至今的诗305篇。《诗经》由《风》《雅》《颂》组成。《风》即国风,为14个诸侯国加上周天子直接管辖的周地的民歌,共为"十五国风",160篇,占《诗经》篇幅之半。《大雅》《小雅》多为卿大夫诗作,也有民歌;《颂》是庙堂诗乐。诗三百篇,尤其是十五国风,涉及西周到春秋末期社会生活的方方面面,反映了民众的喜怒哀乐,不乏对时政的尖锐抨击,以后列朝也没有以"妄议"删除"怨望"篇目。

周朝的采风制,秦汉有所承袭。如秦朝设乐府,汉朝武帝以后正式成立乐府,采集民间歌谣及文人诗篇,不乏卓异篇章,如"乐府双璧"《孔雀东南飞》《木兰诗》,反映了民众所关心的社会问题。《汉乐府》与《诗经》《楚辞》在中国文化史上三峰并峙。

从诗经到乐府诗,也有歌功颂德的篇章,但数量有限,其历史认识价值和文学价值不高,而放射光芒的,多为反映生民真情实感,洋溢着社会批判精神的篇什:

(1)揭露政治弊端,谴责权贵。如《诗·魏风·硕鼠》,"硕鼠硕鼠,无食我黍",将贪官污吏比喻为粮仓里吃得肥硕的老鼠。

(2)控诉兵役徭役。《诗·王风·采葛》"一日不见,如三秋兮",对苛重的徭役发出怨愤之音。汉乐府的"十五从军征,八十始得归",痛陈兵役给人民造成的深重灾难。唐朝诗人杜甫承其绪,"三吏""三别"尽写民间疾苦。

（3）男女追求恋爱自由。如《国风》中"窈窕淑女,君子好逑""所谓伊人,在水一方",皆千古不朽的爱情诗句。《孔雀东南飞》控诉礼教的残忍,赞颂焦仲卿夫妇的坚贞。

（4）农事诗。表现农业生产过程和农人疾苦,"饥者歌其食,劳者歌其事"。这些诗歌非常有价值。现在研究中国农耕文明,无不引用《诗经》的农事诗。沿着诗经传统,后世有很多惜农作品,如唐朝李绅的《悯农》："锄禾日当午,汗滴禾下土。谁知盘中餐,粒粒皆辛苦。"白居易的《观刈麦》《卖炭翁》等皆为佳作。

（5）爱国抗敌诗。表现人民抵御外敌入侵的壮丽诗篇。

《诗经》的功能是："可以兴,可以观,可以群,可以怨。""兴"指联想、启示；"观"指了解社会民情,观察风俗盛衰；"群"指通过诗歌,使大家交流思想、联络感情；"怨"指讽喻社会不良现象,尤其是讥刺政务弊端。讽刺诗（怨望之诗）在《诗经》中占较大比例,《诗经》洋溢着社会批判精神。而这种风格的形成,与周朝采风制有直接关系,这便是今天要讲的第二个问题。

（二）"言之者无罪,闻之者足戒"

《诗·大序》(相传子夏撰)有一段阐发如何对待批评的文字："上以风化下,下以风刺上,主文而谲谏,言之者无罪,闻之者足戒,故曰风。"

"上以风化下",指统治者以《风》教化下民；"下以风刺上"（"刺"有指责、揭发、讥讽之义）,指下民以《风》讽刺、责难当朝。这就道出《风》沟通上下的双向功能。《诗·大序》又讲,社会批评不宜采取直白的说教,而应该"主文而谲谏"。"主文",就是用文学化的方式规劝；"谲谏"之"谲",可释为狡猾、聪明,"谏"即提意见,"谲谏"是用委婉而生动的方式提意见。

《诗·大序》进而指出,听意见的人（主要指统治者）应持的态度是"言之者无罪,闻之者足以戒"。提意见是无罪的,意见正确固如是,即使意见欠妥,也是无罪的。无论意见确切程度如何,听意见者都足以引为鉴戒。只有如此,提意见的人方无顾虑,知无不言,言无不尽。此一"纳谏"卓论,烛照千古。

关于纳谏,《战国策·齐策一》有一精彩故事,这就是大家熟知的邹忌劝诫齐王纳谏。《古文观止》收录《战国策》这段文字,命名"邹忌讽齐王纳谏"。我少时读古文,主要用《古文观止》本子,对里面的不少篇章留下深刻印象。

《战国策》所讲故事如下：齐国谋士邹忌长得漂亮,夫人夸奖他比城北另外一个美男子徐公还要标致。后来邹忌见到徐公，对着镜子一看，觉得自己大不如他。这使邹忌领悟到，身边人的颂语是靠不住的，不能被其美言蒙蔽。邹忌把这个感悟告诉齐威王，劝谏齐威王切勿被"私王""畏王"者所误。齐威王接受邹忌意见，"乃下令，群臣吏民能面刺寡人之过者，受上赏"，如果臣民能够当面指出我的过失，给予最高奖赏；如果不当面讲，"上书谏寡人者，受中赏"；如果上书也有顾虑，"能谤议于市朝"，在外面市场批评我的，受下赏。此令一下，群臣进谏，门庭若市，"数月之后，时时而间（谏）进"。齐威王参酌这些意见修改政策法令，齐国很快强盛起来，燕、赵、韩、魏得知，都到齐国来朝拜。"此所谓战胜于朝廷"——不用派兵出征，在朝廷修政，便赢得胜利。

《古文观止》编者在这一故事后按语曰："千古臣谄君蔽，兴亡关头，从闺房小语破之，快哉！"点破"言谏"与"纳谏"的妙处。

（三）"开诽谤之路，纳忠谠之言"

纳谏的要义，在于接纳"诽谤"，这是需要雅量的。

古时把批评称之"诽谤"，今日衍为贬义词的"诽谤"，古时是褒义词或中性词。"诽"是背地议论，"谤"是公开指责，周朝的采风制，便是"开诽谤之路，纳忠谠之言"。"谠"意为正直，"纳忠谠之言"即接纳忠实正直的意见。

天安门前优雅而壮观的华表，大家都很熟悉，游人常将其作为留影的背景。若作历史追溯，这汉白玉华表是从谤木演化来的。谤木为何物？《吕氏春秋》讲，古圣王尧舜禹汤为了解下情，采取一些方法："尧有欲谏之鼓"，尧帝在宫廷前安设大鼓，供人敲击，尧闻声出来听取意见。"舜有诽谤之木，汤有司过之士，武王有戒慎之鼗。"现在谈谈"诽谤之木"。

诽谤之木，简称"谤木"，是朝廷门口树立的一根木柱，上面可以挂木牌，臣民对朝政有意见，书写于木牌，挂在谤木上。《战国策·齐策》记载：齐威王在王宫门前树立一根与人身体等高的木柱，称"诽谤之木"。谤木与人身体等高，以便人们悬挂书写意见的木牌，官吏定期收集木牌呈给威王看，威王就知道哪些政令需要修正，这样齐国官风国政大为改观。

故事在延伸。齐威王死后，人亡政息，君王不再倾听批评，谄上之风重起，臣下专说好听的话：王很伟大，我们要好好学习王令，不变样地照办。这样一来，谤木就没有用处了，但朝廷又不好意思撤去谤木，于是将谤木高度提升，书写意见的木牌挂不上去，谤木也就变成装饰物，以后演化为映衬宫廷壮美的华表，收集意见的功能完全丧失。

汉初文学家、少年天才贾谊的名篇《治安策》主张学习周朝，让太子闻正言,行正道,左右前后皆正人。太子成人以后,还须保持几样要件:"记过之史"(记载政策、朝廷过失的史官),"进善之旌"(仿效尧舜,在宫门树立一面旗帜,有意见的人站在旗帜下面发表意见),"诽谤之木"(人们有意见可以挂上去),"敢谏之鼓"(供人击鼓进谏)。要让"大夫进谋""士传民语"。贾谊说,秦朝二世而亡,原因之一是拒绝真话,指鹿为马;而周朝国祚近800年,得益于"开诽谤之路,纳忠谠之言"。诚哉斯言!

　　头脑清醒的国君,皆有接纳批评的气度。下举三例。

　　北周宣帝时,大臣于义上疏指谪朝政,宣帝认为于义是在诽谤朝廷。御史大夫颜之仪批评宣帝道:"古先哲王立诽谤之木,置敢谏之鼓,犹惧不闻过。"古圣王生怕听不到对朝廷过失的指责,而现在于义对朝廷提意见,不可以下罪。宣帝听了颜之仪的劝诫,马上放弃处罚于义的想法,表示要让人讲话,允许批评。

　　东汉有个叫任延的官员要出任外官,汉光武帝刘秀告诫临行的任延:好好侍奉上司("善事上官"),而任延颇有风骨,当即反诘皇帝:让我对上司唯命是从,就会造成上下雷同,大家都如一个模板刻出来的,这不是皇上你的福分("上下雷同,非陛下之福")。光武帝不以为忤,赞叹道"卿言是也"。

　　武周时期(武则天称帝,改唐为周,史称"武周"),有个张姓官员编歌谣嘲讽官制松弛,沈全交续写歌谣,指责武周职官泛滥,被御史逮捕,准备以诽谤朝政、败坏国风定罪,武则天阅览歌谣后笑道,沈氏是要官府莫乱来,为何要处罚他呢? 并说:"何虑天下人语!"武则天确乎有点接纳异见的气量,"初唐四杰"之一的骆宾王作《为徐敬业讨武曌檄》,历数武则天篡夺罪恶,称其"人神之所同嫉,天地之所不容",武则天读檄文时,或微笑,或不悦,最后大赏其才,说骆宾王这么有才华的人未被庙堂所用,是宰相的过错。

　　当然,史上多有君上拒绝接受批评,堵塞言路,导致国家衰亡的例子。《国语·周语》的一段名文收入《古文观止》,拟题《召公谏厉王止谤》。文曰,周厉王残暴虐民("厉王虐"),老百姓批评国君("国人谤王"),元老召公告诉厉王:老百姓为什么批评你,因为他们实在受不了你的做法。周厉王听了很恼火("王怒"),不但没有接受召公的意见,反而启用名卫的巫,严厉监视、镇压乃至杀害诽谤之人("得卫巫,使监谤者,以告,则杀之")。老百姓很害怕,不敢说话,在路上只能用眼睛表示意思("国人莫敢言,道路以目")。

　　周厉王很得意("王喜"),告诉召公,我有办法消除诽谤,使老百姓不敢言("吾能弭谤矣,乃不敢言")。召公反驳道:老百姓不敢讲话,并不是大家没有意见,而是你阻碍了言路。接着说:"防民之口,甚于防川",防止老百姓讲话,堵塞大家的口,好比是江河水涨时,不让水流淌下去。川流只能疏导,不能堵塞。应该让老百姓讲话。厉王不听召公劝告,于是老百姓更加不敢说话了。结果朝政愈益败坏,忍无可忍的国人终于把厉王赶走,"三年,乃流王于彘"。厉王逃亡后,便有召公、周公等贵族联合执政,这是中国古史上少见的一次"共和行政"。

统治者不让人讲话,拒绝批评的史例甚多,这是君主专制时代的普遍现象,即使在比较开明的唐朝和宋朝,也时有发生。《悯农》的作者李绅,因诗作陈述农民苦难,被人打小报告,说是诽谤朝廷。宋朝苏东坡写《山村五绝》,对底层民众疾苦深表同情,也被人安上"包藏祸心,怨望其上,讪渎谩骂,而无复人臣之节者"的罪名,在"乌台诗案"中受到严厉处罚,甚至有人主张处斩。毕竟宋朝太祖留下遗诏,不杀议政士子,所以苏东坡没有掉脑袋,而被贬谪黄州。

因言获罪的现象在君主专制时代相当普遍,也一再导致社会灾祸,故召公的"防民之口,甚于防川"成为垂之千古的警语。

(四)"公其非是于学校"

上对下"纳谏",下对上"言谏",构成一种纠错机制,有益于社会生态平衡。周厉王不让人讲话,落得身败名裂,与此相反,古代也有开放言路、接受意见的明智之例。这虽然是君主专制体制内的举措,但包蕴着的智慧可供今人玩味。

唐宋很多诗文批评朝政,人称唐诗为"诗谏",涉及政治、经济、军事、外交文化各个方面。武汉大学中文系尚永亮教授,研究唐宋贬谪士人的诗文。韩愈、柳宗元、苏东坡等,被贬谪以后,深入下层,对时政的批评入木三分,柳宗元的《捕蛇者说》阐发"苛政猛于虎""苛政毒于蛇"。

中古以降的"言谏",渐渐触及朝野关系、官民关系。这是一个值得重视的问题。唐宋八大家之一的柳宗元,在《送薛存义序》中对官民关系有新的解释,全然不同于与他齐名的韩愈《原道》的尊君抑民论。

友人薛存义启程赴官任,柳宗元追至江边为之送行,并有一番赠言:

> 凡吏于土者,若知其职乎?盖民之役,非以役民而已也。凡民之食于土者,出其十一佣乎吏,使司平于我也。今我受其直,怠其事者,天下皆然。岂惟怠之,又从而盗之。向使佣一夫于家,受若直,怠若事,又盗若货器,则必甚怒而黜罚之矣。以今天下多类此,而民莫敢肆其怒与黜罚者,何哉?势不同也。势不同而理同,如吾民何!有达于理者,得不恐而畏乎?

柳宗元指出，地方官是老百姓的仆役，并非役使老百姓的。老百姓靠田土生活，拿出田亩收入的 1/10，雇佣官吏为百姓主持公道。现在做官的拿了百姓给的俸禄，应当是官吏敬畏百姓，而不是相反。柳宗元之论，被明清之际启蒙思想家所发挥。

宋太祖重视了解下情民心，他强调，是民众养着官吏，官食民饭，宋朝在衙门口立石碑，上书 16 字："尔俸尔禄，民膏民脂。下民易虐，上天难欺"。诚哉卓论！

明清之际的黄宗羲指出，君民不是主奴关系，而是类似一起扛木头的同事那样的关系。（《明夷待访录·原君》）黄宗羲进而指出，是非标准不能由君（朝廷）独定，引出"公其非是于学校"的辉煌命题。

传统中国社会的是非标准一向由朝廷决定，但黄宗羲《明夷待访录·学校》说，是非不能由朝廷决定，而要由学校，即由有知识、有见解的社会公众商议。这是中国历史上在舆论和舆论监督问题上的飞跃性认识。在两汉时期，朝廷把监督与上谏的任务交给言官。言官包括两种，一是监察官，二是谏官，他们共同对舆论畅达起到一些作用。但言官毕竟由帝王、朝廷任免，反映的意见有局限性，所以还应该广开言路。《明夷待访录》的"公其非是于学校"便是卓异的见解。

有人把黄宗羲之议称作中国的"社会契约论"，这有一定道理。但此说并不完备，应当讲，《明夷待访录》所言"天子之所是未必是，天子之所非未必非"，应该"公其非是于学校"，把舆论的生发地交还给社会，交往给公众，其实是继承和发扬了先秦以来的"采风"—"诗谏"传统。中国文化存在着走向民主与法治的内生资源，不能把民有、民享、民治的民主诉求完全视作舶来品。

六、自然与人文双优的长江文明

水（尤其是淡水）乃是人类文化生成的必备条件，而为人类文明发展提供淡水的主要是河流，四大古文明的诞生皆仰赖大河的恩惠。长江作为中华民族的母亲河之一，滋养并回护着中华文明，使其于数千年间延绵伸展。

（一）人类文明发生线：北纬30度线横贯长江流域

长江古称"江"，因其流长，其名衍为"长江"。经现代科学测定，其干流全长6300多千米，仅次于尼罗河与亚马孙河，居世界第3位；流域面积180万平方千米，占中国总面积的18.75%；多年平均年径流量约9600亿立方米，占中国河流年径流量的36%，仅次于亚马孙河与刚果河，居世界第3位；水能蕴藏量2.68亿千瓦，占全国水能蕴藏量的40%，其中可开发量1.97亿千瓦，占全国可开发量的53.4%，仅次于刚果河与亚马孙河，也居世界第3位。① 其干流横贯东西，支流众多，辐射南北，提供了纵横多向度的航运交通之利，1990年，干支流通航里程7.1万千米，占中国内河通航总里程10.78万千米的65.9%。② 长江干流中下游通航条件优越，素有"黄金水道"之称。

北纬30度线横贯，是长江流域的一大特色。黑格尔说：历史的真正舞台便是温带，当然是北温带，因为地球在那里形成了一个大陆，正如希腊人所说，有着一个广阔的胸膛。③ 温带-亚热带成为文明先发地是不争的事实，而北温带偏南的北纬30度线附近，因兼具充沛的水热条件，又是最有利于文明发生发展的地段。这里并列诞生古埃及、古巴比伦、古印度和古中华四大文明绝非偶然，北纬30度线是当之无愧的"人类文明发生线"。这条"发生线"穿过四大文明古国的母亲河：尼罗河、幼发拉底-底格里斯河、印度河，以及壮阔的长江。

受制于副热带高压，北纬30度线附近多为干旱少雨地带。诸如印度次大陆西北部的印度河流域就是炎热干燥的沙漠地带。自印度河流域而西，孕育古波斯文明的伊朗高原也相当干旱崎岖。向西进入幼发拉底河和底格里斯河流域，同样干旱少雨。再向西，则进入阿拉伯沙漠北部。再向西，进入世界上最广大的干旱地带——撒哈拉大沙漠。跨过大西洋之后，则进入北美中西部绵延至加利福尼亚州东南的科罗拉多沙漠。

北纬30度线地带有一特例——东亚大陆的长江流域，这里是一片范围广阔的降雨充沛地区，全流域年均降水量达1126.7毫米④，原因在于：

---

① 长江水利委员会长江志总编室、长江技术经济学会编：《长江志》卷一《流域综述》第二篇《自然条件 社会条件》，中国大百科全书出版社2004年版，第1页。
② 参看中国水利年鉴编辑委员会编：《中国水利年鉴1990》，中国水利水电出版社1991年版，第264页。
③ 黑格尔：《历史哲学》，生活·读书·新知三联书店1956年版。
④ 曾小凡、翟建青、姜彤、苏布达：《长江流域年降水量的空间特征和演变规律分析》，《河海大学学报》（自然科学版），2008年第6期。

其西部横断山脉、青藏高原崛起,将来自太平洋的温暖湿润的东南季风拦在其东部,使长江流域成为北纬30度线附近不可多得的雨量充沛地带,兼具文明发展的两大必备条件——充沛的淡水与丰富的热能。长江流域不仅在中国,放之全世界范围也是自然条件优厚的地带。

那么,何以北纬30度线两侧不仅仅是长江流域,还有其他地区也成为文明发源地带呢?这是因为流经几个文明古国的印度河、幼发拉底-底格里斯河、尼罗河等大河,为这些干旱的亚热带地区提供了灌溉条件,而这几条河流的发源地,都是雨量充沛的地区。如印度河发源于喜马拉雅山脉西侧,既有较丰沛的降水,又有雪山融水,汇成的大河向南流经具有热能条件的干旱地带,有了大河的灌溉,令其兼具了水的条件,所以印度河流域成为印度最古老的哈拉帕文明的发源地。沿北纬30度线再向西,进入伊朗高原,在这片干旱土地上诞生的兼具游牧与农耕性质的古波斯文明,也得益于其西南部卡伦河的浇灌,而该河的发源地扎格罗斯山脉同样具有较多降水和雪山融水,这样也为伊朗高原的少部分地区提供了灌溉条件。再向西,进入两河流域,其主要水源来自小亚细亚东部山间较为丰沛的降水,两条河流由北向东南浇灌出美索不达米亚文明。再向西,进入北非埃及,其文明发生发展也得益于尼罗河的孕育。尼罗河发源于两个降水丰沛的地区——埃塞俄比亚高原和东非高原,青尼罗河和白尼罗河相汇后向北流淌,在浩瀚无际的撒哈拉沙漠东侧浇灌出埃及文明。正如古希腊"历史学之父"希罗多德所说:"埃及是尼罗河的赠礼。"①

与上述诸大河流域有所不同,长江流域降雨充沛,从而直接拥有丰富的水热资源供应,其干支流组成的河流网络,既利于灌溉(四川都江堰为其显例),又提供航运之便。显而易见,长江流域特有的生态环境提供了较优越的自然条件,使之具备较大的文明发展潜力。

(二)长江主干与源头之辨

径流广远、流域开阔的长江,人们对其生态状况的认知有一个由片面到全面、由浅入深的发展过程。现以对长江径流干道和源头的认识为例,略论国人"长江观"的演进。

古人受限于视野和测量手段,对长江主流和源头的认识历来众说纷纭,大抵是循着社会发展、生产力水平提高而逐渐清晰的。在距今三四千年前的夏商时期,江汉交汇处的江汉平原一带,早期文明较为兴盛,荆楚

---

① 希罗多德:《希罗多德历史》,商务印书馆1959年版,第111页。翻译原文:"埃及,是埃及人由于河流的赠赐而获得的土地。"

先民驾舟穿行云梦泽的湖泊、河网之中,有感于"汉之广矣",产生江、汉谁为主流的困惑。

汉水作为长江最长的支流,是中华文明发祥地之一,自古就有"天汉""云汉"之称。我国最早的诗歌总集——《诗经》中的风、雅、颂三部分都有涉及汉水流域的诗篇,如《诗·大雅·江汉》有"江汉浮浮,武夫滔滔""江汉汤汤,武夫洸洸";《诗·小雅·四月》有"滔滔江汉,南国之纪";《诗·周南·汉广》有"汉之广矣,不可泳思"等。其中尤以十五"国风"中的《周南》和《召南》较为集中,被历代学者认为是以汉水流域为轴心的南国诗歌,汉水流域在先秦时期就是华夏文明的核心区之一。秦末争战间,项羽封刘邦为汉王,"王巴、蜀、汉中"(《史记·高祖本纪》)。随后,刘邦以汉水流域的汉中为基地,征讨攻伐,终于建立汉王朝,由此,汉水流域成为汉文明的发生地,"汉人""汉字""汉语""汉服"等名称遂应运而生。汉水在汉文明的殊重地位,直接影响到近邻朝鲜半岛诸国。大约14世纪,仰慕中华文化的李氏朝鲜,就将流经其统治核心区的大河命名为"汉江",沿线的诸多城市也多有与中国汉水流域名城相合者,如丹阳、襄阳、江陵、汉城(古称汉阳)等。

及至春秋战国时期,中国最早的地理书《禹贡》有"岷山导江"之说,后有续论"夫江始出于岷山,其源可以滥觞"(《孔子家语·三恕》),古人对于长江主流才有了初步认识。后世遂多以为长江发源于岷山。《汉书·地理志》载:"《禹贡》岷山在西徼外,江水所出,东南至江都入海。"魏晋南北朝时期,郦道元在《水经注·江水》中指出"岷山在蜀郡氐道县,大江所出"。唐朝《蛮书》也将岷江认定为"外江"(参见《蛮书·山川江源第二》)。宋朝,由于政府在西南地区采取收缩政策,故宋人对大渡河以上长江干支流的认识往往还不如汉唐。直到明代万历五年(1577年),章潢在其皇皇巨著——300万字的《图书编》中首次指出岷江并非长江正源,金沙江才是长江正源的说法。[①] 但遗憾的是,同书卷三十中的《中国地理海岳江河大势图》仍有"江虽发源岷山"的论断,观点并不统一。数十年后,明末地理

[①] 章潢:《图书编》卷五十八《江源总论》(《四库全书》本):"水必有源,而源必有远近小大不同。或远近各有源也,则必主夫远;或远近不甚相悬,而有小大之殊也,则必主夫大;纵使近大远微而源远流长,犹必以远为主也……江水出岷山……然岷山在今茂州汶山县,发源不一,而亦甚微,所谓发源滥觞者也,及阅《云南志》则谓金沙江源出于吐蕃异域,南流渐广,至于武定之金沙巡司,经丽江、鹤庆,又东过四川之会州、建昌等卫,以达于马湖叙南,然后合于大江,趋于荆吴……况金沙江源出于吐蕃,则其远且大也,明矣。何为言江源者止于蜀之岷山,而不及吐蕃之犁石,是舍夫远且大者,主夫近且微者……江之源亦发于西,转西南,入中华,过云南诸郡,南流过四川马湖合大江,转东南荆吴,至正东入海。"

学家徐霞客，循金沙江而上，直至云南丽江，经过实地考察，探寻到金沙江比岷江更长，明确指出岷江为长江支流，而金沙江才是长江干流。徐氏曰：

> 余按岷江经成都至叙，不及千里，金沙江经丽江、云南、乌蒙至叙，共二千余里，舍远而宗近，岂其源独与河异乎？非也！河源屡经寻讨，故始得其远；江源从无问津，故仅宗其近。其实岷之入江，与渭之入河，皆中国之支流，而岷江为舟楫所通，金沙江盘折蛮僚溪峒间，水陆俱莫能溯。既不悉其孰远孰近，第见《禹贡》"岷山导江"之文，遂以江源归之……故推江源者，必当以金沙为首。（《徐霞客游记·溯江纪源》）

但因徐霞客并无官方身份，其说法并未被当时的社会普遍认可。直到清初，随着西方先进制图技术的逐步传入，康熙皇帝才正式肯定了徐霞客的说法，金沙江遂定为长江源头。（参见《康熙几暇格物编·江源》）

不过到此为止，古人所谓对长江源头的认识，还停留在对长江上游主干道的判定，真正深入青藏高原，考察长江江源的工作，是从康熙年间开启的。康熙皇帝曾多次派专门使臣考察长江源头，康熙末年，还组织学者首次采用近代测量技术制作《皇舆全览图》，绘出金沙江之上通天河上游水系的大致方位。到乾隆年间，齐召南著《水道提纲》，对江源水系的描述更为详尽，认为布曲为正源，当曲和沱沱河为支流。清末和民国时期，仍有科考人员深入江源地区，但受限于复杂地理条件和恶劣气候环境，又缺乏更先进有效的测量手段，对长江源头的认识并无突破。

从 1969 年起，当时的兰州军区测绘部队采用航空摄影测量方法，开始对江源地区实施 1∶100000 地形图测绘工作。1976 年夏，长江流域规划办公室（现称长江水利委员会）派遣调查队，深入江源地区，进行详尽考察和研究，证实长江源头有三条较大河流：楚玛尔河、沱沱河和当曲，并于 1978 年 1 月 13 日由新华社公布沱沱河为长江正源。但 1978 年夏的第 2 次考察，证明之前的测量数据有误。为此，长江流域规划办公室水文局自 1980 年开始重新量算，直至 1987 年，才正式确认沱沱河为长江正源。

近年来，随着信息技术的发展和考察仪器装备的改进，江源地区考察频次和规模骤增，人们对长江三源的了解日益深入，将长度和水量皆占优的当曲作为长江正源的呼声渐高。人们现在对长江源头的认识还在不断加深，这是个无止境的过程。①

---

① 税晓洁、杨勇（摄影）：《饮水必思源——人类对大河源头的渴求：长江到底有多长》，《中国国家地理》2009 年第 3 期。

（三）长江流域的文化分区

长江是一个流域广大的区界，其上、中、下游自然条件千差万别，其历史发展过程也有颇大差异，这样就形成各具特色的文化区。按上、中、下游划分，依次为巴蜀、荆楚、吴越三个大的文化区，分别由上游的古巴人、古蜀人，中游的古楚人和下游的古越人创造。另外，若按照自然、社会和人文三重因素对长江全流域进行细致的文化空间分类，则可分为羌藏、滇黔、巴蜀、荆楚、湖湘、赣皖和吴越7个文化区，这些各具特色的区域文化都为构筑长江流域乃至整个中华文化"和而不同"的多元一体格局做出了贡献。

1. 上游：巴蜀文化

长江上游的巴蜀文化以四川地区为中心，包括陕南、鄂西及云贵部分地区。这一地区生活着众多部族，他们大致可分为两大集团：川东一带的巴集团和川西一带的蜀集团。

其中蜀集团更早兴盛。距今4500至3000年的广汉三星堆遗址，是龙山时代到商代晚期的古国都城废城，出土了大量不见于中国和世界其他地区的青铜像等高等级文物，其蕴涵的历史信息含量不亚于二里头（夏文化）、殷墟（商文化）和周原遗址（周文化），是一种不同于其他文明的独特青铜文明。三星堆遗址向世人展示了一个失落已久的森严古蜀城邦国家体系，显示了古蜀文化区的核心内容，代表着古蜀城邦国家典型建成的阶段。三星堆文化以其土著成分为主，同时大量采借外来文化。其文化交流的对象不限于黄河流域和长江流域，以及滇、越等文化，甚至还汲取了古印度和中、西亚的文化养分。三星堆遗址大量出土的海贝及海洋生物青铜造像和象牙等带有浓厚西亚文化色彩的遗物，清晰昭示了此点，这里无疑是"南方丝绸之路"的起点。通过这条中西交通的古道，古蜀文化与缅甸、印巴乃至中西亚的众多古国取得联系，为中华文明的孕育增添了色彩。以三星堆为代表的巴蜀地区是中华文明的重要起源地之一，是夏商时期长江上游的文明中心。

至商后期，川东的巴集团逐渐强盛，成为臣服于商的"巴方"。后来，巴人又参加了武王伐纣的战争，巴与中原周王朝的联系，从此更加密切。文献记载和考古材料表明，春秋战国时代，巴蜀地区已经形成了有别于中原地区的、自成风格的区域文化。三峡地区的巴人畲田（焚烧田里草木）而耕，种植黍、稷和燕麦，不仅食用，还用以酿酒。而蜀人依托成都平原，农业更为发达，桑麻茂盛，带来纺织业的兴旺，蜀锦赫赫有名。战国时，蜀地还出产木棉布和细麻布,辗转运销至西域各国。蜀人还不畏艰险,开凿出千里栈道,打通与中原的经济文化交流通道。巴蜀习俗,最具特色的是其船棺葬仪,过去人们多认为船棺葬仅是川东巴人的葬俗,但近年来在川西蜀人居住区也屡有发现。此外,在川东巴人中,还流行崖葬,或称悬棺葬。在发式方面,巴蜀之民十分接近,无论川东、川西,都有大量铸有锥髻人头形符号的青铜器出土。

至战国后期,秦并巴蜀,曾经相对独立发展的早期巴蜀文化也逐步融入中华文明之中。巴蜀地区与中原的经济文化交流更加通畅,中原地区较为先进的政治制度与生产技术大量传入,促进了巴蜀地区文化与农业、手工业的发展。加之秦末汉初与两汉之交中原战乱,而巴蜀则相对安定,使得从战国末年到汉代的巴蜀地区,一跃而为全国最富庶的地区,被诸葛亮喻为"天府之土"①。唐宋时期,安定的巴蜀地区重获"天府"之誉,经济繁荣、文化昌明,巴蜀文坛臻于鼎盛。南宋末年的抗元之战和明末农民战争,巴蜀地区的社会经济受到极大摧残,巴蜀文化趋于停滞,至清末才得以全面复兴,并与长江中游新兴的湖湘文化保持密切联系。

2. 中游:荆楚文化

荆楚文化的分布范围,大致在今两湖及河南、安徽、江西的部分地区。这里地处长江中游,江汉平原沃野千里,洞庭、鄱阳、洪湖等数以千计的大小湖泊星罗棋布,"鱼米之乡"的美誉由来已久。商末周初,祝融部落的后裔、芈姓荆人的酋长鬻熊,立国于荆山一带,建都丹阳(今湖北秭归)。其重孙熊绎在周成王时被封在楚蛮之地,立"楚"为国号,荆楚文化由此而得名。荆楚文化的渊源,可上溯到上古传说时代的祝融、三苗。从文化形态学分析,它具有中原华夏文化与南部蛮夷文化杂交的鲜明特征。春秋战国时代是楚文化的鼎盛期。宏妙的哲思、奇瑰的文学、精美的手工工艺和独特的民俗领异标新,与其他区域文化交相辉映。

楚地是道家的发祥地。道家的始祖老子即"楚苦县历乡曲仁里人也,姓李氏,名耳,字聃,周守藏室之史也"(《史记·老子韩非列传》)。他致力于探究宇宙之"道",将"太一"理念化,立为宇宙的本体,由此生发、演衍出一整套宏妙的哲理体系。② 楚文化瑰丽神奇的文学,主要成就在庄子的散文和屈原的诗歌。浪漫主义是他们的共同特色。楚文化巧夺天工的工艺,主要有青铜冶铸、丝织和髹漆。曾侯乙墓编钟和江陵马山一号楚墓的

---

① 袁庭栋:《"天府之国"由来的历史考察》,《社会科学研究》1985 年第 1 期。
② 详见冯天瑜、何晓明、周积明:《中华文化史》,第二章第四节"百家争鸣""道的超逸",上海人民出版社 2010 年版。

丝织品闻名天下。楚地盛产生漆,楚人制作的漆器类别繁多、美观轻巧、经久耐用。楚人有独特的风俗,认为自己是日神的后裔、火神的嫡嗣,所以方位尚东、服色尚赤。楚人在北方华夏和南方蛮夷的夹缝中建立自己的政权,创造出自己的文化,艰苦卓绝,历经劫难,因而形成了强烈的民族意识和尚武精神。爱国、忠君、念祖,在楚地蔚然成风。对于先祖功业的极度崇敬和深切缅怀,导致楚人对神、鬼的奉祀虔诚至极。不论宫廷、民间,"淫祀"之风极盛。与此相关联,巫在楚人心目中的地位,也远高于春秋时代的其他民族。

秦汉以来,荆楚文化在天下一统的文化交流中得以融合更新,并在东汉末年盛极一时。荆楚处于南北军事要冲,行政体制的地理分割、北方移民的迁入,以及儒释道的相互渗透,荆楚文化呈现多文化大融合的趋势。随着宋代中国经济重心南移的完成,荆楚文化加速发展,儒释道进一步融合产生理学,湖湘学派成为理学著名流派。至南宋初年,张栻主管岳麓书院教事,从学者达数千人,使湖湘学派形成规模。原本是荆楚文化一支的湖湘文化由此开始蓬勃发展,其经世致用的学风在湖南士人中代代相传,并在晚清诞生了曾国藩、左宗棠等一批中兴之臣,此后还有谭嗣同、陈天华等改革志士,更产生了一大批革命家。荆楚文化(含湖湘文化)在近代中国的社会与文化转型过程中,发挥了重要作用。

3. 下游:吴越文化

长江下游的吴越文化,肇端于新石器时代的河姆渡文化和良渚文化。春秋战国时期的吴越,其地理范围包括今天的江苏、浙江、上海以及安徽、江西的部分地区。春秋晚期,吴国建都姑苏(今江苏苏州),越国建都会稽(今浙江绍兴)。两国间连绵不断的争霸战争,使得具有近亲关系的远古吴文化和越文化进一步融合为一,形成独具特色的东南沿海区域文化。

吴越地区气候温和,土地肥沃,水网密布,雨量丰沛。与中原地区以粟、麦种植为主的旱作农业不同,春秋战国时代,吴越地区的水稻种植已达相当发达的水平。稻作文化是吴越文化的一个特色,中日学者普遍认为日本的稻作文化源自中国的吴越地区。春秋战国时期,吴越出现瓷器的始祖釉陶,并成为丝绸之乡。汉以降,吴越出产的瓷器、丝绸和茶叶成为海上丝绸之路的重要货品,中国文化也通过吴越这一重要窗口向周边地区,尤其是日本列岛、朝鲜半岛和东南亚地区扩散。春秋时期,吴越的青铜戈剑铸造技术即已堪称绝技。1965年出土的越王勾践剑,纹样精致,装饰华丽,历经两千余年岁月侵蚀,至今犹寒光闪闪,锋利无比。

在风俗习惯方面,吴越也形成鲜明的地域特点。史载"越人俗鬼","祠天神上帝百鬼"(《史记·封禅书》)。此外,吴越之人盛行"断发文身",

从君王直至黎民,莫不如此。"越王勾践,剪发文身"(《墨子·公孟》),"越人被发"(《韩非子·说林》),此类记载,不胜枚举。

东晋时期,大批北人南下,早期吴越的尚武逞勇之风逐渐被南渡士族的精致典雅文化所取代。南宋以来,吴越文化愈发向精致方向生长,至明清时期,成为中国的学术、文化、艺术、娱乐中心。近代以来,随着全国经济中心和南方文化中心逐步向上海转移,根植于吴越文化的"海派文化"愈益被人们所接受和吸纳。改革开放以来,海派文化日益被注入时代精神,展示更博大的胸襟和更自觉的主动性。

世界上其他几个大河文明,主要是由单一的民族或民族集团,或者由不同的民族在不同的历史时期创造的,在流域内发展,后又播散广远。长江文明,则是由流域内不同地区的不同族群在大致相同的时间创造的。长江上、中、下游区域文明的上限都可追溯至新石器时代晚期,到春秋战国时期,各文化区范围相对固定,形成了各自稳定鲜明的文化特征。秦并天下之后,长江流域内的各个文化区融入整个中华文明的海洋,在交融中继续发展,不但构成了中华文明的重要组成部分,还通过海上丝绸之路,将自身影响扩及海外,促成了囊括东亚、东北亚和东南亚的中华文化圈的形成。长江流域多元共生、和而不同的文化特征,正是中华文明博大包容力的写照,也是中国文化面对全球化挑战的策略抉择,不同文化之间的相互交流、整合、吸纳,不断为中华文明的发展注入新的活力。

(四)长江文明的演进

文明的演进当然与自然环境所提供的先决条件息息相关,但当人类介入对自然界的利用和改造之后,人类的主观能动性则对文明发展起着愈益重大的作用,所以,文明的发展必定是在自然和人文的互动中向前推进的。长江流域的先民,凭借长江流域优厚的自然条件,依靠自身的聪明才智,自新石器时代起,就创造出各区段文明,诸如下游江浙一带早期的农业文明——河姆渡文化及稍后的良渚文化,中游江汉地区的屈家岭文化及其后的湖北龙山文化,以及中游偏西直达上游川东地区的大溪文化,等等。

原来单一推崇黄河文明的认识,与中国近代考古学起步阶段的考察重点不无关系。现代意义的考古学20世纪初展开于中国,首批田野考古用力于黄河中下游,仰韶、龙山、大汶口等新石器文化遗址,以及安阳殷墟等商周故城的发掘,与《尚书》《左传》《史记》等传世史典对先夏及夏商周三代文化在黄河流域繁衍的记述相印证,学界据此确认"黄河流域是中华文化发祥地"。

后来随着田野考古工作推进到长江流域,人们这才逐渐意识到:长江流域的新石器文明并不比黄河流域时间晚、水平低,就农作物产生时间而言,还略早于黄河流域。20世纪70年代,浙江余姚发现河姆渡文化,其人工培育稻谷的时间推定为距今8000年到7000年,随后又从长江下游的良渚、马家浜,中游的屈家岭,上游的大溪等遗址发现"稻作文化"遗存,皆有五六千年之古,湖南省道县更发现了距今万余年的人工培育稻谷①,早于一般认为的黄河流域的粟作产生在八九千年以前。故长江流域"稻作文化"历史之久远,不让于黄河流域的"粟作文化","黄河流域和长江流域是中华文化的两大发祥地"渐成学界共识。

进入青铜时代以后,长江流域的文明仍保持先进的水平,可以和黄河流域比肩。距今4500年到3000年的长江上游古蜀三星堆文明,以其神圣、神奇、神秘的神灵崇拜形象面向世人,展示了长江流域三四千年前就水平极高的青铜文明,其中最令人惊叹的是数百件大小青铜器塑像,其人物造型与中原及长江中下游地带都有很大差别,可能受到了中亚、西亚文明的影响,展示了长江流域在青铜时代初期就以开放的胸襟拥抱世界,堪称文明史上的一大奇迹。

商末周初以降,长江中游江汉地区的楚文化异军突起,她更多保留了姬周文明精髓,并融合蛮夷文化特点,创造了瑰丽奇绝、清新灵动的楚文化。在春秋时期就摆脱了周式青铜器的束缚,形成造型独特、纹饰华美的楚式青铜器风格。在战国时期开创了以屈原《离骚》为代表的楚辞文体,摆脱《诗经》以四言为主的句式束缚,开拓宏大篇体和错落有致的句式,成为后世中国文学的两大源泉之一,并深刻影响着整个汉文化圈。楚学专家张正明将楚文化与古希腊文化相媲美,"假如按照时代的梯级,对西方和东方的古代文化做双向观察,一步又一步地观察下去,那么,在公元前6世纪下半叶至公元前3世纪上半叶这一梯级,我们可以发现双方都到了一个灿烂的高峰,而且总体水平大致不相上下。在西方,是古希腊文化;在东方,是楚文化。它们齐光竞辉,宛如太极的两仪。如此巧合,耐人寻味"②。

进入铁器时代之后的秦汉魏晋,从整个中华文明的大格局来看,此阶段的长江流域文明虽有发展,但总体水平显然落后于黄河中下游地区(中原地区),所谓"碌碌无所轻重于天下",中国历史的主要历史舞台位于北方的黄河流域至淮河流域。不过,从三国时期长江流域的吴、蜀得以与黄

---

① 朱乃诚:《中国新石器时代早期文化遗存的新发现和新思考》,《东南文化》1999年第3期。

② 张正明:《古希腊文化与楚文化比较研究论纲》,《江汉论坛》1990年第4期。

河流域的曹魏势力鼎足而立来看,此阶段的长江文明仍然在进步之中,发展水平于黄河流域不遑多让。

随着两晋之际和中唐以后的"中州士女避乱江左"(《晋书·王导列传》),文明中心逐渐南迁,长江流域再度进入其文明发展的繁盛期。至两宋及其后,南方的人口、经济、文化全面超过北方,完成了经济、文化重心从黄河流域向长江流域的转移。如以户口论,西汉北方与南方呈 3 比 1 的优势;到东汉则变为 6 比 5,已大体持平;至北宋则为 4 弱比 6 强,南方成反超之势。① 再如以科举取士而言,唐时科第人物尚以北方士人占绝对优势②,入宋则科举及第比重开始南北易置③,明清科举入仕者,江苏、浙江、安徽、江西已然在列省居优。

虽然在经济文化方面,南方已全面超过北方,但出于地理位置居中以驭四方、择都的习惯性标准、抗御北方游牧民族的战略考虑,等等,使得经济重心已经南移的诸王朝,大多仍将首都设置在北方。不过,位于黄河流域的军政重心,须依凭东南财赋的支撑。为调适这种"政北—经南"的格局,便启动了隋唐至宋元南北运河的开掘,以繁庶的长江经济支撑地处北方的政治军事中心。正如早年间老北京谚语"紫禁城是从大运河上漂来的"所云,元明清时期北京的物资供应十分依赖通过大运河漕运而来的东南财赋。"西北甲兵"与"东南财赋"共同构成唐宋元明清各朝赖以立国的两大支柱,而长江流域无疑是东南财赋的主要输出地。

在经济文化重心完成由西北向东南的转移之后,长江流域的开发也经历了由下游向中游扩展的进程,这从南宋谚语"苏湖熟,天下足"向明清谚语"湖广熟,天下足"的转变即可见一斑,全国最重要的粮食基地,在南宋至明清时期,从长江三角洲逐渐扩及拥有更广沃土和水热资源的长江中游地区。

长江流域在中华文明中日益提升的地位,近代尤甚。这除与其优越的自然条件有关之外,也与整个中国近代文化发生发展的推进线路相关。中国近代文明的发生发展,大体是由东南向西北渐次推进的。第一次鸦片战争之后的通商五口都位于东南沿海,长江流域仅入海口的上海被列为通商口岸。及至第二次鸦片战争之后,在被迫增开的 10 个商埠中,长江流域就有 4 个(汉口、九江、南京、镇江),开放口岸已从沿海各地深入长

---

① 谭其骧:《论两汉两晋户口》,《禹贡半月刊》1934 年第 1 卷第 7 期。
② 参见《唐摭言·会昌五年举格节文》所载当年规定全国各道州荐送举子限额。
③ 参见 John W. Chaffee(贾志扬):《宋代科举》,东大图书股份有限公司 1955 年版,第 196—199 页,北宋和南宋的进士分布图与录取名录。

江中下游地区。中国近代中期最重要的两大工商业基地，即以上海为中心的长江三角洲地区和以武汉为中心的江汉交会地带。张之洞督鄂，在武汉开启近代工业建设，武汉的对外贸易迅速超越天津、广州，直逼沪上。著名的汉阳铁厂，在 1915 年本溪湖煤铁公司炼铁之前，是中国唯一一家采用新法炼铁的钢铁企业，此后在持续出产优质钢铁的同时，还为促进新式冶金技术在中国的传播做出贡献，这些都推进了长江流域乃至整个中国的现代化进程。

（五）长江流域及其武汉地区的经济与生态文明建设

历史推进到当下，长江文明的发展进入了新阶段——确立了长江经济带"一轴、两翼、三极、多点"的发展新格局。"一轴"是以长江黄金水道为依托，发挥上海、武汉、重庆的核心作用，构建沿江绿色发展轴，推动经济由沿海溯江而上梯度发展。"两翼"分指沪瑞和沪蓉两条南北运输通道，这是长江经济带的发展基础，通过促进交通的互联互通，增强南北两侧腹地重要节点城市人口和产业集聚能力。"三极"指的是长江三角洲、长江中游和成渝三个城市群，充分发挥中心城市的辐射作用，打造长江经济带的三大增长极。"多点"是指发挥三大城市群以外地级城市的支撑作用，加强其与中心城市的经济联系与互动，带动地区经济发展。

整个长江经济带，包括上海、江苏、浙江、安徽、江西、湖北、湖南、重庆、四川、云南、贵州 11 个省市，占全国国土面积的 21%、人口的 40%、生产总值的 47.6%（2017 年数据），是中国总量最大、腹地最广阔的经济区，即便放之全球，也是人口最多、产业规模最大、城市体系最完整的流域经济区。

不仅如此，长江经济带的增速也是全国最高的。从 2017 年度的全国 31 省（区、市；不包括港澳台）经济增速来看，除经济发展趋于成熟的上海和江苏外，长江经济带其余 9 个省市的经济增速均位列前 13 位，其中的贵州更是以 10.2% 的增速位列榜首，代表显示了长江经济带在新常态下，仍旧强劲的经济增长势头。

总量最大，增速最快，长江经济带无疑成为中国经济发展的龙头。但在经济急速发展的同时，我们也应直面长江流域本身承受巨大生态压力的残酷现实。就现有状况来看，长江流域极严重的两个生态问题，分别是水质的污染和水生态系统功能的严重退化。

其中水质的污染问题首当其冲。长江流域主要存在三大水污染源，分别是工业污水、生活污水和农业废水。工业污水主要来自沿江两岸的众多企业，其中相当一部分将生产污水直排长江，形成了长江沿线主要城市附近日益扩大的污染带,累计总长度超过 700 千米。生活污水主要来自旅游业日益发展而配套设施不完善所造成的餐厨垃圾和白色污染;此外,由于长江航运的大发展,船舶污染或者突发水污染事故频发,也对沿江城市的水源地安全构成巨大威胁。农业废水则主要是指因丰水期雨水对农田的淹积,导致大量化肥随之流入长江,这极易造成长江水体的富营养化,降低长江的生态容量。

在水质恶化的同时,长江流域水生态系统功能的退化也十分严重,曾经万鱼竞游的淡水鱼类天堂正逐渐陷入死寂。早在 2006 年,著名鱼类学家、中国科学院院士曹文宣在接受《长江商报》采访时,就忧心忡忡地表示:"如果按现有速度继续衰退,40 年之内,长江淡水鱼类有可能灭种!"当时,长江流域的"四大家鱼"(青、草、鲢、鳙)的种苗产量已由最高年份的 300 亿尾,下降到了 4 亿尾,全流域的捕捞产量已降到 10 万吨左右,不足最高年份的 1/4。

1 年之后,"长江女神"白鱀豚被宣布为功能性灭绝。至 2012 年,曾经很常见的江豚,也因长江生态的过度破坏而锐减至 1040 头,种群的繁衍面临严峻考验。在未来 10 余年,若长江水环境仍得不到有效治理,那么"江豚拜风"的壮观场景将难再现。更有甚者,过去长江中下游的主要经济鱼类,"长江三鲜"之一的鲥鱼也在长江中难觅踪迹了。2017 年,江苏南通渔民发现一条疑似的野生鲥鱼,竟至登报宣传,令人不胜唏嘘。

此外,长江流域还面临着因长期乱砍滥伐而导致的水土流失、山洪频发、洪涝灾害不断等问题。同时,因保护力度的不足和协同合作的缺失,长江沿岸的各类保护区还太少太小,跨省市的沿江生态综合管理体制和机制也不健全,这都增加了保护长江生态的难度。

作为滋养并屡次回护中华文明的母亲河,长江流域不仅是我国国土空间开发最重要的东西向轴线,同时也是重要的生态安全载体。为保护好我们的母亲河,维持中华文明的持久生命力,必须树立"在保护中开发"的新理念,划定并严守生态保护红线,加强生态环境保护重大工程实施,加强长江沿线绿色生态廊道的建设,确保长江流域乃至整个中华民族的生态安全。

2016 年 1 月 5 日,在重庆召开的推动长江经济带发展座谈会明确提出:当前和今后相当长一个时期,要把修复长江生态环境摆在压倒性位置,共抓大保护,不搞大开发。这标志着长江经济带建设的重大战略转变。当年底,农业部网站发出《关于赤水河流域全面禁渔的通告》,决定从 2017 年起,在赤水河流域实施全面禁渔 10 年。赤水河成为第一条实践曹文宣院士长江 10 年休渔主张的试点河流,清楚表明了政府修复长江生态的坚定决心。

两年多来,"生态优先、绿色发展"的理念已为长江沿岸的广大干部群众理解和接受,"共抓大保护,不搞大开发"成为长江经济带发展的前进方向。长江流域水生态环境已有所改善,但总体形势仍很严峻,沿江水污染高风险产业依然存在,水生态系统的破坏仍很严重,水生态安全依旧难以保证。沿江各省市仍需进一步加强合作,继续健全水生态环境保护的法律法规体系和规划体系,持续完善水生态的保护体制和协同保护体制,加快构建水生态检测监控体系。长江流域的生态文明建设任重而道远,必须按照新时期的治水方针,坚定不移地推进"生态优先、绿色发展"的新路子,引领中华文明健康向前迈进。

武汉地处长江轴线的中点,气候温润,水源充沛,更兼山水形胜,冠绝东西,历来为人称道。长江冲决巴山群峰,接纳潇湘云水,浩荡西来,在三楚腹地与其最长支流汉水交汇,造就了武汉隔两江而三镇互峙的伟姿。这里地处江汉平原东缘,鄂东南丘陵余脉起伏于平野湖沼之间,恰在江汉汇合处形成龟蛇两山相夹、江水不胜其束、咆哮奔腾的奇观。清末湖广总督陈夔龙曾记叙1908年英美舰队司令对武汉形胜的极致推崇:"武汉居天下上游,夏口北倚双江,又为武汉屏蔽。龟蛇二山,遥遥对峙,岷江东下,汉水西来,均以此为枢纽。地势成三角形,屹为中流鼎峙。余服官鄂渚,适英美水师提督乘兵舰来谒,谓游行几遍地球,水陆形势之佳,未有如此地者,推为环球第一。不仅属中国奥区,窃兴观止之叹。"①

拥有江汉交汇之利的武汉,北接汉中豫南,南纳洞庭潇湘,上衔巴、蜀、滇,下贯皖、苏、沪,成为中国内河航运枢纽,所谓"江汉西来于此会,朝宗东去不须分"。充沛而又广延的长江水系,使这里"占水道之便,擅舟楫之利"。清初思想家熊伯龙称汉口为"九省通衢之地"。《大清一统志》说:"汉镇适当五达之衢。"《汉口丛谈》则谓"七省要道""九省通衢"。

19世纪60年代,汉口开埠,清末张之洞治鄂,武汉进入近代都会时期,工商业发展规模直追上海。正由于近代文明的积淀、蕴蓄,这里成为辛亥革命首义之区。民国初年,孙中山著《建国方略》,勾勒中国现代化建设蓝图,对武汉有"世界最大的都市之一""中国最重要之商业中心""中国本部铁路系统之中心"、中国内地开放之"顶水点"、规划"略如纽约、伦敦之大"的殷殷期待,并有"一都四京"构想,而"一都"即指武昌,东、西、南、北"四京"分指南京、重庆、广州、北京。20世纪50年代,这里是全国重要的工业建设基地之一,武钢、武重、武锅、武船等一批大型企业巍然屹立,

---

① 陈夔龙:《梦蕉亭杂记》,山西古籍出版社1996年版,第115页。"保邦制治不惟其地惟其人。"

使武汉进一步确立中国内陆首屈一指的经济强市地位。

20世纪80年代以来,武汉把握住了国家的沿海沿江发展战略和西部发展战略,已再造其水、陆、空"通衢"地位。作为长江中游城市群的核心城市,武汉的市场一体化日益加深,对外开放程度不断加深,更兼深厚的文化底蕴、雄厚的科教优势,是当之无愧的"长江之腰"。在保护长江和带动长江经济发展的过程中,自然应担负起承上启下的中坚任务。但从现状来看,虽然武汉近年来发展迅速,却仍有巨大的潜力有待挖掘。

如今,在长江经济带、中部崛起等国家重大战略聚焦武汉的历史机遇面前,复兴大武汉的新征程已全面开启。其中最引人瞩目的举措就是"长江新城"和"历史之城暨'长江文明之心'"的规划建设。武汉将以超前的理念、世界的眼光,打造未来城市。用"长江"来命名一座城市,展现了武汉的担当与雄心。今年年初,武汉又开启了"长江文明之心"规划建设,主动扛起了长江大旗,加快推动历史之城的建设,延续武汉大河文化与历史文化等城市文脉,力争打造长江生态文化最集聚的展示区、世界最负盛名的大河对话区、武汉历史文化精髓的浓缩区。武汉未来的城市建设将沿长江主轴展开,必将再度迎头赶上,成为连贯长江经济带,联通世界的现代化、生态化的国际枢纽城市。

长江、汉水穿行武汉,诗仙李白赞之曰"江城";东湖、南湖、月湖、马沧湖等湖泊星罗棋布,人称"湖中城,城中湖";而跨越江汉的多座桥梁,又为武汉赢得"桥城"之名。武汉这种种佳号,皆得于水之所赐。淡水是人类生存发展的首要资源,重要性只有空气可与比拟,连石油都不能并肩。而武汉是中国富水区集结点,水域率、湖泊率居全国城市首位,人均淡水拥有量居世界各大城市前列,这为武汉提供了巨大的发展潜力。

为了保持自身决胜未来的核心竞争力——水优势,武汉下最大决心、花最大力气,保护长江,治理沿线河湖,力求使江城成为共抓长江大保护的典范。为保障长江主轴的生态安全,江汉交汇的南岸嘴地区已近20年未开发。从2017年开始,武汉全面推行河湖长制,各级党政主要负责人担任"河湖长",并实施终身追责制。每年度对河流管护工作进行考核,并向社会公示,将河流保护纳入市级绩效目标体系。一年多来,武汉河湖长制的实施范围逐步扩大至全市所有河湖,全市已初步形成"首长治水责任链"。

2017年12月,东湖最后一截拦鱼栅拆除,东湖水域全面连通,东湖50余年的渔业养殖历史就此告终。当月底,东湖绿道二期开放,与一期绿道扣环成网,长达102千米,不仅让市民实现了"世界级慢生活",也极大促进了东湖生态系统的修复,武汉已将东湖打造成为城中湖的典范。

目前,国内一次性建成规模最大的污水处理厂——武汉北湖污水处理厂即将于 2019 年建成,届时将更加有力地解决"大东湖"水系的东湖、沙湖、杨春湖、严西湖、北湖等湖泊的水污染问题。

为保障长江水质,武汉强化担当,铁腕治江,持续保持对非法采砂高压严打的强震慑。2018 年 1 月,武汉正式实施长江跨区断面水质考核奖惩和生态补偿机制,进一步加强沿长江两岸的区域水质监测,坚决不让长江水质在武汉变坏。如今的武汉,已成为共抓长江大保护的表率,正引领着长江中部城市群生态文明建设的一体化发展,努力打造着世界知名的滨水生态绿城。

20 世纪末,未来学家提出"超级城市"概念,并在其预测的未来二三十年内的世界十大超级城市中,长江流域的武汉和上海入列[①],昭示了长江流域在中国乃至世界文明发展中的重要地位。

(文章来源:"2018 大河对话"主旨报告)

七、长江文明馆献辞

无边落木萧萧下,
不尽长江滚滚来。
——杜甫《登高》

江河提供人类生活及生产不可或缺的淡水,并造就深入陆地的水路交通线,江河流域得以成为人类文明的发祥地、现代文明繁衍畅达的处所。因此,兼收自然地理、经济地理、人文地理旨趣的流域文明研究经久不衰。尼罗河、幼发拉底-底格里斯河、印度河、恒河、莱茵河、多瑙河、伏尔加河、亚马孙河、密西西比河、黄河、珠江等河流文明,竞相引起世人关注,而作为中国"母亲河"之一的长江,更以丰饶的自然禀赋、悠远深邃的文化积淀、广阔无垠的发展前景,理所当然地成为江河文明研究的翘楚。历史呼唤、现实诉求,长江文明馆应运而生。她以"长江之歌·文明之旅"为主题,以水孕育人类、人类创造文明、文明融合生态为主线,紧紧围绕

---

① 麦金利·康韦:《未来的巨大城市》,《未来学家》1999 年 6—7 月号。

"走进长江""感知文明"和"最长江"三大核心板块,利用现代多媒体等手段,全方位展现长江流域的旖旎风光、悠久历史和璀璨文明。

干流长度居亚洲第一、世界第三的长江,地处亚热带北沿,人类文明发生线——北纬30度线横贯流域。而此纬线通过的几大人类古文明区(印度河流域、两河流域、尼罗河流域等)因副热带高压控制,多是气候干热的沙漠地带,作为文明发展基石的农业仰赖江河灌溉,故有"埃及是尼罗河的赠礼"之说。然而,长江得大自然眷顾,亚洲大陆中部崛起的青藏高原和横断山脉阻挡来自太平洋季风的水汽,凝集巫山云雨,致使这里水热资源并富,适宜人类生存发展,是中国乃至世界自然禀赋优越、经济文化潜能巨大的地域。

长江流域的优胜处可归结为"水"—"通"—"中"三字。

(一)淡水富集

长江干流、支流纵横,水量充沛,湖泊星罗棋布,湿地广大,是地球上少有的亚热带淡水富集区,其流域蕴蓄着中国36.5%的淡水资源、48%的可开发水电资源。如果说,石油是20世纪列国依靠的战略物资,那么,21世纪随着核能及非矿物能源(水能、风能、太阳能等)的广为开发,石油的重要性呈缓降之势,而淡水作为关乎生命存亡而又不可替代的资源,其地位进一步提升,当下的共识是:水与空气并列,是人类须臾不可缺的"第一资源"。长江的淡水优势,自古已然,于今为烈,仅以南水北调工程为例,即可见长江之水的战略意义。保护水生态,利用水资源,做好水文章,乃长江文明的一个绝大题目。

(二)水运通衢

在水陆空三种运输系统中,水运成本最为低廉且载量巨大。而长江的水运交通发达,20世纪90年代,其干支流通航里程超过7万千米,占全国内河通航里程的60%以上、水上运输量的80%,是连接中国东中西部的"黄金水道",其干线航道年货运量已逾10亿吨,超过以水运发达著称的莱茵河和密西西比河,稳居世界第一位。长江中游的武汉古称"九省通衢",即是依凭横贯东西的长江干流和南来之湖湘、北来之汉水、东来之鄱赣造就的航运网,成为川、黔、陕、豫、鄂、湘、赣、皖、苏等省份的物流中心,当代更雄风振起,营造水陆空几纵几横交通枢纽和现代信息汇集区。

(三)文明中心

如果说中国的自然地理中心在黄河上中游,那么经济地理、人口地理中心则在长江流域。以武汉为圆心,1000千米为半径划一圆圈,中国主要大都会及经济文化繁荣区皆在圆周近侧。居中可南北呼应、东西会通、引领全局,近年遂有长江经济带发展战略的应运而兴。长江经济带覆盖中国11个省市,包括长三角的江浙沪3省市、中部4省和西南4省市。11省市GDP总量超过全国的40%(2017年数据),且发展后劲不可限量。

回望古史,黄河流域对中华文明的早期发育影响至大,而长江流域依凭巨大潜力,自晚周急起直追,巴蜀文化、荆楚文化、吴越文化与北方之齐鲁文化、三晋文化、三秦文化并耀千秋。龙凤齐舞、国风—离骚对称、孔孟—老庄竞存,共同构建二元耦合的中华文化。中唐以降,经济文化重心南移,长江迎来领跑千年的辉煌。近代以来,面对"数千年未有之大变局",长江流域的城市担当起中国工业文明的先导、改革开放的先锋。未来学家预测21世纪全球十大超级城市,依次为:印度班加罗尔、中国武汉、土耳其伊斯坦布尔、中国上海、泰国曼谷、美国丹佛、美国亚特兰大、墨西哥坎昆和图卢姆、西班牙马德里、加拿大温哥华。在可预期的全球十大超级城市中,竟有两个(武汉与上海)位于长江流域,足见长江文明世界地位之崇高,发展前景之远大。

为着了解这一切,我们步入长江文明馆,这里昭示——

一道天造地设的巨流,怎样在东亚大陆绘制兼具壮美柔美的自然风貌;一群勤勉聪慧的先民,怎样筚路蓝缕,以启山林,开创丰厚优雅的人文历史。

附文:

"长江文明":中华文明的摇篮之一

记者:您倡议建长江文明馆的初衷是什么?

冯天瑜:长江流域是中华文明的摇篮之一。建设长江文明馆主要是为了更好地弘扬和传承长江的物质文明、精神文明和生态文明。同时,长江经济带是当下中国最具活力的经济带之一,已成为重大国家战略发展区域。当前,由政府和一些学术机构共同研究长江文明,使正进入发展黄金期的湖北成为中部发展当之无愧的战略支点。

记者:长江文明博大精深,本届园博会中建长江文明馆有何意义?

冯天瑜:长江文明馆非常契合园博会主题,除集中展示藏羌文化、巴蜀文化、荆楚文化和吴越文化之外,还将重点展示长江自然生态,包括大熊猫在内200多种长江流域珍稀动植物标本。长江文明馆不仅填补了湖北没有自然博物馆的空白,还有一个更重要的意义:它是在原来的一个垃圾场上建成的一座绿色公园,体现从绿色低碳环保的全新理念到和谐共生的美好愿景。

(附文刊发于《湖北日报》2015年7月20日第10版)

八、中华文化的地域分野

中国是一个文明传统悠久深厚的国度,又是一个广土众民的国度,其文化的时代性演进和地域性展开均呈现婀娜多姿的状貌,因而切忌做简单化的描述与概括。已故历史地理学家谭其骧先生曾指出:"把中国文化看成是一种亘古不变且广被于全国的以儒学为核心的文化,而忽视了中国文化既有时代差异,又有其地域差异,这对于深刻理解中国文化当然极为不利。"谭先生的这一论说显然是有感而发的,因为笼统地界定中国文化,已是一种司空见惯的做法,此类做法有碍于人们从共相与殊相辩证统一的高度把握中国文化,不利于开掘中国文化无比丰厚的内蕴。

要想获得对中国文化的深刻理解,必须纠正空泛、粗疏的学风,多做具体分析和实证研究,方能为综合与抽象提供坚实的基础,而此类工作的一个重要方面,便是对中国文化加以分区考析。应当说,在这方面我们有着宏富的遗产。

(一)文化生态与地理人文

人类创造文化依托的生态条件由自然环境、经济环境、社会环境和政治环境四大因素综合而成。文化是人类在自然、经济、社会、政治诸生态因子综合的基础上做出的能动创造。文化与其生态基础之间,既有依存关系,又保持着相对独立性。文化生态由自然要素与社会-人文要素综汇而成,自然要素包括宇宙的、地质的、气象的、水文的、地文的、生物的等方面,它们共同组成人类生存的物质基石——"地理环境"。

黑格尔说:"助成民族精神的产生的那种自然的联系,就是地理的基础",由地理要素构成的"自然的联系",也即文化生成的空间条件,是民族精神"表演的场地"和"必要的基础"。人类是在与地理环境互动的过程中进行文化创造的,地理环境的多样性是文化多样化发展的基础。

中国作为一个幅员辽阔的泱泱大国,各地的自然条件千差万别,经济、政治水准也参差不齐,因此,各地文化的发展不平衡。这种由地区多样性导致的文化多元倾向,与文化"大一统"倾向相辅相成,共同构成中国这个东方大国的显著特点。黄河流域是中国文化重要的发祥地之一,奠定了中华文明的根基,但中华文化的策源地又绝不限于黄河流域。近百年的考古发掘证明,180多万平方千米的长江流域乃至辽河流域、珠江流域以及西南崇山峻岭间,都有悠久的文明史。

自殷商起,中国正式进入有文字记载的时代,先民的活动地域愈益扩张。商人最早居住在山东半岛,大约在公元前14世纪,长期流动不定的商族在君主盘庚的率领下,从奄(今山东曲阜)迁徙并定都于殷(今河南安阳西北小屯村),商人的居住中心转移到黄河中游。

周人崛起于陕甘高原,又在泾渭平原得到发展,进而向东挺进,克殷并经营洛邑,从偏处西土的部落发展为雄视中原的王族。

秦汉以后,各区域文化融合为汉文化;经继续开疆拓土,实行民族交融,形成广土众民的大帝国;又经唐、宋、元、明、清历代的发展,奠定今日中国960万平方千米的领土,领域广远,腹里纵深,回旋天地开敞,是一种足可创造恢宏文化的博大空间,为中华文化的滋生繁衍提供了宏阔的天地。

中国处于北半球,大部属温带,亚热带区域也不小,最南部伸入热带,最北部伸入亚寒带,占有相当完备的气候带,提供了农业经济多样发展的地理基础。如秦岭、淮河以北成为以小麦、粟米为主要作物的旱地农业区,秦岭、淮河以南成为以稻米为主要农作物的水田农业区。又由于降雨量的大势是东部充沛而西部稀少,这是东部为农业区、西部为游牧区的自然基础。中华文化内部的南北之别、东西之异,正植根于这种与地理环境有密切依存关系的经济生活的土壤之中。

中国文化在漫长的发展历程中,因其腹地开阔,南北东西各路相激相荡,北方的孔墨与南方的老庄既相批判又相吸纳,西部的商韩与东部的管邹则互为应援,呈现区域文化多样化发展的局面:长城饮马,河梁携手,北人之气概也;江南草长,洞庭始波,南人之情怀也。散文之长江大河,多一泻千里者,北人为优;骈文之镂云刻月,善移我情者,南人为优。盖文章根于性灵,而受四围社会之影响特甚焉。

几千年来,中国文化的中心多有转换,大体沿着自东向西(从河洛到关中),继之又由西北而东南的方向转移。从王朝的中心——七大古都——安阳、西安、洛阳、开封、南京、杭州和北京的迁徙轨迹中,可略见端倪。七大古都散布于中华大地的中西南北东，以宋代分界，此前中国都城主要在东西轴线上流转，此后主要在南北轴线上移动，然其位置的更替，透露出中国经济重心的转移、政治集团的更迭、民族关系的弛张，隐含着文化生态的规则与意义深远的历史机缘。

殷商以来，黄河中下游，即中原一带，是全国最富饶的区域，又接近王朝版图的中心，是兵家必争之地，把握中原意味着把握住天下，因此，从殷周至隋唐，国都始终都在中原徘徊。汉唐以降，由于西北游牧民族的军事威胁和东部地区富庶程度的提升，都城有东移倾向。从北宋开始，契丹、女真等半农半牧或半农半渔猎民族兴起，农耕民族与游牧、渔猎民族冲突交往的重点区段已由长城西段转至长城东段，河洛已丧失控扼天下的地位。宋室南渡后，长安、洛阳、开封都已不具备昔日制内御外的强劲功能，以至元、明、清三朝，国都与黄河中下游无缘。

与此同时，南方也在历史的流转中逐渐崛起，以晋唐、两宋为关键时期。唐已有"赋出天下，江南居什九"之说，宋有"苏湖熟，天下足"的谚语，明又有"湖广熟，天下足"的民谣，显示出南方开发面从长江下游上溯中游的深度拓展。经济重心的南移也带来了文化中心"由北而南"总趋势上的改变。

从商朝开始，中华先民就开始了黄河以南的开发。春秋战国时巴蜀文化、荆楚文化、吴越文化在长江上游、中游和下游并起，直追中原。汉唐以降，中原王朝面临北方游牧民族的军事压迫，不断向南拓殖。南方优越的自然禀赋和广大空间，为其南向发展提供了条件。西晋末"永嘉之乱"、唐中叶"安史之乱"、北宋末"靖康之变"，都导致大批中原人南下，加速了长江流域、珠江流域、闽浙沿海及云贵高原的开发。

明清至近代以来，经济文化中心进一步向东南转移，东南沿海成为中国近代文化的能量发散中心。同东南沿海相比，近代中国的北方和西北较为落后、保守，而长江中游诸省，尤其是湖北、湖南，正处在较开化的东南与较封闭的西北的中间地带，成为近代中国风云际会的漩涡中心。

就近代中国社会变革而论，确乎是发端于东南沿海，而收功于华中腹地，进而又推向华北、西北、东北，又由华北、西北、东北推及全国，呈现一种"东方不亮西方亮"，此起彼伏、不平衡的发展状态。这也正是一个幅员辽阔、地理环境繁复多样、经济文化发展不平衡的东方大国的特色之所在。

（二）"画九州"与文化域分

中华先民很早便在东亚大陆建立起幅员辽阔的国家，并对这片国土的自然风貌和人文状态做过真切的分区把握。成书于晚周的《左传》,在"襄公四年"对于大禹"画九州"传说如此记述:"茫茫禹迹,画为九州。"沿袭此说,周秦之际的《尚书·禹贡》简练而准确地描述当时的国土——"东渐于海,西被于流沙,朔南暨声教讫于四海"。对纵横于东亚大陆的广袤国土,《尚书·禹贡》分作"冀、兖、青、徐、扬、荆、豫、梁、雍"九州,并对每州的土壤进行分类和等级划分。而土壤分类和等级划分,实际上是对农耕文明国度经济、文化水平的地区等级判定。其他古籍之"九州"与《尚书·禹贡》略同,又各有差异,反映了不同时代域分的区别。如《周礼·职方氏》有幽州、并州,无徐州、梁州;《尔雅·释地》有幽州、营州,无青州、梁州;《吕氏春秋·有始览》有幽州,无梁州。"九州"约略反映了春秋末期以来中华先民栖息生养的地理范围的行政区划。

战国末期成书的《吕氏春秋·有始览》对"九州"的地望有较具体的划分,大体与晚周列国对应:"何谓九州?河汉之间为豫州,周也;两河之间为冀州,晋也;河济之间为兖州,卫也;东方为青州,齐也;泗上为徐州,鲁也;东南为扬州,越也;南方为荆州,楚也;西方为雍州,秦也;北方为幽州,燕也。"《尚书·禹贡》及《周礼·职方氏》《尔雅·释地》《吕氏春秋·有始览》所划出的"九州",大体上包括燕山山脉以南、五岭以北、青藏高原以东的广大区间,面积在 300 万平方千米左右。这是自上古以来中华先民所着力开发的地段,在同期的世界文明古国中,领域的辽阔罕见其匹。

中国地势西高东低,山地、高原和丘陵约占三分之二,盆地和平原约占三分之一,山川纵横,气象阔大。其地域特征如楚文化专家张正明所称:北方中原文化,雄浑如触砥柱而下的黄河;南方楚文化,清奇如穿三峡而出的长江。此说暗合梁启超对南北自然风貌、文化精神大相异趣的描述:"北俊南孊,北肃南舒,北强南秀,北僿南华。"这种关于区域文化特征的把握,既着眼于自然环境之分,更观照了社会生活、人文传统之别。

此后,西汉史学家司马迁在《史记·货殖列传》中对当时南北东西各地的物产和人文特色有传神的描绘。西汉末年学者刘向则将汉朝全境划分为若干区域,丞相张禹又令僚属朱赣按区域介绍风俗。东汉史学家班固所撰《汉书·地理志》集上述之大成,并记录各地风俗,绘制出文化地域特征的生动画卷。以《汉书》为端绪,历代正史皆设地理志,以各朝疆域为范围,以政区建制为纲目,分条记述山川、物产、风俗,形成文化区域研究的良好传统,奠定了我们今日理当深入开展的文化区域研究的前进基地。

中华文化自其发生期始,即因环境的多样性而呈现丰富的多元状态,到晚周,各具特色的区域文化已大体成形:东临沧海,山海兼备的齐鲁文化歧异于处在"四塞之地"的秦文化;地居中原的三晋文化不同于南方的楚文化;同在长江流域而分处上游、中游、下游的羌藏文化、巴蜀文化、荆楚文化与吴越文化,各有特色。至于在湿润的东部发展起来的农耕文化与在干燥的西部发展起来的游牧文化,更是大相径庭。

今之地域研究涉及的一个基本概念是"文化区"。作为文化的空间分类,文化区由自然、社会、人文三重因素所决定,三者在历史进程中综合成某种地域性文化特色。古史专家徐旭生提出中国远古部落三大集团说:西北的华夏集团(黄帝、炎帝、颛顼、舜、祝融等族),东方的东夷集团(太昊、少昊、蚩尤等族),南方的苗蛮集团(三苗、伏羲、女娲等族)。

跨入文明门槛后,东夷和苗蛮渐有汇入华夏的趋势,组成中原文化,与殷人和周人所代表的中原文化相并列;楚人在长江流域发展楚文化,使中华文化的范围进一步扩展。

自春秋以至战国,大体形成六大文化区——三晋、齐鲁、秦、荆楚、巴蜀、吴越。六大文化区地理范围大约包括秦长城以南,黄河上下、长江南北。有历史地理学者另分六区:黄河中游区、黄河下游区、江汉区、长江三角洲区、赣粤区、陇东塞外区,即所谓"六瓣梅花形",汇聚成华夏文明。

当然,文化区并非静态、凝固的空间存在,而是因时演变的。一般而言,构成文化区的自然因素变化较慢,社会、人文因素迁衍较快。明清之际哲人王夫之在论及文化中心转移的态势时说:"三代以上,淑气聚于北,而南为蛮夷。汉高祖起于丰、沛,因楚以定天下,而天气移于南。"王夫之常用"天气移于南""地气南徙"诸说法,而他所谓的"天气""地气",显然并非专指自然之气,而是自然、社会、人文的综合,更多地包蕴社会、人文因素。事实上,自从具有理性的人类介入,造成文化世界,我们这个星球上的变化往往不再是单纯的自然运动,仅以各地土壤肥瘠的变迁而论,便深深打上了人类活动的印记。曾被反映周秦之际状况的《尚书·禹贡》列为下中、下下的长江流域,至近古已成上上之地。宋人王应麟说:"今之沃壤,莫如吴越闽蜀。"至于各地风俗、学术的异动,更是古今起伏,时有更迭。这是在做区域研究时应予注意的。

当下我们的地域文化研究,在观照历史的前提下,更要着眼于当下。今日中国,北起漠河,南达南沙群岛的曾母暗沙,西起"世界屋脊"帕米尔高原,东及黑龙江与乌苏里江主航道中心线的汇合处。对领土面积约与整个欧洲相当,包括56个民族的中国做合理的文化域分,是地域文化研究的使命。

鉴于中国领土的辽阔和文化类型的复杂,有必要做多级次的文化域分。按照自然条件和经济文化类型,中国首先可分作东西两部。从黑龙江的爱辉到云南的腾冲之间做一连线,东半壁是向太平洋倾斜的低度高原、丘陵和平原,季风气候使之干湿交替、季节分明,数千年来形成发达的农耕经济、繁复的典章制度和精深的艺文哲思;西半壁以草原、沙漠、高山、高寒高原为主,属大陆干旱性气候,自古以来繁衍着粗犷奔放、富于流动性和生命活力的游牧文明。东西两大文化区的互动,构成中国历史的重要内容,并为中国现代文化的丰富性和多样化发展提供了无尽的源泉。

东部农业文化区可分为以汉族为主体的中原农业文化亚区和以西南少数民族为主体的农业文化亚区。中原文化亚区,自北而南又可分为燕赵文化副区、三晋文化副区、齐鲁文化副区、中州文化副区、荆楚文化副区、吴越文化副区、巴蜀文化副区、安徽文化副区和江西文化副区。中原农业文化亚区向北延展为松辽文化副区,向南延展为闽台文化副区和岭南文化副区。西南文化亚区又分为滇云文化副区和贵州文化副区。西部游牧文化区可分为蒙新草原-沙漠游牧文化亚区(其内又分作塞北文化副区、甘宁文化副区、西域文化副区)与青藏高原游牧文化亚区。

(三)扬弃:地理环境决定论和"世界中心"意识

地理环境与人类社会发展的相互关系,是一个"永恒的主题"和"无可回避的主题",中外先哲都对这一切关宏旨的论题做过深沉的思考。

古希腊历史学家希罗多德在《历史》一书中指出,全部历史都必须用地理观点来研究,地理提供了历史和文化的自然背景和舞台场景,历史事实与地理环境联系在一起才具有意义。古希腊名医希波克拉底所著《论空气、水和环境的影响》一书,认为人的身体和性格大部分随着自然环境的不同而有所不同,从而强调地理环境对人性的影响。古希腊最渊博的学者亚里士多德提出,地理的各种可居住性和不同的纬度有关。他创立环境地理学,认为地理环境既是人类生存的物质环境,又是制约社会存在的相互关系体系,从而把地理环境纳入人类历史和文化考察的范围之内。文艺复兴晚期学者、法国人让·博丹认为"某个民族的心理特点取决于这个民族赖以发展的自然条件的总和",表现了人文主义者对地理因素与人文因素相互关系的重视。

18世纪欧洲启蒙思想家孟德斯鸠是社会地理学派的代表。这个学派认为,国家制度和文化类型取决于地理环境,尤其是气候。孟德斯鸠声称:墨西哥和秘鲁的那些专制帝国是接近赤道的,而几乎一切自由的小民族都靠近两极。海岛民族比大陆民族更重视自由。他把纬度和滨海性等地理要素视为人性与制度的决定因素。

将"地理唯物论"正式引入文化研究领域的是英国历史学家巴克尔。他认为,气候、土地、食物等是文化发达的决定性因素。赋予"地理唯物论"以完整理论形态的,是德国地理学家拉采尔,他把人看作环境的产物,认为人和其他生物一样,其活动、发展和分布受环境的严格限制,环境以盲目的残酷性掌管着人类的命运。他把地理环境对人类文化的影响归结为四个方面:第一,直接的生理影响;第二,心理的影响;第三,对社会组织和经济发达的影响;第四,支配人类迁徙及其最后分布。

中国古代也有相当丰富的"地理唯物论"内容,《周礼·冬官·考工记》载:"橘逾淮而北为枳,鹳鹆不逾济,貉逾汶则死,此地气然也。郑之刀,宋之斤,鲁之削,吴越之剑,迁乎其地而弗能为良,地气然也。"

明人王士性在论及关中和川中水土与人性的关系时说,由于关中土厚水深,"故其人禀者博大劲直而无委曲之态……川中则土厚而水不深,乃水出高源之义,人性之禀多与水推移也"。

这些言论都强调地理环境对文化及人性的影响,与近代西方的孟德斯鸠、拉采尔异曲同工。

中国近代思想家梁启超、杜亚泉、李大钊等在清末民初探究中西文化差异的原因时,主要便是运用"地理唯物论"的理论和方法。如梁启超1902年发表于《新民丛报》的《地理与文明之关系》一文,集译西方的"地理唯物论"诸说(如亚里士多德、洛克等人的言论)兼及中国古代哲人(如管子)的相关言论而阐述之,认为气候、地势之别,是亚洲文明与欧洲文明大相径庭的原因。

"地理唯物论"强调气候、地形等自然条件对人类历史文化的影响,包含若干合理的、有价值的思想成分。然而,把"地理唯物论"扩张成"地理环境决定论",则有重大失误。首先,此论把地理环境对人类文化的影响从特定的时间范畴抽象出来,加以无限制的发挥,因而难免偏颇;其次,此论忽视若干中介,把自然对人类社会及其文化的作用加以直线化、简单化、夸大化的描述,从而陷入单因素决定论;再次,此论把地理环境全然看作人类社会的外力,认为是自然环境这种外力决定着社会的进程,左右着人性和文化的特征,陷入了"外力决定论"和"自然宿命论"的泥淖。

人类历史的进程和文化的发展不能摆脱人类在时间与空间上所处的特定的自然条件。一则,人类本身是自然的产物,其生存和发展要受到自然法则的制约;二则,人类的生活资料取之于自然,人类劳动的对象也是自然,自然和人的劳作结合在一起才能构成财富(物质的和精神的),才能造就文化。人类的文化成就,不论是房屋、机械还是书籍、绘画,都是自然因素与人文因素的综合;三则,人类发展到任何阶段,都须臾不得脱离地理环境的恩惠,并不可避免地受其制约。今天,在这个问题上有必要复归中道:既要高度重视地理环境对历史文化的深远影响,又要扬弃"地理环境决定论",坚持文化生成的主体客体辩证统一的观点。

半封闭的大陆-海岸型环境为中国文化提供了独立发展的地理前提,而这种文化发展的独立性在历史上发挥过双重功能:其一,较完整地保留文化传统,获得前后递进、层层相因的延续性;其二,形成"世界中心"

意识。

中国文化虽然与中亚、西亚的草原-绿洲文化进行过成效卓著的交流，并在相当的深度和广度上采纳南亚次大陆佛教文化的精华，明清之际又与欧洲近代早期文化有所沟通，但截至鸦片战争之前，中国文化并未经受过外来文化的根本性挑战，从而一直保持着自身的风格和统系。这种在数千年间文化统绪延绵不断，各主要文化门类代有高峰、此起彼伏的现象，在世界文化史上是绝无仅有的。学术界把七个古代文化（埃及文明、苏美尔文明、米诺斯文明、玛雅文明、安第斯文明、哈拉巴文明和中国文明）称作现代文明的"母文明"，而这七个"母文明"中唯有中国文明历经四五千年，持续到现在，未见中辍。中国文化这种无与伦比的延续力当然是综合原因造成的，但东亚大陆特殊的地理环境造成的隔绝机制，无疑是一个重要缘由。

由于中华古代文化始终是保持着独立的、一以贯之的发展系统，而且长久以来其文化的总体水平明显高于周边地区，这使得中国人把黄河、长江滋润的那片沃土视作唯一拥有高度文明的"化内之区"，把周边及远方则视作荒僻、简陋的教化不及的"化外之地"。作为农耕民族的中原人虽然多次在军事上被"夷狄"所征服，但由于中原人拥有高度发达的农耕经济、典章制度和艺文哲思，因而在文化上一次又一次演出"征服者被征服"的戏剧。这无疑一再强化华夏—汉人文化上的优越感，他们即或在武功上暂处劣势，也仍拥有通过自己的声明文物"光被四表"的信心。

中国与外部世界相对隔离，其文化又长期高于周边地区，这使得华人在长达数千年的时段养成一种"世界中心"意识。由于古代华夏族及后来的汉族多建都于黄河南北，"外薄四海"，处在"四夷"之中，故自称"中国"，与"四方"对称。华人自古不仅认为中国是世界中心，还是世界主体。明末来华的意大利耶稣会士利玛窦说："中国人认为，他们的辽阔领土的范围实际上是与宇宙的边缘接壤的。"外人的这一评说，大体上反映了古代中国人的疆域地理观念。

认为本民族生活在世界的中心，并非古代华人独具的观念，许多古民族都有过类似看法。法显在《佛国记》中指出，印度人自认本国为"中国（世界中心之国）"，而将包括中国在内的东亚诸国视作"边地"。此外，古代的希腊人、罗马人、阿拉伯人都曾将自己的国度看作世界中心。不过，由于中国远离其他文化圈，保持封闭状态历时特别久远，因而这种自认处于世界中心的观念也保持得格外强固、悠长。战国以降，中国人的"九州"观、"天下"观、"四海"观渐有变更，但直至19世纪中叶以前，一直把自己的国度看作世界的主体和"天朝上国"，外域不过罗列着若干"蕞尔小国""蛮夷之邦"这套见解，在中国古人绘制的世界地图上体现得十分鲜明。

中国人自认处于"世界中心",并非单指地理位置上的中心,还尤其指文化上的中心地位。汉代扬雄在界定"中国"这一概念时,便强调因其政治、经济要素而赢得中心地位:"或曰,孰为中国?曰,五政之所加,七赋之所养,中于天地者,为中国"。这就把"中国"视为文明的渊薮、世界的中心。

此类意识在中国人心目里几乎是毋庸置疑的。古代中原人一向以"礼仪之邦"自居,认定"人而无礼,虽能言,不亦禽兽之心乎"。在他们看来,一切不知"礼"、没有文化的外域人都非"蛮"即"夷",理应如众星拱月、百川归海般地聚向中华帝国。"万国来朝"正是自认居于世界文化中心的华人的理想境界,"是以声名,洋溢乎中国,施及蛮貊",表明华人乐于以文化布道者的身份,将教化充溢于中国,进而扩及野蛮无文化的四面八方。

自认文化领先并雄踞世界文化的中心位置,是中国人的一个古老信念。鸦片战争的失败让国人渐渐从"天朝上国"的迷梦中醒来,艰难地开启了探索现代化进程的步伐。直至近现代,只要出现某种内外条件,有些国人还会油然再生自居"世界文化中心"的幻觉。这是需要我们自警自戒的。

在言及中国文化的地域性时,应当申述的另一要义,是中国文化的共通性。这种共通性是中华民族在数千年历史进程中磨合而成的,表现为一种兼收并蓄的宏阔气象、对多元文化"有容乃大"的统摄与综汇。诸如晚周南北文化的交合,成就了战国文化的空前辉煌;汉唐中原文化对西域及周边文化的吸纳、魏晋南北朝诸族文化的融会,以及此后多次民族文化及地域文化的沟通,加之对南亚佛教文化的采借与再造,成就了以宋文化为代表的中古文化高峰;元、明、清更将多民族国家的雄伟格局奠定,而多元一体的文化政策的确立,则是其文化保障。

今日异彩纷呈、生机盎然的中华文化,是诸地域、诸民族的共同创造,是文化的"多"与"一"互动的结果。这种和而不同、刚健自强的文化机制,是中国作为一个广土众民的泱泱大国长久地屹立在世界东方的重要原因。

(本文选自《地域文化研究》2017 年第 1 期)

第四章

学海探航

一、义理、考据、辞章[①]

诸位青年老师：

在座的青年朋友走上大学教学、科研岗位，即将跨入学术殿堂，在下作为一个老教师，特三致贺忱，并寄语诸君：

以修习学问为志

以修习学问为乐

以下结合自己的体悟，参酌先哲的说论，略议修学门径，卑之无甚高论，聊供参考。

谈及"修习学问"，清代桐城派代表作家姚鼐会通汉学、宋学的名论值得玩味："余尝谓学问之事，有三端焉。曰：义理也，考证也，文章也。是三者，苟善用之，则足以相济；苟不善用之，则或至于相害"（《述庵文钞序》）。

姚氏所说"义理、考证、文章"，或称"义理、考据、辞章"均各有特指——

"义理"原指儒学修齐治平功夫，通过诠释经典，修行践履，达到意义人生的高远目标。从治学而言，"义理之学"讲究的是理论思维能力的训练与运用。

"考据"指通过实证性研究（校勘、释义、定量分析），搜集材料、辨析材料，去粗取精、去伪存真。"考据之学"讲究的是占有并辨析材料能力的训练。

"辞章"指作文立言功夫。"辞章之学"讲究的是表达能力的训练，作文何以做到"信、达、雅"。

姚鼐"学问三端"说，可从两个层面诠释。

（1）"义理、考据、辞章"指三门学问。于此，前哲早有论述。宋代理学家程颐指出："古之学者一，今之学者三，异端不与焉。一曰文章之学，二曰训诂之学，三曰儒者之学。"（《近思录》）

[①] 本文根据冯天瑜先生2009年在武汉大学青年教师上岗培训班上的讲话整理而成。

小程子所谓的"文章之学"即辞章学,"训诂之学"即考据学,"儒者之学"即义理学。程颐作为理学的代表人物,强调"儒者之学",即"道学""义理学",认为文章与训诂之学都是为"趋道"服务的,皆综会于"儒者之学"。

至考据学大盛的清代乾嘉间,兼精义理与考据的戴震进而归纳:"古今学问之途,其大致有三:或事于理义,或事于制数,或事于文章。"(戴震《与方希原书》)

"义理、考据、辞章"三学并列,昭示了中国传统的学术分科理路——"义理之学"约为中国哲学原型,"考据之学"(又称训诂之学、制数之学)约为中国史学原型,"辞章之学"约为中国文学原型。

(2)"义理、考据、辞章"指普遍性的治学涉及的三方面能力,一切研习学问的人都应努力具备。姚鼐之言的警辟处在于,阐发了"义理—考据—辞章"三者"相分"而又"相济"的道理,指出三者固然分野,但不可彼此排斥,三者当并行不悖、互动共济,这是中国传统的主流学术理念和作文准则。就一个学术工作者的知识和能力准备而言,"义理—考据—辞章"三者"相济"论也是极富启示性的,置之现代语境,似可这样表述:

一个以学问为事业的人,应当有理论修养,得以攀登时代的思想高峰,对错综复杂、隐而未彰的研究对象获得理性真解和创造性诠释;应当有广博的知识积累,占有丰富的材料,所谓"前言往行无不识也,天文地理无不察也,人事之纪无不达也"(《隋书·经籍志》),更须具备辨析材料的能力,如"老吏断狱",去伪存真,由表及里,透过纷繁表象直逼真相;应当锤炼语言,长于辞章,有一种"两句三年得,一吟双泪流"(贾岛《题诗后》)的追求。

"义理、考据、辞章"三学,考据贡献并审定材料,辞章提供方法和表述,义理整合内容并探究形上之道,三位一体,相辅相成。三者合则互美,分则相害。

以下我们先分述"义理""考据""辞章",再合论三者应当"相济"而不可"相害"。

(一)义 理

义理指普遍皆宜的道理或讲求经义、探求名理的学问,约指"理论思维"。

西哲有曰:理论思维仅仅是一种天赋的能力。这种能力必须加以发展和锻炼,除了学习以往的哲学,直到现在还没有别的手段。(恩格斯《自然辩证法》)

义理能力的提升,必须经由对前贤的哲理杰作的攻读、体悟。从先秦诸子、希腊群哲,到现代各思想流派的代表作均应有选择地涉猎。以《庄子》为例,多由寓言故事昭显哲理,其《天下篇》记述惠施的言说:"一尺之棰,日取其半,万世不竭",道出了空间无限可分和时间无限可分的观点。《秋水》中的庄子与惠子濠梁观鱼,就人可否"知鱼之乐"展开辩论,提出人除自知之外,能否感悟其他事物的问题,这是认识论中的一个大题目。此外,《庄子》中"庄生梦蝶""蝶梦庄生"的遐想,直逼认识主体与客体的互动问题;"庖丁解牛"以屠夫宰牛比喻从实践中掌握客观规律,做事便得心应手、迎刃而解。以上诸篇,给人哲理启示良多。

史学工作者还尤其需要钻研历史哲学论著。我较用力于王夫之的《读通鉴论》和黑格尔的《历史哲学》二书,在史学理论与方法上从中获益匪浅。王夫之论及秦始皇废封建、置郡县的功过得失,提出"天假其私以行其大公"的论断,颇类似黑格尔"最大的'罪孽',反而最有益于人类"的警句,揭示了主观动机与客观效果相矛盾的现象背后,有着不以人的意志为转移的支配力量起作用,黑格尔归之于"绝对精神",王夫之归之于"势""理""天"。

除阅览、思索外,当然还要实践,接触每一研究论题,都自觉地树立一种理论追求,在考察先辈对此论题已有的思辨成就基础上,试图求得深入一层的真解。我在撰著《中华文化史》和《中华元典精神》过程中,便从总体框架到具体论点、论证上,做若干探讨尝试。如《中华文化史》就中国文化得以发生发展的生态环境,做全景式把握,从地理环境、经济土壤、社会结构三层面的分析与综合着手,剖析中华文化的生成机制,试图运用系统论的方法诠释中国文化诸特质,并对跳跃式的西方文化历程与连续性的中国文化历程做出比较。《中华元典精神》则力求超越直线进化观和历史退化观等传统的两极认识,以否定之否定的螺旋发展论解析文化史的辩证历程,透现今对古在"复归"外貌下所包蕴的历史性跃进。这些努力当然只是初步的,但我愿意追踪先哲和时贤,继续锐意精进。

(二)考据

考据指研究问题时,详尽占有相关材料,并对材料进行辨析、考核,以资证实和说明论题。

做任何一门学问(无论是自然科学还是人文学及社会科学),第一位的任务就是占有事实材料。俄罗斯生理学家巴甫洛夫说,事实材料好比空气,研究者好比飞鸟,鸟翅只有振动空气才能高飞。事实材料是学术研究的出发点,对事实材料精密辨析方有可能获得科学结论。

梁启超在《清代学术概论》中归纳乾嘉考据学的特色:其治学之根本方法,在"实事求是""无征不信"。这是对考据学颇为精要的概括。

考据对历史研究的基础作用,可以"光绪死因"一题为例加以说明。关于光绪皇帝之死,自其1908年亡故以来的百年间一直聚讼未决,大约经历了三个阶段:①清末盛传光绪被慈禧害死,此说主要源出有二:一为清廷人士(如外务部右侍郎伍廷芳、光绪的陪侍及起居注官恽毓鼎、末代皇帝溥仪等)根据慈禧与光绪的关系做出的判断,二为戊戌政变后流亡海外的康有为等人的推断和展开的宣传。20世纪80年代以前,社会舆论和史学界多信从此说。②20世纪80年代以后,随着清宫档案发掘整理工作的展开,尤其是光绪生前脉案(病历)、药方的发现,获知光绪一生体弱、百病丛生,1908年夏秋之交已病入膏肓,系因病死亡,非他人谋杀。据此,光绪正常死亡之说,在1990年前后十余年间几成定论。③21世纪初,"清光绪帝死因"专题研究课题组,用精密仪器对光绪的头发、遗骨、衣服及墓内外环境进行检验、分析,发现光绪死时体内含砷量高于正常值80～90倍,而砷是毒药砒霜的主要成分。由于此一事实的发现,光绪系中毒死亡,确凿无疑。此外,又通过大量文献材料的比照,发现有关光绪的所谓"脉案"(病历),并非光绪本人对御医的陈述,而是慈禧或太监代光绪向御医介绍的"病情"。慈禧唯恐自己先死,光绪复出掌权,遂在全国求医,制造光绪病入膏肓的舆论。故以往认作可靠材料的光绪脉案,也应重新看待。可见,经考据获得的实证,是做出"光绪死因"判断的基本依据。

搜集事实材料是第一步,下一步的工作是辨析材料。陈垣分考据方法为三:理证(根据逻辑推理判断正误)、书证(以本书和他书为据,考证正误)和物证(以出土龟甲、金石、器物,考证史料正误)。记得少时常听父亲议及清人考据繁密,言必有据,如法官审案,孤证不决,务求旁证、反证;母子证(从同一源头发展来的一连串证据)不及兄弟证(来源于并列的若干证据)有价值,等等。成年后接触乾嘉学者的论著,从事研究工作以来更时常翻检这类书籍,钦佩乾嘉学者的渊博和谨严。对一切以学术为目标的人来说,都有占领材料,进而对材料去伪存真、去粗取精的必要。作"以论代史"的空议固然无益于世,拿到史料便用,也有可能害人误己。总之,辨析材料绝非考据家的专利,而是全体学者的必修功课,对于史学工作者而言,既以"实录"为治吏目标,也就格外需要相当的考据功力。

20世纪80年代初,写作《辛亥武昌首义史》,我便着意于考析武昌首义前后一系列似乎已有定论的微观问题,逐一爬梳、参校材料,提出有别习惯说法的新结论:湖北第一个革命团体是吴禄贞主持的花园山聚会,科学补习所只是承其绪的组织;《大江报》时评《大乱者,救中国之妙药也》作者并非詹大悲,而为黄季刚;汉口宝善里机关失事为1911年10月9日,并非1911年10月8日;首义第一枪由程正瀛打响,并非熊秉坤;1911年10月10日首先举义的是城外辎重队马棚纵火,城内工程营放枪在后;早在1911年4至6月间,革命党人已有举黎元洪为都督之议,黎于首义后被推举,并非纯属偶然。台湾东吴大学缪寄虎教授读毕拙著后,曾撰文称赞这些新论的"搜材之博、考证之详、文笔之细",并以为,"今日台湾普遍漠视历史教育只知道有电脑之际,冯教授的考证文章也许可以刺激一下中国人恢复其大脑的使用功能"。寄虎先生这"恢复大脑功能"之说,颇具启示性——占有丰富的材料,加以认真辨析,既是"考证",同时思辨也在其间,而且是扎实、有的放矢的思辨。故而,考证是义理的基础。

(三)辞章

辞章之学不仅指文章辞藻,更指文章论证框架的建构、思路和方法的选择,写作风格与研究对象的适配等。

对于"辞章",中国有两种极端之论,扬雄以为是"雕虫小技","壮夫不为";曹丕则认定是"经国之大业,不朽之盛事"。平心而论,作为表达思想的手段,辞章重要,自不待言。中国又有"文史不分家"的传统,故追求辞章之美,非唯文学家,史学家、哲学家孜孜于此者也不在少数。司马迁便不仅以史学家名世,又以文学家著称,《史记》有"史家之绝唱,无韵之《离骚》"的美誉;现代一些卓越史学家,其史著也都文采斐然,读来令人神往。中国最渊深的哲学著作《老子》又是玄妙的哲理诗,《庄子》更"汪洋辟阖,仪态万方",是辞章极品。我甚钦仰前辈史家、哲人的文质彬彬,不满新旧八股的呆板乏味,虽自叹才情欠缺,却心慕手追,力图文章有所长进,述事纪实,务求清顺流畅,娓娓道来;辩驳说理,则讲究逻辑层次,条分缕析。无论哪类文字,都切忌板起脸孔,而应以理服人,以情动人,寓庄于谐。文章不写空话、套话,不做无病呻吟。我以为,就文章而言,史学不同于哲学,较近于文学。除史论以外的历史著作,哲理最好深蕴于述事背后,主题更应贮藏于事实展现和形象描绘之中。《史记》的深意主要不是靠"太史公曰"陈述,《资治通鉴》的历史哲学精华也不在"臣光曰"的直白,而寄寓在历史过程的生动叙述之中。这便是古语所谓"载之空言,不如见之于行事之深切著明也"。当然,那种画龙点睛式的议论和哲理性评断,也是令篇章增辉的"文眼"。

(四)"义理、考据、辞章"三者"相济"而不可"相害"

"义理、考据、辞章"不仅各具独立价值,而且,理论指导、材料辨析、文字表达三个方面的能力缺一不可,此三者间的关系应当"相济"而不得"相害"。

以史学而论,忽视史料的占有与辨析,其义理不过是空中楼阁,是无源之水、无本之木;同样,没有理论思维,所占有的史实也只是一堆原材料,无以建构伟岸的大厦,诚如刘知几所说:

> 夫史之有例犹国之有法,国之无法则上下靡定,史之无例则是非莫准。(《史通·序例》)

这里的"例",便是指治史的理论与方法。此外,有义理与考证功力,如果文章苍白乏味,也难以成就良史,正所谓"言而无文,行之不远";反之,擅长文章表达,却缺乏义理与考证功夫,则不过是花拳绣腿,上不得真阵式,而且还会以文坏史,古来忌文人修史、文人修志,即防范这种情形。

为学术工作者说一句"豪言壮语"吧——

天将降大任于治学者,必先精思义理,苦心考据,擅长辞章,并致力于三者间的"相济",于宏大处着眼,从精微处着力,方有可能造就"表征盛衰,殷鉴兴废"的学术成果。我辈不敏,却应当终生莫懈、不倦无悔地朝着这一方向努力!

二、考古与多重证据[①]

考古学是根据发掘古代遗物、遗迹研究古代人文历史的科学。在西方,它是伴随近代实证科学的发展,在人文学领域兴起的一门学科。就中国而言,金石学为其前身,宋代金石学家赵明诚(1081—1129,词人李清照的丈夫)、洪适(1117—1184)等收藏金石图书,并据以考证史传讹误,开考

---

① 本文根据2006年5月22日冯天瑜先生在武汉大学历史学院举办的中国南方省市文物局局长研习班上的讲话整理而成。

古学之先河，展现了考据方法对史学研究的作用。20世纪初，西方考古学传入，中国开始有了以发掘工作为基础的近代考古学。

考古学是一门实证科学，是讲究实事、实证的学问。如果要概括考古学的要旨，"考据精神"是首选之条。当然，"考据"并非考古学所专有，它是整个历史学的基本方法之一。今天我们从历史考据学角度谈谈考据精神，聊供文物考古工作者参考。

（一）考据是历史研究的基本方法之一

"历史"有两层含义：第一，指构成人类往事的事件和行动；第二，指对往事的记述及其研究模式。前者可称"历史1"，后者可称"历史2"。（见《大英百科全书》）努力逼近"历史1"，是史学的一个任务，也是"历史2"求索的目标之一，在这一意义上，历史学是"求真"之学，是"实事求是"之学，"辨伪""证真"是历史学的基本使命。历史学是反思过去的一种知识与思想活动，然而，历史是曾经发生、一去不复返的过程，具有不可重现性，因而历史学者不可能像自然科学家那样在实验室里一再重演所研究的自然现象；也不能如同新闻记者那样，在事件发生的第一时间以观察者身份做现场实况报道（新闻记者的第一要务是现场报道，普利策奖的要义在此。一些记者为了追求报道的现场性，不惜以身殉职，现代战争中牺牲的记者人数为：第二次世界大战68人，马尔维纳斯群岛战争98人，伊拉克战争127人），历史学者只能通过占有并辨析尽可能丰富的史料，从过往的陈迹、陈说中寻求历史真相，因此，经由考据达成求真，是史学的本质精神。如果说，新闻摄影界有句名言："假若你拍摄得不够好，是因为你靠得不够近"，那么，历史学者也可以这样自勉："如果历史事实还模糊不清，是因为你考证得不够真切"。

"考证"又称"考据"，广义指根据事实查考证实；狭义指研究历史、语言等的一种方法，其精义为：通过考核事实和归纳例证，提供可信材料，从而得出结论。

"考据"之"考"，有考核、考究、考校、稽考之义，"考据"指推究历史证据，究其原委、引据证明，纠正前说之误。拉丁文"考证（kritikos）"源于希腊文名词"krite"和动词"kritein"，意为判断。17世纪英国哲学家培根（1561—1626）规定考证五法：勘误、释义、历史分析、评估典籍、词语分析。18世纪德国哲学家康德（1724—1804）在《纯粹理性批判》中指出，"考证"与"批判"同义。在中国，考据方法古已有之，俗称"汉学功夫"，伴随两汉经学而演运，清代更形成发达的"考据学"，是运用考据方法，对古籍语义和历代名物制度进行研究，考核、辨析，以期确凿有据的一种学问。可见，西方的 kritikos 与中国的考据学,内涵接近,所用方法也相似。

(二)考古发现提供原生态历史状貌,与传世文本相比照,可开辟历史考据的新生面

史学的基本使命,是让人们了解过往事实的真相。通过史料求证史实,是历史学的第一要义,科林伍德(1889—1943)把历史学定义为"历史证据的科学",兰克(1795—1886)说:"与浪漫的虚构相比,历史证据美丽得多,有趣得多。我要弃虚构而去,决心在我的著作中坚持事实,避免任何臆造和编织。"他认为,历史学的"最高准则"是"严格地重视事实,即使枯燥无味也在所不惜"。而早在兰克之前大半个世纪,中国的乾嘉考据家王鸣盛(1722—1797)在《十七史商榷》中说:"读史者不必以议论求法戒,而但当考其典制之实。不必以褒贬为与夺,而但当考其事迹之实。"钱大昕(1728—1804)在《廿二史考异》中强调对史书要详加考订,"祛其疑,乃能坚其信;指其瑕,益以见其美"。赵翼(1727—1814)、崔述(1740—1816)等也说过类似的话,并在自己的学术实践中把考据精神发挥到极致。

近现代中国史学遵循并发扬这种考据精神,所获甚丰。仅就史料发掘推动史学进步而论,甚至"改写历史",可略举几例。

(1)殷墟甲骨文的发现与破译(1899年始)对殷商史研究的推动。明清大内档案的面世对明清史研究的推动。

(2)敦煌吐鲁番文书的发现与研究对两汉、魏晋南北朝、隋唐两宋史研究的推动。

(3)近30年来简帛的出土与研究。1972年临沂银雀山汉墓出土文献,全为兵书;1976年云梦睡虎地秦墓出土文献,主要是律书;1972—1973年长沙马王堆汉墓出土的帛书,多为学术著作、医书;20世纪70年代以来出土的郭店楚简,多是学术著作,如《易》《老子》《论语》等。证明先秦儒学发展是多元的,儒道是相通的。楚简本《老子》无"绝仁弃义"等语,证明早期道家并不反儒。

(三)多重证据法的运用

史料考证是指评价史料的来源、真伪和可信性的活动。元代马端临(1254—1323)《文献通考》指出研究古籍的文字音义、名物象数、典章制度的考据方法,要义为"言之有据,信而有征,实事求是",与西方近代史学强调的实证精神相通。兰克学派的史料考证方法由"内证法"和"外证法"(又称低级考证、高级考证)组成。内部证据指以文字史料内部找到的内容为基础的证据。外部证据则指从文字以外找到的证据。外证法是考究

文字史料的原委和征信,即考察它形成的时、地、真伪,以恢复文献的原貌;内证法是在外证基础上考究史料包含的信息和意义,判断其是否可信,从而使该史料获得历史证据的功能。

近代中国学人较早自觉、完备地使用多重证据,当推王国维(1877—1927)。关于王氏的"二重证据法",陈寅恪(1890—1969)在《王静安先生遗书序》中有所概括:

> 其学术内容与治学方法,殆可举三目以概括之者。一曰取地下之实物与纸上之遗文互相释证。……二曰取异族之故书与吾国之旧籍互相补证。……三曰取外来之观念与固有之材料互相参证。……吾国他日文史考据之学,范围纵广,途径纵多,恐亦无以远出三类之外。

饶宗颐(1917—2018)又补充以民俗材料,提出"三重证据法"。总之,寻求多重证据是考据通法。

王国维以出土甲骨文证商史、金文证周史,印证《史记》之《殷本纪》的先公先王序列可信。此为"取地下之实物与纸上之遗文互相释证"之良例。

洪钧(1839—1893)出使俄德奥和(荷兰)诸国,利用俄国人贝勒津所译波斯人拉施特的《集史》以及亚美尼亚人多桑的《蒙古史》,运用西方资料补证《元史》,完成《元史译文证补》30卷。洪钧称:"所谓证者,证中国所未确;所谓补者,补中国所未闻。"故洪氏于元史研究有所发明,此为"取异族之故书与吾国之旧籍互相补证"之良例。

清代官修明史,回避满清先祖建州女真臣属明朝的史实。吴晗(1909—1969)征引朝鲜《李朝实录》对此一史事的详细记载,以恢复历史本真。此为"取异族之故书与吾国之旧籍互相补证"之又一良例。

笔者所撰《"千岁丸"上海行——日本人一八六二年的中国观察》(商务印书馆2001年版),利用1862年夏访沪的日本藩士的上海旅行记,与中国固有史料相比照,以考析同治初年上海社情、太平天国战事,亦为"取异族之故书与吾国之旧籍互相补证"之例。

孤证难立,应取多元证据互证,而在多种证据中,兄弟证贵于母子证。以李自成(1606—1645)死地之争为例。20世纪八九十年代,通山说、湖南夹山说争辩激烈。然以考据学观照,通山说有三重证据:清方英王阿济格(1605—1651)的奏报,南明隆武政权湖广总督何腾蛟(1592—1649)的《逆闯伏诛疏》,康熙《武昌府志》《通山县志》《程氏宗谱》等族谱。三重证据各自独立,为兄弟证,而结论一致。而湖南夹山为僧说,仅有澧州知州何璘于乾隆十一年(1746年)撰《书李自成传后》一个资料来源。李自成死于通山说可以成立,"李自成夹山为僧"只能以传说视之。

三、辨伪与证真

史学的任务之一是辨伪与证真。

辨伪之所以必要,首先由于历史真相往往被种种表象(包括假象)所掩盖,需要人们透过表象(有些是假象)去逼近真相。这一过程便是广义的"辨伪"过程。

辨伪之所以必要,还因为有人蓄意作伪,也有人信伪。如果不加辨析,真相便被歪曲。笔者1998—2001年在日本访学期间,恰逢日本考古学界发生一桩作伪大案:曾被日本考古界誉为"神手"的日本东北旧石器文化研究所副理事长藤村新一(1950—　)在考古现场半夜埋设自制"古器物",被记者抓个正着(有红外线夜光摄影)。在无可抵赖的事实面前,藤村新一供认,在上高森遗址出土的"70万年前"石器,是他预先埋下的;在北海道发现的旧石器"遗址",他也同样做过手脚!由于藤村新一的作伪被揭露,自1980年以来日本"不断发现"数万年前,乃至数十万年前的石器,全是假造的。消息一公布,日本哗然。众所周知,日本学界向以谨严著称,人们要问:学界乃至社会何以被藤村新一这样的骗子蒙蔽,甚至将其由"新发现"得出的"新结论"写入日本高中历史教科书呢?除骗子要作伪以博取名利外,学界乃至社会长期信从无疑,皆源于一种不健康的心态:日本历史愈悠久愈好,日本文化愈具本土性愈好。在某种意义上,藤村新一正是投合了此一不健康的社会心态,放肆作伪。因此,辨伪与证真的第一要务,是端正心术,以实事求是为尚。

当然,作伪的动因很复杂。中国人以古为尚,愈古愈有价值,于是形成"托古"之好,盛产"伪书",如《禹贡》为周秦之际儒者作,却托名大禹;《周礼》为战国儒者作,却托名周公;《列子》为东晋人作,却托名先秦列御寇;多种典籍满篇"子曰",其实哪里都是孔子所言?托古贤之名,不过是抬高后人所作之文的权威性。在这样一种文化心态下,中国"托古"之书、之文、之画、之器物多如牛毛,仅就典籍文章论,辨别伪作就成为古史考证的一大任务。明初宋濂(1310—1381)撰《诸子辨》,考证先秦诸子书的真伪。明中叶胡应麟(1551—1602)撰《四部正讹》三卷,总结出辨别伪书八法,梁启超(1873—1929)《古书真伪及其年代》将八法概括为两个关键:①就传授统绪上辨别。②就文义内容上辨别。清人姚际恒(1647—约1715)的《古今伪书考》,是辨别伪书的集成之作。

回忆录是值得重视的材料,但亦不可轻信、滥用。回忆录往往有意无意地掺杂进忆事者的主观色彩,须加以考证辨析其真伪。当事人的记述固然可贵,但并不一定都可靠。梁启超晚年说:"吾二十年前所著《戊戌政变记》,后之作清史者记戊戌事,谁不认为可贵之史料?然谓所记悉信史,吾已不敢自承。何则?感情作用支配,不免将真迹放大也。"今天考证"光绪遗诏",很可能并非实有,而是康有为虚拟的。袁世凯"出卖"维新党和光绪,其情实也与《戊戌政变记》的陈述有异。

陈少白(1869—1934)是孙中山(1866—1925)革命事业最早的追随者之一,1895年参加孙中山领导的广州起义,起义失败,该年10月孙中山携陈少白、郑士良(1863—1901)乘日轮"广岛丸"从香港赴日本神户。陈少白后来在口述回忆录《兴中会革命史要》(1935年印行)中说,1895年11月9日孙、陈、郑三人抵神户,买日报来看,上有"中国革命党孙逸仙"字样,孙等从此自认"革命党"。1936年,冯自由(1882—1958)根据当事人陈少白回忆文字,撰《革命二字之由来》,把孙中山自认"革命党"确定在1895年11月,地点在日本神户。此说长期来被各种史籍沿用,似成"定论"。然而,以后日本学者安井三吉等查阅大量原始材料,得知:1895年11月各种日本报纸只有关于广州起事简单而模糊的报道,称"暴徒巨魁"作乱,为首者"黄"姓或"范某",绝未出现"孙逸仙"名字,更未称其为"中国革命党"。安井等的考证是可信的,1895年的孙中山还是一个名不见经传的小人物,清方尚不知其人,日本报纸更不可能报道孙某,当时也只会视广州起事者为暴徒,没有称"革命党"的可能。可见,陈少白多年后关于1895年11月神户行的记忆有误,可能是把之后孙中山与宫崎兄弟等人关于"革命党"的议论错置于前。此为当事人的回忆文字需要考证之一例。

由于种种原因,当事人前后的回忆文字,内容大相径庭,需要通过考证,辨析孰真孰伪。如辛亥武昌首义参加者熊秉坤(1885—1969)写于1912—1913年的回忆文字与20世纪30年代、50年代的回忆文字,在谁打响辛亥武昌首义第一枪问题上,差异甚大。熊氏1912—1913年撰《前清工兵八营革命实录》明确记述,打响"首义第一枪"的为程正瀛,然熊氏20世纪30年代以后的回忆文,称打响首义第一枪的是熊本人,显系杜撰。这是当事人回忆文字需要认真考证,不可拿来便用的又一例。

对同一事件,站在不同角度的人物回忆文字或许相悖反。如关于长征时红四方面军是否有对中央红军动手的计划,叶剑英(1897—1986)、徐向前(1901—1990)两位元帅的说法不同,徐帅去世前夕专门就此在《人民日报》发表文章,力陈红四方面军绝无袭击中央红军的计划。这也是需要认真考证的课题。

胡适《古史讨论的读后感》总结的考证方法——

  对于史料证据,史家要问:
  (1)这种证据是在什么地方寻出的?
  (2)什么时候寻出的?
  (3)什么人寻出的?
  (4)依地方和时候上看起来,这个人有做证人的资格吗?
  (5)这个人虽有做证人的资格,而他说这句话时有作伪(无心或有意)的可能吗?

胡氏所列考查方法,是历史主义的方法,颇奏实效。

四、古今与中西

  历史学是研究与阐述人类社会发展的具体过程及规律的科学。历史学就其整体而言,是以全部人类历史为对象的,具有广阔的时间域及空间域。当然,历史学要完成这种对人类历史的总体把握,必须做断代的、区域的、分门别类的研究,这种分析性研究是综合性研究的前提与基础。作为具体的某一领域的史学工作者,无疑要有所侧重,研习某一断代、某一区域、某一门类,对其专攻方向,占有更丰富的材料,做出较精深的探讨。

  然而,一个史学工作者要在专攻方向上有所突破,除兢兢业业于本专业之外,还应当"左顾右盼",使所研究的专门领域获得比较参数和开阔的背景,这样,许多问题方能通解。十余年来,我于清代学术及张之洞研究用力较多,深感若要厘清张氏思想,探究清学源流,非贯穿古今、打通中西不可。

  以清学而论,实为整个中国学术的缩影。梁启超说:有清二百余年之学术,实取前此二千余年之学术,倒卷而缫演之,如剥春笋,愈剥而愈近里;如啖甘蔗,愈啖而愈有味。①

考察"以复古为解放"的清学,就清学论清学,难明究竟;唯有考镜源流,方能知晓底蕴,这就必须熟悉全部中国学术史。只有对明代阳明心学、宋代程朱理学、东汉古文经学、西汉今文经学、先秦诸子学有一个贯通认识,才可明白清初复宋之古、清中复汉唐之古、清末复西汉之古,进而上溯先秦孔孟之古的因由所在。

以张之洞而论,他处于古今中西交汇的"过渡时代",力图寻觅"过渡之道",故其学杂糅中西、兼及古今,成为"中体西用"论的"最乐道者"。考察这样一个人物的思想轨迹,仅仅在汉宋学之争、古今文之争的"中学"范围内盘旋,显然不够,只有将其置于19世纪后半叶世界性工业文明与农业文明冲突的总背景下,方能透视他"会通中西"的客观条件、主观意图以及实际效应,较准确地从文化的民族性与时代性的统一上把握张之洞所处的坐标点,并对其坚持的文化保守主义给予科学的评析。

即使研究"纯粹"的中国问题,如先秦典籍的形成与特征,也有必要打通中外,于比较中窥探奥妙。

以往研究五经及先秦诸子书,只是从中国先秦社会背景和三代学脉加以考察,但如果把视野扩及全球,便会发现,在公元前6世纪前后的几百年间(相当于中国的春秋战国时期),各文明民族不约而同地进入精神创造力空前旺盛的"青年时代",首次系统地而不是零碎地、深刻地而不是肤浅地、辩证地而不是刻板地表达出对于宇宙、社会和人生的观察与思考,并用典籍形式将该民族的"中坚思想",或曰"元精神"加以定型。这种典籍可以称之"文化元典"。先秦涌现的《诗》《书》《礼》《易》《春秋》,以及《论语》《墨子》《孟子》《老子》《庄子》《孙子》《荀子》《韩非子》,即属此列。与此同先后,印度人撰述《吠陀经》《佛典》,希伯来人撰述《旧约全书》《新约全书》,希腊诸先哲撰述《理想国》《形而上学》等一系列论著。如果打通中外,全面观照各文明民族的元典创制史,系统比较东亚、南亚、西亚、南欧"轴心时代"社会环境的异同,考察诸民族元典的学术脉络,有助于我们对先秦典籍获得新的认识。

至于研究元典在后世的诠释史,则要求我们条贯古今,准确把握元典提供的文化基因在各种时间向度的演化。

总之,史学工作者不能自闭门户,而应将古与今、中与外尽收眼底,对人类全部文明有一个宏观把握,再做细致深入的微观考察,既见森林,又见树木。诚如王国维所说:"异日发明光大我国之学术者,必在兼通世界

---

① 梁启超:《论中国学术思想变迁之大势》,上海古籍出版社2006年版。

学术之人,而不在一孔之陋儒,固可决也。"(《奏定经学科大学文学科大学章程书后》)当然,对于一个具体的史学工作者来说,可以侧重宏观,也可以侧重微观。但侧重宏观的"通才",不得忽略微观研究,起码应当汲取别人的微观考察成果,上策则是自己选择若干切关宏旨的微观问题,从搜集第一手材料、考析材料做起,这可以使通才所致力的宏观把握免于"空穴来风"之讥,使其追求的"一般"有较为落实的"个别"基础;侧重微观的"专才",也不得藐视宏观,有必要借鉴别人的宏观视野,上策则是把自己研讨的专门问题置于纵横比较的网络之中,如钱锺书的《管锥编》所做到的那样。

生也有涯,学也无涯。以有限生命去了解无穷的中外古今,当然力不能企。唯一的弥补之路是学习。而学习他人比一味鄙薄他人要困难得多,却又有益得多。长于宏观者往往批评微观研究者的细琐,称其为"破碎大道"的"章句之儒";长于微观者往往批评宏观研究者的空泛,责其"宏大不经","放言无所收束",但都不要忘记从对方那里汲取自己所缺乏的东西——宏观研究者应予补充"精密",微观研究者必须借助"博大"。

五、回复与前进

近20年来,我在从事文化史研习的过程中,深切感受到传统与现代之间存在着一种深刻的辩证联系。人之所以能够超越动物界,了解万事万物的"几微变化"并运用之,是因为人的每一代个体可以通过接受种种文化遗产,迅速"越过"人类几千年间所经历的文明进程,达到一个新的起跑点。我们可以把这个过程称之为对先辈文明成果的"记忆",一切"失忆者"都不具备创造新文化的基本条件。

中国是一个重史的国度,中国古人称"史"为"记事者也"(《说文解字》),揭示了人类的这种"记忆"特征,这实在是一个言简意赅的定义。重史的中国,也就是重记忆、重传统的中国。当然,重视历史记忆并非中国人所独有的特征,古希腊人便把"记忆"提升到神格,古希腊神话说,"记忆女神"与主神宙斯结合,诞生九位掌管文化的缪斯,包括历史之神克利俄,足见希腊人意识到一切精神文明都受惠于"记忆"的恩泽;希伯来元典《圣经》也一再出现"记忆"一词,以及"纪念标志""祭品""记录""纪念""铭记"

等概念,这都是强调对过往事实及经验的不可忘怀。人类之所以能成为"宇宙的精华,万物的灵长"(莎士比亚悲剧《哈姆雷特》主人公的台词),成为"天地之心"(《礼记·礼运》),在相当程度上归功于这种对实践经验和思想加以"记忆"的能力,否则我们很可能不是与猿猴为伍,便是混迹于野蛮人群之中。

我们讨论现代化与传统的相互关系,除着眼于一般意义的"传统与现代"的历史联系之外,还特别注目于"古代—中世纪—近代"三段历程中现代与古代的特殊关系,也即"三"与"一"之间的否定之否定关系。

历史的辩证法反复昭示:发展不是简单的生长和增进,并非直线式运动,而往往是通过一系列螺旋式圈层实现的。在每一个圈层,事物大体经历着"正—反—合"的三段式过程,任何过程的初始阶段已蕴蓄着终结阶段的基本因子,正如幼芽包含着树木主要构造(根、茎、叶、花、果)的雏形,哺乳动物的胚胎包含着成兽的全部器官的生长点一样,精神的最初表现也潜在地预示着日后的特征。因此,事物与精神在其发展过程中,往往要在高级阶段上重现低级阶段的某些特征。这样,回复(即"回到"出发点,"回到"开始)便是一种上升的形式,是发挥"唤醒"事物在其开端时已蕴藏着的可能性的一种方式。所以,回复不是重复往昔,而是事物前进运动的一种形态。在现实的发展过程中,事物不可能绝对地、完全地重复过去,而是通过"复归",跃上新的水平线。

否定之否定律是辩证规律中最富于历史性的规律,天体运动、生命运动和思维运动,莫不遵循否定之否定法则去进行历史运作。当然,否定之否定律并不是一种简单的模式,事实上,各种不同的事物其否定的形式各有特点,天体运动的否定之否定律的具体形态,不同于生命运动;一般生命运动的否定之否定律的具体形态,不同于思维运动。但是,各类事物的历史进程又有一般规律,以往的辩证论者往往用"圆圈"形容这个一般规律的形态,但更确切的描述词则是"螺旋"——不断按照"正—反—合"程序进行的"螺旋线"。在一个螺旋圈层内部,作为终结的第三阶段("合")综合着前两个阶段("正题"与"反题"),履行着在新的更富有内容的统一中扬弃片面性的功能,这每一个"螺旋圈层",在外观上往往呈现结尾与开端的"吻合",而其实,过程的归宿在质地上已不同于最初的形式。因此,否定之否定律不同于循环论,它指示的是一种"发展的、开放的螺旋",而不是"平面的、闭合的圆圈";而且,每一个螺旋圈的结尾又是另一个新层次螺旋的开端。

作为由具有自觉意识的人类创造的文化,其历史进程比机械运动和一般生命运动更为复杂、更为机动,在许多具体的、个别的发展段落上,颇富随机性、偶然性,然而,从较长时期观察,人类文化史仍然生动地刻画出螺旋式的发展轨迹,体现易道所谓的"元—亨—利—贞"阶段性进展,并在特定阶段出现"贞下起元"式的辩证回复,一再演绎"正—反—合"的逻辑历程,这在西方文化史和中国文化史都可以找到相当典型的例证。

这种古与今之间的辩证联系,鲜明地表现在中国现代化的过程中。

有一种由西方学者提出的解释中国现代化过程的理论,叫作"冲击-反应"模式,认为中国社会本是一个封闭自足的体系,只是受到西方冲击以后,方被动反应。西方的经济、政治、军事、文化影响是中国现代化的唯一动力,中国固有的文化传统只构成现代化进程的滞后力。这种影响甚大的理论是有失偏颇的。中国现代化运动并非单单依赖"西力东渐",而是西方冲击与中国某些内在因素彼此激荡的产物。仅以促成中国现代亿运动的观念性动因而言,应当说来自两个方面。

其一为西方现代学说,如进化论、民约论、民权论、民族国家思想、君主立宪论、民主共和理念等。

其二为中国古学的某些精神,尤其是元典蕴蓄的富于活力的观念,经由西学的刺激、新的时代条件的重铸,焕发出崭新的风貌。例如,中华元典(特别是《周易》《诗经》)的"忧患意识"转化为近代救亡思潮;"穷则变,变则通,通则久"的"变通趣时"观和"自强不息"观转化为现代"自强"意识和"更法""改革"主张;"汤武革命,顺天应人"转化为现代社会革命论;"华夷之辨""尊王攘夷"观念转化为现代民族主义;"民贵君轻""民为邦本"观念虽然不是民主思想,却成为中国现代民主主义的构成因素。

六、由词通道①

术语研究在本质上是一种语义研究。人类被称为"语言动物"。语言是在人类历史中形成的文化现象,故语言从来与历史及文化脱不开干系。而在构成语言的语音、语法、语义三要素中,语义的历史性和文化性又最为深厚。"语义学"是研究词语意义的学问,中国传统称"训诂学"。用通

---

① 本文为教育部哲学社会科学重大课题攻关项目结题报告《近代汉字术语的生成演变与中西日文化互动研究》导论。本课题成果于2016年12月由经济科学出版社出版。

俗的话解释词义谓之"训",用今语解释古词语谓之"诂",清儒将这门解释古书中词语意义的学问发挥到极致。清儒多走从字义明经义的理路,如戴震所说:"经之至者道也,所以明道者其词也,所以成词者字也。由字以通其词,由词以通其道"(《与是仲明论学书》)。

本课题循"由词通道"之理路,以术语为窗口考析近代中西日文化的互动,"辨章学术,考镜源流",由字词分析进入概念分析,再进入历史情景和形上之理的分析,使语义辨析更多地体现现代语用性与思辨性,较之偏重古典语义的训诂学,其探讨领域更广,包括字音、字形与意义的关系、语言与思维的关系、语义构成的因素、语义演变的法则等研讨范围。

我们的研究既然与"意义"发生关系,也就必然与历史及文化相交织,因为"意义"深藏在历史与文化之中。本项研究从个案考察入手,进而在综合论析上用力,试图从历史的纵深度和文化的广延度,考析词语及其包蕴的概念生成与演化的规律。陈寅恪有"凡解释一字即是作一部文化史"的名论,探讨时下通用的关键词的演绎历程,其意趣并不止于语言文字的考辨,透过运动着的语言文字这扇窗口,我们看到的是历史文化的壮阔场景,故这种考辨异形的将是婀娜多姿的文化史。

中国文化的近代转换,标志之一是学术分科体系的形成。[①] 晚清以降,随着西力东渐的扩展,"格致学"(自然科学)诸科自输入后迅速生长,成为重要的学科门类;另一方面,中国固有的经学、史学等分化、重组,形成文学、历史、哲学等科,实现了由传统学术向近代学术的转换。清末外交家薛福成是较早对学术分科加以介绍并做出肯定性评价的中国士人。

[①] 对此,顾颉刚认为"中国的学问是向来只有一尊观念而没有分科观念的","旧时士大夫之学,动称经史辞章。此其所谓统系乃经籍之统系,非科学之统系也"。(顾颉刚《古史辨》第一册《自序》,上海古籍出版社 1982 年版,第 29、31 页。)黄远庸作《晚周汉魏文钞序》,将"分科"作为区别中西学术的主要因素:"古无分业之说,其思想论辨不由名学,故常以一科之学,包举万类。欧洲古代学者,举一切物理、心理、政治、道德之理论,悉归之于哲学。吾国自古亦以一切学问,纳之于文。其分合异同之迹,盖难言之。"(黄远庸《远生遗著》卷四,沈云龙编《袁世凯史料汇刊续编》本,文海出版社 1966 年版,第 182 页。该文曾发表于《国民公报》,为梁漱溟编《晚周汉魏文钞》所作序文,梁书编于 1915 年 9 月。)唐君毅从另一个角度揭示中西学术的不同:"然在中土,则所谓文化之各领域素未截然划分,此于中国图书分类之不能按照西方分类法即已得其征。中国传统之书籍分类,如七略四部之分,均以书籍体例分,而不以学术之对象属于何类文化领域分。而此中尤以哲学文学中之分划为难。集部之非同文学,如子部之非同为哲学。而经史二部正治哲学文学者所同读。"(唐君毅《中国哲学与中国文学之关系》,《中西哲学思想之比较研究集》,《民国丛书》第一编第五册,影正中书局 1947 年版,第 195 页。)

他1890年任"出使英、法、义(意大利)、比四国大臣",对欧洲各国学术分科发展留下深刻印象,他发现,与中国官员"若谓工其艺者即无所不能,究其极乃一无所能"大相径庭,欧洲各国担任外交、军事等官职者,"数十年不改其用焉","数十年不变其术焉"。薛氏进而评论说:

> 他如或娴工程,或精会计,或谙法律,或究牧矿,皆倚厥专长,各尽所用,不相挽也,不相挠也。士之所研,则有算学、化学、电学、光学、声学、天学、地学,及一切格致之学,而一学之中,又往往分为数十百种,至累世莫殚其业焉。工之所习,则有攻金、攻木、攻石、攻皮、攻骨角、攻毛羽及设色、搏埴,而一艺之中,又往往分为数十百种。①

正所谓"各有专家,而不相侵焉"。与这种分科之学充分发展相为表里,义位明确、具有特指性的各学科的术语层出不穷。反之,由于中国传统学术尚处在综合状态,学科分野不明晰,故术语不发达。章太炎将汉语、汉文视作"国粹"之首,所以对外来词颇有保留,但他在比较中西语文之短长后,发现"汉土所阙者在术语","欧洲所完者在术语",故认为有必要创制汉字新术语。鉴于汉字造词能力强,章氏又指出:"汉文既有孳乳渐多之用,术语虽阙,得并集数字以成名,无所为病。"对于用汉字组创新术语充满信心。章士钊也强调"翻译名义"(译名问题)的重要性,他认为:"国于今日,非使其民具有世界之常识,诚不足以图存;而今世界之学术,什九非前代所有,其表示思想之术语,则并此思想亦为前代人所未尝梦见者,比比然也。"这就将新术语的创译提到救亡图存的高度。

随着学科的分途发展,义位明确、具有特指性的相关术语如雨后春笋般涌现。在现代英、法、德、俄等语种的全部词汇中,术语的数量早已超过半数,而且与日俱增。16世纪以降,随着欧洲的殖民扩张和世界统一市场的建立,欧洲近代文化,连同其术语也传播到世界各地,其他地域的民族与国家,或被动或主动地接受来自欧洲的近代术语系统,并结合自身语文特征,逐渐有所创发,其语文天地呈现古与今、内与外既相冲突又相融会的纷繁多姿状貌。这在中国为主体的汉字文化圈演绎得尤为精彩。

近代新术语的流行,在某种程度上得力于借词在近现代的广泛展开。"借词"是英语 loanword 的直译,又称"外来语""外来词""外来概念词"。陈望道在《文法革新问题答客问》中指出,语言分"内发语"和"外来语",前

---

① 薛福成《庸庵海外文编》卷三,《续修四库全书》第一五六二册,影光绪刻《庸庵全集》本,第23—24页。

者是"本地自造的",后者是"从外路输入的。引线是外路的知识,新事物、新势力的输入。……外来语也是新文化之一"。① 狭义的外来语仅指音译词②,本文所论近代中西日文化互动过程中生成的术语,既包括音译词,又包含意译词和音意合璧译词。借词以新词语的形式进入借方语言中,增加借方语言数量,丰富借方语言表现力,是语言做跨文化渗透的典型表现。借词通过翻译得以实现,而翻译的实质是以两种不同的语言表达同一思想,其任务主要是再现原文的思想,而不一定重演原文的语音。从此一意义言之,"借词"理应包括意译词和音意合璧词。而且,从汉语借词实际看,虽然也有音译,但更多采用意译和音意合璧译词,这是由汉字的表意性所决定的。每一个汉字不仅是一个音符,同时还具有特定的义位。意译词能发挥汉字特有的表意性,昭示其文化内蕴;连音译也往往择取音意兼顾的汉字组合成词,在表音的同时,提供某种意义的暗示,如"逻辑""奔驰""黑客""迷你裙""托福"之类。严复在音译 utopia 时,取"乌托邦"三字,在谐音之外,又可从这三个汉字中产生"乌有寄托之乡"的联想,以引出"空想主义"的意蕴。

通过借词以创制新语,是一种普遍的社会语言现象。王国维在《论新学语之输入》中指出,随着社会生活中新事物、新思想的层出不穷,各个时代都有语不足用,需要借取外来词的情形:

> 周、秦之语言,至翻译佛典之时代而苦其不足;近世之言语,至翻译西籍时而又苦其不足。……处今日而讲学,已有不能不增新语之势;而人既造之,我沿用之,其势无便于此者矣。③

当代语言学家陈原也论及借词的必然性:

> 任何一种有生命力的语言,它不怕同别的语言接触,它向别的语言借用一些它本来没有,而社会生活的发展要求它非有不可的语汇,与此同时,不可避免的是别的语言也向它借用某些同样需要的语汇。一方面是借入,一方面是出借……④

在社会转型时代,随着外来事物及思想的大规模入华,词语的"借入"尤为频繁。

---

① 《学术杂志》1940 年 3 月第 2 辑。
② 参见高名凯、刘正埮中的相关论述,载《现代汉语外来词研究》,文字改革出版社 1958 年版,第 3、9 页。
③ 《教育世界》第 96 期,1905 年 4 月。
④ 陈原:《社会语言学》,学林出版社 1983 年版,第 287 页。

甲午战争以后,日制汉字新术语开始大量涌入中国。清民之际入华日源汉字新语,有音译词(瓦斯、俱乐部等)、日本训读词(人口、手续等)、日本国字(腺、膣等)、日本语译语(基于、对于等)。更重要的是下列两类:一为将中国古典词原义放大、缩小、改造,以对译西洋概念,如悲观、标本、博士、参观、大气、代表、单位、发明、反对、范畴、现象、革命、共和、左翼、右翼、讲师、教授等。以"现象"为例,本为汉译佛语,义为佛、菩萨现出化身,日本哲学家西周的《人生三宝说》在"现象"词形中注入新义,成为与"本质"对应的哲学术语。二为运用汉字造字法创制新词,以对译西洋术语,如暗示、霸权、饱和、悲剧、宠儿、低调、公仆、哲学、美学、战线等。其中"哲学"也是西周创制,对译英语 philosophy(爱智之学),准确而且简练,此译名一出,逐渐取代以前诸译名,如理学、形而上学、玄学等。

需要指出的是,清民之际从日本入华的汉字新语,有些本是此前从中国出口到日本的汉译西书中拟订的,如权利、立法、公法、选举、植物学、物理学、热带、温带、冷带、寒流、暖流、细胞等,由于西学在幕末—明治日本远比同期在中国受重视,这些在中国未获流布的术语,在日本被广泛使用,清末民初留日学生及"亡命客"便把它们当作"日制汉字词"输入中国。其实,这并非"日词来华",而是"侨词回归";并非"新语翩至",而是"旧词复兴"。直至 20 世纪晚期,中国出版的多种外来语词典仍把它们视作"日源外来词"。从语源学角度来说,应当恢复这类词语"回归侨词"的身份,并辨析回归前后的因革情形。

概念、范畴的演变,是人类思想更革的表征,反映了知识总量的扩大和认识过程的迁衍、深化。然而,由于概念古今转换、中外对接牵涉文化的时代性迁衍与民族性交织,情形错综复杂,概念与指称之间的误植也时有发生。古典汉字词在转变为新术语之后,既与古汉语义毫不搭界,也不切合对译词的西义,又无法从汉字词的词形推导出新的词义来,也即新词义不仅与旧词义完全脱钩,也与词形毫无关涉,其新义全然是外在强加的,便是一种"误植词"。陶履恭指出:

> 世人用语,率皆转相仿效,而于用语之真义反漫然不察。物质界之名词,每有实物可稽寻,世人用之,或能无悖词旨,鲜支离妄诞之弊。独进至于抽象之名词,无形体之可依托,而又非仅依吾人官觉所能理会。设转相沿袭,不假思索,非全失原语之起义,即被以新旨,而非原语之所诂,此必然之势也。①

---

① 陶履恭:《社会》,《新青年》第三卷第二号,1917 年 4 月 1 日。

鉴于此,有学者指出,20世纪以来中国在西方哲学研究上虽有成就,但在理解中也出现一系列文化错位,即用本民族传统理念去扭曲和附会西哲的理论和概念,诸如"理性"概念的误读,"科学"的实用化,"辩证法"的降级诠释,"实践"概念的变形,"自由"概念的附会,等等。① 其他学科也有类似情况发生。

概念意译过程中旧名衍为新名导致某种程度的文化错位,还可列举一些典型例证:一如"经济",旧名本义"经世济民""经邦济国",意近政治,而在对译 economy 时形成的新名"经济",含义转为国民生产、消费、分配、交换之总和,兼指节约、俭省,与本义脱钩,新义又无法从"经济"词形推衍出来。② 再如新名"形而上学",是借《周易》"形而上者谓之道"一语对译 metaphysics 时形成的,此新名之一义"超验哲理",与旧名本义方向相切合;但后来衍生的反辩证法的"静止论""机械论""外因论"诸义,则全然背离旧名本义指示的方向,也超出了旧名"形而上"词形提供的意义空间。③ 至于我们早已"日用而不辨"的史学术语"封建",在新旧名更替之际,其概念误植尤显突出,造成的后果也较为严重。④

术语概念误植带来的不良后果,常会超越语言学范围而直达思想文化层面。美国汉学家费正清编《剑桥中华民国史》指出,某些西方概念汉译后,往往发生变异,如 individualism 是欧洲启蒙运动后表述人权和尊重个性的褒义词,译成汉语"个人主义",则演化为"利己""自私"的同义语,基本上成了贬义词。此外,如"自由主义""权利"等译词,也有从英语原来的褒义转变为汉语词贬义的情形。这表明,异文化的通约殊非易事。而如果术语不能通约,异文化的互动则会陷入困境。正因如此,更有必要指明术语概念误植的问题所在,揭示其在古今中外语文坐标系上于何处发生偏差,在哪里出现脱轨,以引起相关学科疗救的注意。

20世纪七八十年代,原籍巴勒斯坦、长期任教美国哥伦比亚大学的爱德华·W.萨义德在《东方学》(王宇根中译本,1999年生活·读书·新知三联书店出版)、《文化与帝国主义》(蔡源林中译本,2001年立绪文化事业有限公司出版)等论著中,提出"后殖民话语"问题,并在这一

---

① 参见邓晓芒:《中国百年西方哲学研究中的十大文化错位》,《世界哲学》2002年增刊。
② 参见冯天瑜:《中西日语文互动间"经济"概念的变迁》(日文),载(日)国际日本文化研究中心编《日本研究》2005年第31期。
③ 参见冯天瑜:《汉字术语近代转换过程中误植现象辨析:以"经济""封建""形而上学"为例》,载《中日学者中国学论文集》,复旦大学出版社2006年版。
④ 参见冯天瑜:《"封建"考论》,中国社会科学出版社2011年版。

框架内探讨思想及词汇的"旅行理论"。作为生活在西方的东方裔知识分子,萨义德对思想及词汇的"跨文化旅行"有着敏锐的感受,他在《世界·文本·批评家》中将这种"旅行"分为四阶段:①出发点,在那里思想得以降生或进入话语;②通过各种语境压力,思想进入另一种时间和空间,从而获得新的重要性;③在那里遇到接受条件或抵抗条件,使思想的引进成为可能;④被接纳(或吸收)的思想,由新的用法及其在新的时空位置所改变。

近代术语在从原产地(欧美)、中介地(中国或日本)到受容地(日本或中国)的漫长周游中,也经历着类似萨义德所说的"思想及语言旅行"的几个阶段,在中介地和受容地遭遇接受条件或抵抗条件,获得"新的重要性"和"新的用法",成为汉字文化圈词汇的新成员,故被称之"新学语"(简称"新语")。王国维1905年曾将"新语之输入"称之近代最显著的文化现象,认为"新思想之输入,即新言语输入之意味"。百年过去,王先生高度肯认的"新语之输入"有增无减,而诸如科学、民主、自由、经济、文学、艺术、封建、资本、教育、新闻、物理、化学、心理、社会、革命、共和、政党、阶级、权利、生产力、世界观、社会主义、知识分子等许多关键词的确立,都是在古今演绎、中外对接的语用过程中实现的。这些充当诸学科关键词的汉字新语,词形和词义大都受到中国因素和西方因素的双重影响,日本因素也参与其间。故追溯汉字新语的源流,考察作为现代人思维纽结的新概念的生成机制、发展规律,将展开中—西—日文化三边互动的复杂图景。

本课题分上下两编展开——

上编考查近代术语的文献载体,包括明末清初汉文西书(利玛窦《坤舆万国全图》,利玛窦、徐光启《几何原本》等)、早期英汉词典(马礼逊《英华字典》,卢公明《英华萃林韵府》等)、清末教科书(来华西洋人编教科书、国人编教科书)和清末民初期刊(《万国公报》《申报》等)。

下编考查诸学科术语群,包括哲学术语、文学术语、政治术语、经济术语、教育学-心理学术语、新闻术语、民俗-民俗学术语、数学-化学术语。

通过以上具体而微的考析,探视近代概念的古与今、中与外网状进路(并非单线直进)。当下中国,随着社会及文化现代转型的深度展开,正进入一个概念嬗变的新阶段,这包蕴着对传统语义的深度开掘与对外来语义的广泛吸纳,而二者间的互动将达成古与今、中与外语义的涵化。透过对近代汉字术语生成与中西日文化互动前史的真切把握,或许可以获得指引未来去向的航标。

七、临文必敬　论古必恕

清人章学诚在唐人刘知几的"史家三长"（史才、史学、史识）之外，还特别增加了"史德"一条，这实在是大有深意的。章氏对此所做的解释是：

> 能具史识者，必知史德。德者何？谓著书者之心术也。（《文史通义·史德》）

章氏认为，史家仅有才、学、识还不足以成就优秀的史著，他指出：

> 而文史之儒，竞言才学识，而不知辨心术以议史德，乌乎可哉！（《文史通义·史德》）

章氏反对将才、学、识简单理解为辞采、记诵、击断，他认为真正的"良史之才、学、识"还有深层的内涵——史德。他是把著书者的心术之正作为史识的前提看待的。这与刘勰的"文心"说："夫文心者，言为文之用心也"（《文心雕龙·序志》）颇相类似，也直逼《周易》"修辞立其诚"之义。以往，人们多从道德论角度阐明章学诚此说的内蕴，这当然是正确的，却又并不完备，因为章氏之说在道德论之外还有知识论的意味在，这一点，参之章氏与"史德"相辉映的"文德"概念便得以显现。章氏在《文史通义·文德》中说："凡为古文辞者，必敬以恕。临文必敬，非修德之谓也。论古必恕，非宽容之谓也。敬非修德之谓也，气摄而不纵，纵必不能中节也。恕非宽容之谓者，能为古人设身而处地也。嗟乎！知德者鲜，知临文之不可无敬恕，则知文德矣。"

章氏明言，"临文必敬"不是从道德立论的，而是指为文应持一种合乎"中节"的态度，所谓"从容中道"；"论古必恕"也不是讲的对古人要特别宽容，特别行恕道，而是指论古为文者必须真切体察古人的时代条件、特定处境，这正是一种卓越的历史主义的论古态度。继章氏之后，近人陈寅恪在《冯友兰〈中国哲学史上册〉审查报告》中发挥此义：

> 对于古人之学说，应具了解之同情，方可下笔。……所谓真了解者，必神游冥想，与立说之古人，处于同一境界，而对于其持

论所以不得不如是之苦心孤诣,表一种之同情,如能批评其学说之是非得失,而无隔阂肤廓之论。

今之史学界常常出现的或"苛求古人"或"拔高古人",原因多在未能"为古人设身而处地",未能"与立说之古人,处于同一境界"。要克服这种反历史的做法,唯一出路是下气力"知古人之世""知古人之身处",深切体会古人"身之所处,固有荣辱、隐显、屈伸、忧乐之不齐",然后才能对古人、古事做出公允的评判,这正是孟子"知人论世"说的发挥。

章氏之言当谨记:

> 不知古人之世,不可妄论古人文辞也,知其世矣,不知古人之身处,亦不可以遽论其文也。(《文史通义·文德》)

此乃为文、论古的至理之言。

八、爱国主义的文野之辨
——魏源《海国图志》读后

爱国主义是中华文化传统,曾经并继续发挥重要的精神动员作用。"国家"和对国的热爱即"爱国",都是历史范畴,不可抽象论之、笼统评断,而需要做历史的考释。当下处在"民族国家林立"与"全球化"并存的时代,此间的爱国主义更呈现多元取向,所谓鱼龙混杂、泥沙俱下,要求我们理性取舍,以维系爱国主义的健康发展。

(一)爱国主义的多元走向

爱国主义包含复杂的内涵,古人即对爱国有不同的认知、各样的践行,至近代,爱国更有文野之别,野蛮的爱国往往误国害民,文明的爱国才有望救国拯民。

1. "君本位"与"民本位"之辨

中国古代,爱国主义的范式是"忠君爱国",三千年间的主流观念是:国家与朝廷二而一,国家(朝廷)与君王二而一,故有"刘汉—李唐—赵宋—朱明"之说,君国一体,忠君即爱国,爱国必忠君,这是长期占优势的以"君"为本位的爱国主义。

战国末年的屈原被推尊为伟大的爱国诗人,他有别于不断更换效忠对象、朝秦暮楚的苏秦、张仪之辈,终生坚守对楚国的挚爱,但这种挚爱又是"君本位"的,他始终"系心怀王""存君兴楚"。他被楚怀王放逐湘沅时作《离骚》,充满幽怨,却以"香草美人"比拟国君,对楚王无限深情。他在流放途中,获悉怀王客死秦邦、郢都攻破的噩耗,万念俱灰,投汨罗江自尽。屈原堪称"忠君爱国"的第一典范。

北宋文豪范仲淹脍炙人口的《岳阳楼记》,抒发忧国忧民之慨,其名句"居庙堂之高,则忧其民;处江湖之远,则忧其君",昭示"君国合一"的爱国情怀。

两宋之际将领岳飞,是中国最著名的民族英雄,也把爱国与忠君紧密结合,词作《满江红》洋溢"怒发冲冠"豪情,点睛处在"靖康耻,犹未雪",其举兵抗金,以救回徽、钦二帝,报君国之仇为目标。七律《题青泥市萧寺壁》云:"雄气堂堂贯斗牛,誓将直节报君仇。"他在北伐途中,受朝廷召返,明知不祥,仍执意回朝,终为高宗(赵构)、秦桧杀害,北伐因而夭折。"君国一体"是岳飞式爱国主义的基本点。

至今人们端午包粽子、划龙舟,即为祭奠屈原;建岳王庙,悬挂岳母刺"精忠报国"之图,即为追念岳武穆。足见"君本位"的爱国情怀仍普遍存在于老百姓心中。

古代也有先觉者主张区分"国"与"君"、区分"道"与"君",对"君本位"的爱国有所保留。这样的先觉者信奉民本主义。"民本"命题的辉煌表述,是孟子的"民为贵,社稷次之,君为轻"(《孟子·尽心下》),发挥"民贵君轻"论的代不乏人。先秦时齐国晏婴即有"不死君难"(不做无道之君殉葬品)的哲言。荀子主张"从道不从君"(《荀子·臣道》),即顺从正道而不顺从君主。明末清初顾炎武有分辨"国"与"天下"的名论:"保国者,其君其臣肉食者谋之","保天下者,匹夫之贱,与有责焉耳矣"(《日知录·正始》),指出"国"之盛衰,仅是朝廷君臣这些"肉食者"要谋划的事,但"天下"兴亡,即民族文化、国家土地、民众生计等要务,即使是布衣匹夫,都有责任。近人梁启超将顾炎武的论述概括为"天下兴亡,匹夫有责"。明末清初王夫之也有类似的论说:"一姓之兴亡,私也;而生民之生死,公也。"(《读通鉴论》卷十七)此皆区分"国"与"君"的卓异之论。

在忠君爱国一体化的时代,已有人突破"君本位"爱国论的樊篱,时至近代,我们更应当自觉地建立"民本位"的爱国主义。

2. "开放"与"封闭"之辨

任何国家都有异国环绕,都须与外域发生互动,存在一个对异文化封闭还是开放的问题。选择汲纳外人之长,还是深闭固拒,是两种爱国取向的又一分野所在。

战国时赵武灵王推行"胡服骑射"的法令,赵国因此而强盛。明末杰出的政治家、科学家徐光启提出"欲求超胜,必先会通"的概念,一直到今天都有启示意义。但与之形成鲜明对比的,是稍晚于徐光启的杨光先,他坚决排斥先进外来文化。他曾激烈地反对汤若望、南怀仁等传教士参加制定新历法,荒谬地提出"宁可使中夏无好历法,不可使中夏有西洋人",而且这一看法在明末清初的士大夫阶层中占据优势。至近代,文化开放与文化封闭成为新旧爱国主义的分水岭,二者的抗衡演绎出近代历史的悲壮剧。

鸦片战争以后,中国面对的敌手不再是从前的文明水平低于中原王朝的"夷狄"。林则徐、魏源、徐继畲等少数先觉者意识到这一点,深觉只有学习先进的外来文化,才能使国家转弱为强,才能自立于世界民族之林。其中,魏源的《海国图志》是文明爱国主义的代表作。

(二)《海国图志》述略

"开眼看世界第一人"林则徐1839—1940年在广州主持禁烟期间,为应对英国入侵,用力了解外域史地与现状,让幕僚从英国人慕瑞所著的《世界地理大全》中筛选精要内容翻译出来,亲自加以润色,编译成《四洲志》,这是中国第一部利用外洋材料编撰的世界史地书。1841年,林则徐被发配新疆,途经镇江,与魏源作竟夜谈,将《四洲志》等精心收集的外域材料交魏,委托魏完成研究外洋以制洋敌的未竟之业。魏源以这批文献为基础,又博采中外史志书刊,编撰《海国图志》,用10年时间不断发掘材料,修订补充,先后以五十卷本(1842年)、六十卷本(1847年)、一百卷本(1852年)出版。

《海国图志》和以往介绍外国的书籍,区别在于"彼皆以中土人谈西洋,此则以西洋人谈西洋也"。这种直接采自外洋文献的世界史地书,当然较为翔实可靠。

魏源在《海国图志》叙中对编写目的做了画龙点睛的介绍:"是书何以作?为以夷攻夷而作,为以夷款夷而作,为师夷长技以制夷而作。""师夷长技以制夷"成为近代中国最具号召力的前进口号。

1895年甲午中日战争中方惨败之后,中国人选择"师夷长技"路线,向强敌学习,1896年以后,清政府派遣大批青年留学日本。这种"师夷"做法,取得良好效果,黄兴、宋教仁、李大钊、鲁迅、田汉等一批杰出人士出自留日学生,他们在启蒙、救亡中发挥重要作用。这显示了文明爱国举措的积极效果。

（三）《海国图志》的影响

19世纪60年代至90年代，洋务运动时期，曾国藩、左宗棠、李鸿章、张之洞等人都受到《海国图志》的启迪。曾国藩称"将来师夷智造炮制船，尤可期永远之利"（《曾文正公全集奏稿》卷十五），左宗棠晚年再次刊刻《海国图志》，并说他在福建设局造船、在甘肃制造洋式枪炮，"此魏子所谓师其长技以制之也"（《重刻〈海国图志〉叙》）。洋务运动又被称作"自强运动"，其"自强"的要义，就是"师夷长技"，学习西方先进的军事技术，后来又扩大到学习工商业，也触及西政，但总体的框架是"中学为体，西学为用"。其后的戊戌变法也深受《海国图志》影响。康有为、谭嗣同、梁启超多次提到，他们对于世界的认知，起源于《海国图志》和徐继畬的《瀛环志略》。

19世纪50年代，江户幕府末期的日本遭遇美国等西方列强的入侵，幕府及诸藩国急于寻求应对之策，详介世界知识的《海国图志》传入，正切合其需求，该著立即成为日本朝野的必读书，"师夷长技以制夷"成为幕末改革和明治维新借用的方针。1854年日本翻刻《海国图志》六十卷本，至1858年翻印23种刻本。幕末思想家横井小楠、吉田松阴等盛赞《海国图志》，佐久间象山称魏源为"海外同志"，"明治三杰"（西乡隆盛、大久保利通、木户孝允）都深受《海国图志》启发。梁启超说《海国图志》"间接以演尊攘维新之活剧，不龟手之药一也"（《论中国学术思想变迁之大势》）。有日本学者极言之：没有《海国图志》，就没有明治维新。

《海国图志》对日本的影响超过中国。甲午战争日胜中败，从某种程度上是两国对于《海国图志》学习程度差异的一次检验。我们有一些重要的思想、谋略（如《海国图志》的"师夷长技以制夷"），自己不重视，以至陷入劣势，这是一个必须记取的教训。

（四）邹容、陈天华的启示

邹容、陈天华总结义和团反文明、盲目排外的教训，指出野蛮爱国必导致害国，力主回归林则徐、魏源文明救国正道。

邹容在《革命军》中提倡"文明革命"、斥责"野蛮革命"。陈天华在《猛回头》中提倡"文明排外"、斥责"野蛮排外"。陈天华所说"排外"，是抵御外来侵略的意思。野蛮排外，是从蒙昧主义出发，用自我封闭的方式去抵御外来侵略，导致庚子国变的惨局。慈禧太后得知西方列强同情被罢黜的光绪皇帝，于是煽动蒙昧的民众排外，义和团捣毁铁路、砍倒电线杆，杀传教士和教民，攻打外国领馆，违反国际公法。这就授人以柄，八国联军攻略北京,清朝赔款4亿5千万两白银,足以证明"野蛮排外"误国、害国,几致亡国。

邹容、陈天华斥责野蛮爱国,倡导文明爱国,诚卓见也。

一百多年前,我们国家有林则徐、魏源这样的先觉者,而今我们也有很多有识之士在继续坚持、发展文明的、开放的爱国主义传统。拒绝义和团思维,弘扬魏源爱国主义的文明路线,这才是捍卫国家利益,捍卫国家主权的正确路径。

九、民主理念内在根源考辨
——以《明夷待访录》为例

(一)中国传统政治理念的特征

探讨政治理念的"近代性",首先要厘清与其对应并且为其渊源的"传统性"。

中国的政治领域存在一个沿袭久远的宗法-专制君主体制,这种"王权支配社会"的体制决定着中国政治理念的"传统性"。其特征有如下几方面。

第一,国家的最高权力集中于君主手中,君权少受实质性制衡。

在中国,君权被论证为来自上天的赐命,国君是"天之元子",也即天帝的长子,又是万民的严父和导师,其意志言论即法律,国君集"天地君亲师"于一身,其权力至高无上,既不可分割,也不可转让。这就使中国的王权具有绝对性,与欧洲和日本存在明显差异。欧洲中世纪经历了封建君主制向专制君主制的过渡,封建君主制国王与教会、贵族、领主分享权力。即使在专制君主制时期,王权亦受到教会、贵族、领主、市民的制约,尤其是教会,在精神领域居于王权之上,教皇或主教向国王加冕的场景多次在欧洲各国演出,同时,市民在城镇拥有相当的自治权,这些都决定了欧洲王权的限定性。古代日本的天皇在大多数情况下不过是神道教的教皇,实际政治权力掌握在称之"关白"的贵族权臣及幕府时代的征夷大将军手里,形成一种政教二元的统治结构。而中国自周秦以降便没有凌驾国家之上的宗教和教皇,以"天子"自命的王者兼掌政权与神权,故中国没有教权限制王权的可能。而始于战国、完成于秦代的郡县代封建的变革,大大削除了贵族和领主对皇权的制约力,使中国早在两千年前已完成从封建君权向专制君权的过渡。而中国市民社会素不发达,历来缺乏市民政治传统,直至明末方偶有市民抗议暴政的运动,但仍未构成对君权的有效制衡。凡此种种,使得秦汉以迄明清两千年间的专制君权少受制约。某些士人试图以"王者师"身份,通过说教和谏诤来限制君权,如汉代董仲舒提出以天抑君的"天谴说"构想,宋代理学家遵循孟子"格君心之非"的指示,做过教化帝王的努力,但这些尝试均不能形成对王权的体制性制衡,加之士大夫本身即为皇权的派生物(士人的仕进全凭皇权的"选举"或"科举"),"忠君"成为士大夫的人生第一要义,故士大夫在君威面前直不起腰杆,无力实现对专制君主体制的限制,而只能充当这个体制的帮闲。甚至博学如韩愈者,竟然申明自己的知识和智慧全然来自皇上的恩赐,所谓"读六艺之文,修先王之道,粗有知识,皆由上恩"。至于广大下层民众,则被排斥在政治生活之外,只是当他们失去生计、揭竿而起时,方以武力赢得某种政治发言权,但农民本身也是王权主义者,他们展开的武力抗争终究成为改朝换代,即所谓"易姓革命"的工具。而通过农民战争、异族入侵、宫廷政变等途径建立的新王朝,因文化生态未获更新,其专制君权的独断性不会有任何松动,从秦汉经唐宋至明清,专制君权的基本趋势是日渐强化,形成一种如司马迁所称的"天盖"式统治,"六合之内,皇帝之土""人迹所至,无不臣者"便是君权控驭天下的写照。

第二,"治民"权术发达,而"民治"传统阙如。

中国的宗法-专制君主政体建立在农耕经济基础上,以农民为主体的民众是贡赋、劳役的提供者,民众安居乐业,维持简单再生产,是国家稳定的前提。如果民不聊生,起而造反,即会导致王朝倾覆。故中国素有"君舟民水,水可载舟亦可覆舟"的说法。因此,何以"治民",也即如何处理专制君主政体与以农民为主体的民众的关系问题,历来是中国传统政治学研讨的重点,"驭民术"成为儒、道、法诸家反复辩难的议题。法家极端尊君贱民,强调君主对臣民的绝对权威,所谓"君上之于民也,有难则用其死,安平则尽其力"。即使君昏主暴,臣民也唯有屈从,所谓"人主虽不肖,臣不敢侵也"。道家一方面深切同情民众的苦难,谴责"以百姓为刍狗"的做法是"不仁",另一方面又主张愚民,如老子所说:"古之善为道者,非以明民,将以愚之。民之难治,以其智多",不惜陷民于愚,以达到治平目的,这当然是站在王者一侧的制民权术。庄子则一面试图超脱王者政治,去"任自然",一面又在琢磨如何"应帝王",仍然未能摆脱王权的统驭。儒家充分意识到民众在君主政治中的基础地位,很早便指出"民惟邦本"、"本固邦宁",由此生发出"重民""恤民""爱民"的民本思想,其辉煌论述如《左传》的"民,神之主也",《谷梁传》的"民者君之本也"和孟子的"民为贵,社稷次之,君为轻"。孟子还认为,诛讨夏桀、商纣这样的暴君并非弑君作乱。然而,即使孟子这样达于极致的民本主义者也是尊君论者,只要看看孟子与滕文公、梁惠王等君主的对话,便会发现这位老夫子苦口婆心的劝诫,是在为王者的长治久安做打算,他对暴君、暗主的猛烈抨击,衬托着对圣君、明主的期盼,表明他是深谋远虑的王权主义者,其学说称之"王道",画龙点睛地揭示了这一精义。孟子虽然多有同情民众疾苦的言论,曾发出"庖有肥肉,厩有肥马,民有饥色,野有饿莩"的不平之鸣,千载之后被诗人杜甫衍为"朱门酒肉臭,路有冻死骨"的名句,但孟子又认定民众只能被治,不能自治,他关于"劳心者治人,劳力者治于人"的论述,从肯定脑力劳动与体力劳动分工而言,是有价值的,但从取消民众参政权而言,则对中国传统政治中"民治"的缺位负有责任。总之,中国传统政治学说几乎全然被王权主义所覆盖,民众不过是被治、被牧的对象,充其量受到同情和怜悯,如《左传》《诗经》对"民人苦病""民人劳苦"的叹息,而罕见关于民众"自治""自主"的思想萌动。王权主义笼罩下的民众也没有自主意识,只是期盼明君、清官的治理,而绝无"民治"的诉求。汉唐以降的政治异端,如东晋阮籍的《大人先生传》、唐代的《无能子》、宋元之际的《伯牙琴》等有着逸出"君本位"轨道的意向,但它们除复归"无所司牧,濛濛淳淳"的原始无君社会,或向往子虚乌有的"桃花源"式的无差别境界外,别无积极的社会主张与王权主义相抗,民众如何在文明社会获得自身的基本权利,仍然不得要领。

第三,臣为君设,君尊臣卑。

介于君民之间的臣,或曰官吏阶层,在王权政治格局中,其功能是替君治民、代君行政,他们的权力、禄位来自君主的恩赐,其生、杀、予、夺皆取决于君主的一动之念,因此,臣下只对君上负责,而不对民众负责。韩愈将王权政治下的君、臣、民三者关系概括为:"君者,出令者也;臣,行君之令而致之民者也;民者,出粟米麻丝,作器皿、通货财,以事其上者也。君不出令,则失其所以为君;臣不行君之令而致之民,民不出粟米麻丝,作器皿、通货财,以事其上者也。"代君治民的臣,又曰官,具有双重人格,他们在民众面前高高在上,官与君同义或近义。在君主面前则唯命是从,臣"象屈服之形",君尊臣卑被视作天经地义,中国传统政治理念讲究的"臣道"多论及此。所谓"君臣相与,高下之处也,如天之与地也",又所谓"天地者,生之始也",君臣"与天地同理,与万世同久"。学者如此论证,君主也如此颁旨,清康熙帝在《君臣一体论》中说:"天尊地卑,自然之定位也","君尊臣卑,百王之大经也"。君臣悬隔既如天地,君臣关系即若主奴,臣子在君主面前以"犬马""爪牙""奴仆"自命。当然,中国传统政治理念中也有"道高于君"的卓越命题,如荀子说"从道不从君",晏婴主张"不死君难",劝人不要替"为己死而为己亡"的昏暴之主殉葬。法家虽极端尊君,却也有"法高于王"的论说,并力倡"贵公""尚公",认为"王子犯法,与庶民同罪"。然而,"道高于君""法高于王"的观点与王权主义并不是对立的,这里的"道"与"法"归根结底是王权的规律与法则,韩非子说:"道者,万物之始,是非之纪也。是以明君守始以知万物之源,治纪以知善败之端",将道与君纳入一个整体。君主既然是道的体现者,臣子尊君也即崇道。总之,无论从利害得失考虑,还是诉诸道义原则,君为臣纲都是毋庸置疑的,自秦汉以降,一以贯之,诚如朱熹所说:"秦之法,尽是尊君卑臣之事,所以后世不肯变"。

概言之,因特定的经济、社会、文化条件的孕育,中国有着王权主义的强势传统,它笼罩着君民关系、君臣关系,规范着君、臣、民三者互动的轨迹,使法制、官制、军制、财制等大政无不受其支配。而君权绝对化、民治缺位、尊君卑臣、人治(也即君治)压倒法治、纵向分权无制度保障,便是中国政治理念传统性的突出表现,包括民本主义在内的中国传统政治思想皆在此轨范之中。而《明夷待访录》却质疑这些"传统性"的某些基本命题,并加以系统而犀利的评析,若干论点闪耀着启蒙思想的光辉,构成前近代中国政治哲学的亮点。

(二)《明夷待访录》应运而生

黄宗羲青中年时代生活的明朝,君主专制政治发展到登峰造极的程度,弊端也愈益昭著,以天下国家为己任的士子批评时政的党社活动因时而兴。与此同时,东南地区的工商业有长足进步,又遭到矿监、税监一类虐政的摧折,谋求生存与发展的工商业者与党社士人联系渐趋紧密,其共同愿望是舒缓专制政治的高压,这便招致朝廷对士人党社活动和市民抗争的残酷镇压。与此同时,明清间的民族战争、遍及南北的农民战争愈演愈烈,各种社会矛盾空前激化,统治者无法照旧统治,被统治者也无法照旧被统治。从精神领域而言，皇帝、朝廷、理学教条的权威发生动摇，朝野间的认识形成巨大反差，"外论所是，内阁必以为非；外论所非，内阁必以为是"。争取参政权、非议君主专制的思想言行日渐张大，被士子中的"正人"视作楷模的顾宪成等人"公是非于天下"的号召，冯琦等人对君主敛财的抨击，李三才制伏内监淫威的业绩，杨涟对宦官干政危害的揭示，叶向高还实权于宰相的说议，陈龙正、刘宗周以分治不独治的倡言，都启迪着青年黄宗羲，成为他日后创作《明夷待访录》的直接前导。

黄宗羲35岁时经历明清更革，这不仅是一般的改朝换代，还是少数民族入主中原的华夷剧变，有着强劲的文化冲击力，士人们尤觉创巨痛深。黄氏把自己所处的时代称之"天崩地解"，同时代的王夫之则称之"天崩地裂"，都是身历巨大历史性震撼之后的概括。时至清初，当明清更革战争尘埃落定后，从烈火硝烟中退回书斋的士人，于痛定思痛间纷纷著述以总结历史教训。承袭着东林、复社议政传统，反映着早期市民挣脱君主专制的政治憧憬的黄宗羲，近取对明季弊政的切肤感受，又远纳三代以下的思想资源，并放眼来世，成就一部兼具现实性、超越性、前瞻性的政治哲学杰作。

是书原名《待访录》，黄氏生前及辞世后的一个世纪，此书仅有抄本流传于少数士子间。全祖望撰《梨洲先生神道碑文》，始称该书为《明夷待访录》，乾隆年间，慈溪郑性订定、其子郑大节刊刻是书，此即二老阁刻本，题名《黄梨洲先生明夷待访录》，共21篇（原君、原臣、原法、置相、学校、取士上、取士下、建都、方镇、田制一、田制二、田制三、兵制一、兵制二、兵制三、财计一、财计二、财计三、胥吏、奄宦上、奄宦下），另有《明夷留书》5篇（文质、封建、卫所、朋党、口史），今仅见《文质》《封建》2篇，经考证，亦为《待访录》篇目。我们讨论《明夷待访录》，即以此23篇为对象。

黄宗羲将是书命名"待访录"，含义在《题辞》中有所交待：

> 昔王冕仿《周礼》，著书一卷，自谓"吾未即死，持此以遇明主，伊、吕事业不难致也"，终不得少试以死。冕之书未得见，其可致治与否，固未可知。然乱运未终，亦何能为"大壮"之交！吾虽老矣，如箕子之见访，或庶几焉。

可见黄氏志在高远，他深知是著与强势的王权主义相对抗，不可能见容于当世，而他对自己思想的真理性充满信心，寄望未来，故以"待访"名书。全祖望、郑性又在"待访录"前加"明夷"二字，则点明是书产生的时代特征。"明夷"是《周易》六十四卦中的一个卦名，唐人孔颖达疏曰：

> 明夷，卦名。夷者，伤也。此卦日入地中。明夷之象，施之于人事，暗主在上，明臣在下，不敢显其明智，亦明夷之义也。

黄氏的《题辞》也有"夷之初旦，明而未融"的语句，可见以"明夷"概括作者的时代，符合黄氏本意。

综合"待访""明夷"二义，《明夷待访录》书名可释为：在日入地中，贤人政见不得伸张的黑暗时代，记录下这些建策，留待未来的圣者访求。

这里随之产生一个问题：黄氏恭候造访的圣者是何许人？黄氏托望于怎样的时代？

《明夷待访录》作于清初顺、康之际，其时南明几个小朝廷（弘光、隆武、永历等）已相继沦亡，或即将覆灭，对明朝遗民而言，复国之望已经决绝，加之黄氏本来就对明朝的极端专制深为不满，故黄氏期待的来访圣者不可能是明朝皇帝的遗脉，所托望的也不会是明朝那样的专制王朝的复兴。于是，有人揣想，黄氏作此书是给新建的清朝上条陈。清人黄肖堂有此推测。清末民初学者、主张排满革命的章太炎也对黄宗羲有此类讥弹。然而，综观《明夷待访录》全文和黄氏生平，上述判断不能令人信服。黄氏的民族气节不容置疑，他中年抗清，曾起义兵于浙江，避清兵于四明山，亡命日本，出生入死，艰辛备尝。直至晚年，他仍坚拒清廷明史馆之聘，弟子万斯同去明史馆修史，黄氏特别向万交待，不得在政治上与清廷合作，赠诗曰："不放河汾声价倒，太平有策莫轻拟"。万斯同遵循师训，以布衣史家为始终。而且，遍读《明夷待访录》，可见其政治理想绝非承袭明制的清朝所可容纳。鉴于黄宗羲对明朝政治的憎恶和坚贞的民族气节，他的希望既不会寄托于明朝的专制帝王，也不会寄托于清朝的异族皇上，因此，黄宗羲的目光只能是投向未来的。两百多年后的梁启超与黄氏心印相通，指出"梨洲云云，自为代清而起者说法"。黄氏的同时代人顾炎武对《明夷待访录》的旨趣也心领神会，他读毕是书后致函黄氏说：

> 大著《待访录》，读之再三，于是知天下未尝无人，百王之敝，可以复起，而三代之盛，可以徐还也。

顾氏认为黄氏书可以复起"百王之敝"，指的是救正秦汉以降君主专制的弊端；徐还"三代之盛"，则是逐步实现三代那种君民平等、君民共治的"公天下"境界。顾氏准确把握住《待访录》以"复古"为外观的超越现状的前瞻式运思方式，可谓"英雄识英雄"。梁启超的估量、顾炎武的评断是言之有据的，这可从《明夷待访录》全书的内容得到明证。

十、帝制时期的中国并非"封建社会"

自20世纪二三十年代之交开展"中国社会史论战"以来,中国社会科学界的左翼学者倾向于将秦至清帝制时期(以下简称"前近代")的中国定性为"封建社会";此后,在《联共(布)党史简明教程》规定的"五种社会形态"单线直进说框架内,前近代中国封建说逐渐成为定论,普被全社会。当然,对此论的异议也不绝如缕。

将君主集权的秦汉以降的中国古代社会冠以"封建"名目,此"封建"与封建之古义(分封建藩)和西义(封土封臣)双双脱钩,既失去历史依据,又缺乏比较参照。而此种封建论之所以被国人接受多年,原因在于,据称此论是"马克思主义社会形态学说"的产物。因而考察中国前近代社会实态,进而考察马克思主义社会形态学说及其封建论,至关紧要。

实考史迹不难发现:秦汉以降两千余年社会的基本面并非早已成为偏师的"封建制度",秦以下诸朝代虽仍然封爵建藩,但主要是"虚封",而并非"实封",受封贵胄"赐土而不临民","临民"(对民众实施行政管理)的是朝廷任命的流官。列朝也偶有"实封"(如汉初、两晋、明初),很快导致分裂(诸如"吴楚七国之乱""八王之乱""靖难之役"),朝廷又大力"削藩",强化中央集权的郡县制。秦至清制度的基本走势是贵族政治、领主经济被专制政治、地主经济所取代,其主流是一种"非封建"的社会。从严复、孙中山、章太炎、梁启超到钱穆、梁漱溟、李剑农、费孝通等注重中国历史自身特点的学人,一再阐明此点。中国前近代社会形态,从大格局言之,由经济上的地主-自耕农制、政治上的专制帝制综合而成,其社会形态呈非封建性。马克思、恩格斯深悉此中精义,综览其全部论著可以得见,唯物史观创始人从未将前近代中国称之"封建社会",而以"专制社会""东方专制社会"相称。(见《马克思恩格斯选集》第一卷,1995年版)

中国的"封建制"行之殷周,与"宗法制"互为表里,故殷周可称之"宗法封建时代",承其后的秦至清两千年,可称之建立在地主经济和专制政治基础上的"皇权时代"。以下先分述作为"皇权时代"的秦至清两千年间的贯穿性两制度(地主经济和专制政治),进而考究二者的合成关系,以获得关于此两千年社会形态的确切表述。

（一）贯穿秦至清的"民得买卖"的土地制度（地主制）

封建社会的一个基本特征是土地所有是一种政治特权，土地是上级领主封赐给下级领主的，不得自由买卖。春秋战国以降，封建领主制开始向地主制转化，秦至清土地制度的主流已与封建性渐行渐远。

十一、周制与秦制：传统中国的两种政制类型[①]

跨入文明门槛以前，东亚大陆曾实行过氏族民主制，《尚书》等中华元典将其追记为"禅让""谋于其众"的"通贤共治"。先哲对这种初原制度做理想化描述，称为"尧舜之治"，那是一种"天下为公"的"大同"境界，是善政的极致。

跨入文明门槛以后，进入"天下为家，各亲其亲，各子其子，货力为己，大人世及以为礼"的小康社会，这种财产私有、世袭"大人"统治的阶级社会，延传三千余年，其间又包蕴着相反而又相成的两种政制类型——周制与秦制。

接续"尧舜之治"的夏商周三代，已由"公天下"转为"私天下"，强横者初领世袭君权，因掌控力的限定，只能实行"宗法封建"的分权政制，王与贵族共治天下，庶民承担国家赋役，但基本生活运行于宗族共同体之内。"三代之治"保有若干原始民主遗意，是由"众治"向"君治"转化的过渡阶段，其完备形态是文武周公创定的"周制"。

周秦之际以降，君主集权制兴起，郡县制取代封建制，官僚制取代贵族制，君主"独治于天下而无所制"。君主集权孕育于春秋战国，成型于秦代，推衍于两汉至明清各朝（所谓"历代皆行秦政制"），可称之"秦制"。中国前近代社会一直笼罩在周制与秦制共构的皇权政治大纛之下。

传统政治哲学固然仰望"天下为公"的"大同"，却因其过于高远，退而求其次，寻觅比较切近的"私天下"的"小康"，在"周制"与"秦制"之间徘

---

① 本文选编自冯天瑜：《中国文化生成史》，武汉大学出版社2013年版，注释从略。

徊，儒家倡言周制，法家力行秦制，而历代执政者的主要方略是：兼领周制与秦制，儒表而法里，霸王道杂之。研讨中国政治文化的生成奥秘，须从考析"周制"与"秦制"的异同及其互动入手。

（一）宗法封建的"周制"——儒家范式

1. "周制"说的历史依据

先秦以降儒者乐道的"周制"，并非圣贤的向壁虚造，而有其历史依据，这便是继氏族民主制而起的宗法封建制。此制大约兴起于商代、成熟于西周，封建性的贵族政治与封建性的领主经济是其基本特征。宗法封建制在春秋战国时式微，然其余韵长期延存。

周人伐殷时，只是六七万人口的西鄙小族，去古未远，实行封建贵族制，仍保有若干原始民主痕迹——

一如臣僚对国君的辅贰制（设立第二个君主以约束君主行为的制度，系原始军事民主的双头制遗迹）；

二如君主与众卿共同商议大事的朝议制（大政交付朝廷会议讨论决定的制度，系由氏族会议制沿袭而来）；

三如国人参政制（自由民参与国事的制度，所谓"朝国人而问焉""致众而问焉""盟国人"）。

当时君主与自由民（主要是与贵族）共商的问题有三类："一曰询国危，二曰询国迁，三曰询立君。"皆涉及国政根本。可见周制的王权保有原始民主遗存，二者综汇成封建贵族制。

中国古来即普遍使用的专词"封建"，是"封土建国"的简称。《说文解字》云："封，爵诸侯之土也。""建，立朝律也。"封建，指帝王以爵土分封诸侯，使之在其封定区域建立邦国。商代已开始分封诸侯，而"周初大封建"令封建制系统展开。这种封建制与宗法制及等级制相为表里。被封诸侯在封国内有世袭统治权，世袭方式则依宗法制规定。周天子是各封国诸侯的"大宗"，作为"小宗"的被封诸侯对周天子必须服从命令、定期朝贡、提供军赋力役，周天子则保障作为"亲戚"的诸侯的宗法地位。

在周公等王室贵族主持下，西周确立宗法封建的典章制度，战国末年儒生编纂整理的《周礼》展现了这种政制的理想形态，特征是天子与贵族分权共治，可称之"周制"。由宗法序列组成的天子—公—卿—大夫—士等各级领主的世袭权利，通过逐级封建获得，其权利与义务受到礼制的保护和制约。

西方中世纪的"封建制度（feudalism）"与中国的"三代封建"有可

比性。

西欧各国及日本的中世纪社会,实行贵族政治和领主经济,其文化的若干特点,如王权旁落、政权分裂、等级制度、武士传统、农奴制度、人身依附、复仇观念等,皆为封建制度的派生物。

中国的周制大体与西欧中世纪的封建制相类(吴于廑便以西周封建制与西欧中世纪加洛林王朝封建制做类比),二者时间相距千余年,而实行权力分散的贵族政治、领主经济却大体近似(当然也有差别,中国是宗法封建,西欧是契约封建)。故兼通东西文化的近现代中国学人(从严复、梁启超到雷海宗、齐思和、吴于廑等)以及日本学人(从西周、福泽谕吉到内藤湖南、谷川道雄等)以古典汉字词"封建"对译 feudalism,较为准确。然而,在"五种社会形态"单线直进说导引下,20 世纪 30 年代前后开始流行于中国的泛化"封建"观,将非封建的秦汉以下两千年社会称之"封建",则全失"封建"本义与 feudalism 译义。这种概念与所指错位的"削足适履"做法,混淆了整个中国历史分期,导致"语乱天下"。复归"封建"本义与国际通用义,方为正途。

2. 儒家孕育于宗法封建制向君主集权制过渡之际,以弘扬周制为使命

东周以下,宗法封建趋于解纽,君主集权逐渐取代贵族分权,制度主流从贵族政治、领主经济渐次向官僚政治、地主经济转化。然而,由于聚族而居的村社经济并未解体,宗族血缘纽带顽强维系民间社会机体,帝王及贵胄世系仍按宗法封建故法承袭,宗法制及宗法观念在调整后存留下来;封建制虽被郡县制逐出政制主位,但封建余荫并未断绝。这一切使得秦汉以下,秦制虽显强势,周制也保有不弱的影响力。而恰在晚周这一政制转化的节点,儒家诞生,并为周制复兴奔走呼号。

受周代礼乐文化滋养的儒家,初成于春秋末年,正值宗法封建的周制解体之际。儒家创始人孔子哀叹世风不古,认为周制借鉴夏商两代,礼制昌茂丰盛,声言追从周制而不渝,其名论是:"周监于二代,郁郁乎文哉!吾从周"。

孔子以周文王、周武王和周公继承者自任,特别景仰制礼作乐、创建周制体系的周公,晚年体衰之际仍以"不复梦见周公"为最大遗憾。《汉书·艺文志》称儒家的主旨是"游文于六经之中,留意于仁义之际,祖述尧舜,宪章文武",此论甚得要领。不过,"祖述尧舜"、实现"大同",太过渺远,儒家实际争取的是"宪章文武",达成"小康"的周制,如荀子所称,孔子"一家得周道……故德与周公齐,名与三王并"。

儒家创派于礼崩乐坏的春秋末叶,对宗法封建的周制有温和的批评,如孔子不赞成"后进于礼乐"、凭身份做官的世卿世禄制,但对周制的基本要义(仁与礼)执著维系,试图"兴灭国,继绝世,举逸民",这显然与创建一统帝国、确立郡县制的时代趋势格格不入。东晋陶渊明在《饮酒诗》中评议孔子:"汲汲鲁中叟,弥缝使其淳",把春秋末叶的周制比作生裂缝的墙,孔子汲汲于弥合现实社会的裂缝。孔子的遭际是:四处碰壁,"已而去鲁,斥乎齐,逐乎宋、卫,困于陈蔡之间","累累若丧家之狗"。孟子经历类似,时人称其"迂远而阔于事情"。孔孟在其当世皆被视为博学而迂腐的老先生,当然他们也不乏通变,故又被称为"圣之时者"。

从"马上得天下"变为"马下治天下"的君王,对儒学由藐视转而青眼相加,儒家也就从边缘上升为主流,孔孟获得"圣人""亚圣"桂冠。这种转折大约发生在汉初至汉中叶(高祖至武帝的近百年间),以后列朝继续完成这种衍化。导致此一戏剧性变更的原因是多方面的,要者略如:

其一,儒家推崇周制的"天下有道""礼乐征伐自天子出",主张天下"定于一",切合皇权帝国的"大一统"诉求;

其二,儒家力倡"仁政""王道",企望上有执礼之明君、中有尽忠之贤臣、下有守序之顺民,这种和谐上下、缓解社会矛盾的施政理念,有益于社会稳定;

其三,儒家向往并通晓礼乐文化,力辟"邪说暴行",为身份等级正名,高度重视道德价值,是对祥和秩序的肯定、对过往文明的承袭,可以满足文化建设的需要;

其四,儒学的"仁、义、礼、智、信""修己爱人""己所不欲,勿施于人"等教言,提供了人格修养的资源,适应心理建设的要求。

概言之,儒学是宗法-农耕社会(兼跨周制与秦制)符合中道、为朝野共认的、可以广而告之的社会学说。

(二)君主集权的"秦制"——法家楷模

周制盛行于西周,至东周开始解体,周天子尸位素餐,诸侯力政,宗法封建形同虚设,一种通过暴力争夺获得执政地位的君主政制驾临天下。这种信奉丛林法则的政制并非在周王室诞育,而是在一些诸侯国纷然形成的。在你死我活的争霸、兼并战争威迫下,列国竞相"变法"(如魏国的李悝变法、齐国的邹忌变法、韩国的申不害变法、秦国的商鞅变法、楚国的吴起变法、燕国的乐毅变法等),谋求富国强兵,走出宗法封建故辙,迈向君主集权。变法较彻底的秦国赢得兼并战争的胜利,分权的封建性周制正式让主位于君主集权的秦制。

公元前247年,13岁的秦王嬴政即位。自公元前230年至公元前221年,秦先后灭亡韩、赵、魏、楚、燕、齐六国,建立起统一的秦帝国,定都咸阳。嬴政认为自己的功劳胜过之前的三皇五帝，与大臣议定尊号"皇帝"，自称"始皇帝"，期以万世传袭。

秦将各个诸侯国集结为非封建的大帝国，在全中国范围以郡县制取代封建制。又统一六国文字，统一法律、度量衡、货币，修驰道、筑御胡长城，确立中央集权的专制帝国规模。其大一统制度，沿用两千余年，正所谓"历代皆行秦政制"。

汉初总结秦代速亡教训（所谓"过秦"），除指责秦政"暴虐"外，儒生多归咎于秦皇不行封建，朝廷孤立无援。这后一则教训，在封建余音传响的时代颇有感召力，故汉高祖刘邦试图兼采郡县制和封国制，在设置郡县的同时，先后广封异姓王侯和同姓王侯，并给予王侯"掌治其国"的权力。然而，这些王侯很快成为与朝廷相抗衡的割据势力，汉王朝在尝到异姓王和同姓王叛乱的苦果之后，断然翦灭异姓王，削减同姓王治国之权，"使藩国自析"，到武帝时，"诸侯惟得衣食租税，不与政事"，这便是只能效忠皇帝的"食封贵族"。秦在厉行专制一统之际，严刑苛法，横征暴敛，又连年用兵，激化社会矛盾，庶众揭竿而起，六国旧贵族也乘势兴兵，秦朝行年十五，二世而亡，是中国历时最短的统一王朝。

秦汉以下，列朝力行郡县制，但帝王仍对皇亲国戚和功臣宿将封侯赐土，以期拱卫皇室，但明令王侯们"食土而不临民"，即只对封土拥有赋税权，而没有政治管理权，但也多有王侯执掌军政实权，西汉、西晋、明、清皆有显例，并一再导致尾大不掉的藩王起而作乱的事变，如汉初的"吴楚七国之乱"、西晋的"八王之乱"、清初的"三藩之乱"等。唐后期授军政大权于节度使，酿成藩镇割据局面，实质近于藩王之乱。连君主集权政治达于极端的明朝，也在建文间发生燕王朱棣策动的"靖难之役"，宣宗时的汉王朱高煦之乱，武宗时的宁王朱宸濠之乱。因而列朝在"封藩"之后，每有"反封建"的"削藩"之举（包括以藩王夺得帝位的朱棣，登基后也立即"削藩"），并把郡县制、流官制作为强化中央集权的命脉所在。

从"封土建国"一意论之，"封建制度"在秦汉以降即退居次要，郡县制则成为君主集权政治的基本构成部分，帝王借此"令海内之势，如身之使臂，臂之使指，莫不制从，诸侯之君，不敢有异心，辐辏并进，而归命天子"。郡县制同选举-科举制度一起，削弱了世袭性、割据性的贵族政治，维护了帝国的一统性，并使中国在两千年间发育出具有真实意义的、世所罕见的统一文化（书同文、车同轨、行同伦等）。这是诸侯割据、封臣林立的中世纪欧洲、日本，以及土王如云的印度所不可比拟的。

秦制的皇权拥有高度的威势和执行力，可以"办大事"（如筑长城、修驰道、掘运河以及统一度量衡、编纂《永乐大典》《四库全书》等令古今人叹为观止的大制作），同时，又竞相运用其强势权力驱使、敲剥臣民，造成一个接一个的"暴政"。秦汉之际人们以"暴"形容秦制,"西汉鸿文"贾谊的《过秦论》为其名篇。《过秦论》通过对秦国盛衰的回顾,指出秦因变法图强而得天下,又因"仁义不施"而失天下。文曰:

> 秦王怀贪鄙之心,行自奋之智,不信功臣,不亲士民,废王道而立私爱,焚文书而酷刑法,先诈力而后仁义,以暴虐为天下始。

贾谊概括秦王的特点:刚愎专断、疏远臣民、严刑峻法、迷信诈力、暴虐天下,这也是一切皇权暴政的共有禀性。贾谊同时指出,对比周、秦二制,周制较为稳固,有利于长治久安:

> 故三王之建天下,名号显美,功业长久。

显然,贾谊是在向当朝执政推荐周制,力拒以"暴虐"为特征的秦制。宋代理学家崇尚周制,批评秦制,程颢说:

> 三代之治,顺理者也。两汉以下,皆把持天下者也。

这种赞扬周制顺天理、指斥秦制厉行集权("把持天下")之论,是一种伦理主义的评判,宋明间儒者多持此说。

纵观两周以下,如果说宗法封建的周制,其理论形态是儒学;那么君主集权的秦制,其理论形态便是法家学说。

法家由"法术之士"组成,从为君主设计掌控国家及臣民的理官演化而来,自春秋末以至战国,约略形成早期的管仲学派、中期的商鞅学派、晚期的申韩学派。后人称其学说为"申韩之学"。太史公评断曰:"法家不别亲疏,不殊贵贱,一断于法,则亲亲尊尊之恩绝矣。可以行一时之计,而不可长用也,故曰'严而少恩'。若尊主卑臣,明分职不得相逾越,虽百家弗能改也。"商鞅变法是秦制的一次系统实践,奠定了秦统一天下的基础。

法家吸纳儒、墨、道诸家学说,在刑名学基础上,建立"法—术—势"一体的理论体系,为绝对君主集权论证。秦制的集大成者韩非以及秦制重要的实行者李斯,皆为儒家一派荀子的学生。"荀学"通览内圣与外王,正是帝王术的集合,韩非在此基础上锻造更为坚利酷烈的帝王统治术。

秦代实行韩非、李斯的法家学说,获"大一统"之成功,又不免"二世而亡"之惨败,汉以下诸朝吸取教训,以韩非、李斯师父荀子的"隆礼重法"学说为治国之旨。

(三)综汇周制、秦制的皇权政治

皇权政治自秦汉定格,除秦朝宣称厉禁儒术,"以法为教""以吏为师"

之外，列朝帝王大都以"崇周""尊儒"布达天下。一个显例是，明清两代的帝宫——北京紫禁城诸殿阁悬挂的匾额与对联，多选自儒家经典。

乾清宫正殿御座两侧楹柱上的楹联为：

> 表正万邦，慎厥身修思永；
> 弘敷五典，无轻民事惟难。

此为集句联，"表正万邦"语出《尚书·仲虺之诰》；"慎厥身修思永"语出《尚书·皋陶谟》；"弘敷五典"语出《尚书·君牙》；"无轻民事惟难"语出《尚书·太甲下》。意谓帝王要仪表天下，法正万方，就要慎修其身，思长久之道；向人民弘扬五常之道，不要轻视人民劳作之艰难。

乾清宫正殿北楹柱楹联为：

> 克宽克仁，皇建其有极；
> 惟精惟一，道积于厥躬。

此集句联，也是择自儒家经书，意谓皇帝要能宽能仁，为万民树立最高准则，精粹纯一，完美道德会积于君主自身。

此外，乾清宫"正大光明"匾（顺治帝题）、养心殿"中正仁和"匾（雍正帝题）、养心殿西暖阁旁的"三希堂"匾（乾隆帝题，取义宋儒周敦颐的"圣希天，贤希圣，士希贤"），皆以儒家精义宣示天下。

然而，实际情况却是：两汉以降，两千年间的统治者几乎没有一个纯用儒学、单行周制的。汉以下的帝王虽然采纳"罢黜百家，独尊儒术"的建策、申言奉行周制，但并未一味信从儒家，多半视周政为虚应故事、儒生为不合时宜的空谈家，而借重秦制的实效性。如汉宣帝便很不放心太子（后为汉元帝）的"柔仁好儒"，当太子建言"陛下持刑太深，宜用儒生"时，宣帝颇为恼怒，告诫太子说：

> 汉家自有制度，本以霸王道杂之，奈何纯任德教，用周政乎！
> 且俗儒不达时宜，好是古非今，使人眩于名实，不知所守，何足委任！

汉宣帝关于"汉家自有制度"的这番私房话，道出了帝王统治术的真谛——既以儒家颂扬的"周制"（仁政、王道乃至井田、封建之类）号召天下、收揽人心，又毫不含糊地坚执霸道钢鞭，用"秦制"威镇臣民。

秦汉以降，形成大一统的君主集权政制，要义有三：一者君主独制，二者地方集权中央，三者任用不世袭的流官。这些制度多兼采周制与秦制，如倡导兼听独断的谏议制度，侦察官吏、守廉肃贪的监察制度，不计身份选贤与能的选举-科举制度,等等,皆或以周制为基础吸纳秦制,或以秦制为基础吸纳周制。

唐人柳宗元名篇《封建论》肯定郡县制取代封建制的历史作用,并对周秦二制做出历史性评判——

周制"失在于制不在于政",即周的仁政、王道固然好,但制度(封建制)不利于国家统一,导致诸侯争战不休,故制度应予更革;秦制"失在于政不在于制",即秦政暴虐,激化社会矛盾,二世而亡,其政绝不可取,然其制度(郡县制)有利于国家统一、社会稳定,故延绵千载。

明清之际王夫之的《读通鉴论》与柳宗元的《封建论》近似,而且有更明晰的历史进化观念。周制实行封建,属于早期国家发展阶段。上古时代,人自为君,君自为国,万其国者万其心。周人大封同姓,才逐渐有合一之势。而秦制实行郡县,进一步强化国家的统一,这有利于文明进步,故王夫之称:

> 郡县之制,垂二千年而弗能改矣,合古今上下皆安之,势之所趋,岂非理而能然哉!

柳宗元、王夫之对周、秦二制的辨析没有止步于道德评判,而是置之于大历史视角,并且对"政"与"制"加以区分,在谴责秦政之"暴"时,并不忽略秦制中合乎历史发展需求的制度性合理内容;在赞赏周制之"仁"时,也不放松对不利国家统一的封建制的严肃批评。

明清之际的另一哲人黄宗羲有强烈的重民思想,他不止于批判秦政(暴政),对于秦制(郡县制)也有非议,认为郡县制一味强化中央集权,政治上、军事上弊端甚多,主张以"方镇""封建"削减极端的中央集权。

同期的顾炎武认为封建制、郡县制各有利弊:

> 封建之失,其专在下;郡县之失,其专在上。

主张加强地方守令职权,"寓封建之意于郡县之中"。清末民初的地方自治论、联省自治论,既吸纳欧美自治主义,又承袭黄宗羲、顾炎武遗义,含有以周制调节秦制的意向。

时至近代,民主主义者批判秦制,而在追究秦制的生成机制时,将根源追至荀子。谭嗣同说:

> 二千年来之政,秦政也,皆大盗也;二千年来之学,荀学也,皆乡愿也;惟大盗利用乡愿,惟乡愿工媚大盗。二者交相资,而周不托之于孔。

就政治制度言之，两千年来以秦制为主，兼采周制，二者彼此渗透、相互消长，呈现一种有限专制君主政治；就政治学说而言，则以儒家为本，法家、道家辅助。谭嗣同称"二千年来之政，秦政也"，大抵如此；"二千年来之学，荀学也"，确为至论。"荀学"是一种王霸杂之、儒主而法辅的学说，汉至清两千年间政学的主流大体如是。谭氏之前两千年成文的《周易·系辞下》已明白昭示：

> 天地之大德曰生，圣人之大宝曰位，何以守位？曰仁。何以聚人？曰财。理财、正辞、禁民为非，曰义。

这是在儒学语汇系统内，用"仁""义"诠释威权政治。而这种既盛称仁义又力行威权的刚柔相济体制，正是两汉至明清的皇权政治的常态。

（四）现代政治视野下的周秦二制

周制、秦制是中国传统政制的两种形态。置诸世界政治制度古今演变的大格局审视，对此二制当做怎样的评判呢？

1. 周、秦二制与近代宪政的距离

东亚大陆跨入文明门槛以后，大略经历了"宗法封建社会"和"宗法皇权社会"（或曰"皇权郡县社会"）两大阶段。前者已是两千多年前的旧梦，后者方是中国前近代的现实。"宗法皇权社会"呈现两重格局——

一方面，皇权撇开贵族阶层，通过官僚系统直接辖制庶众，"君—民"关系成为基本的社会关系，"尺土之民"皆"自上制之"。当朝廷的剥削压迫深重，庶众便揭竿而起，故中国反朝廷的农民战争次数之多、规模之大，世无其匹，统治者需要紧握秦制利剑；皇权又要警惕武人夺权、地方分权，也需要紧握秦制利剑，并且不能任其旁贷。

另一方面，由于宗法关系长存，可以消解阶级对立，而且，皇权制度颇具调节能力，通过实施"仁政"，推行"让步政策"，使社会危机得以缓和，破败的经济得以恢复和发展。皇权制度还善于制造全民性的文化偶像，如圣人、佛、仙、关帝、明君和清官，令大众顶礼膜拜，给各阶层以精神慰藉，这也从文化上增进了皇权社会的弹性与和谐性。这些又是周制的余韵。在通常情形下，皇权起着维护国家统一、社会安定的作用，保证地主自耕农经济运行，有利于文化的传承发展。

有学者提出，从分权制约角度看，周制离现代宪政民主较近，因为周制下的庶民与贵族拥有传统的权利，帝王不能过多干预。但从现代国家需要统一的法律，需要个人直接面对国家法律而言，秦制更接近现代国

家。秦制强调统一的"王法","王法"直接面对"民",取消中间环节的贵族。由于社会的各种中间结构被打碎,直面"王法"的"民"已经相当原子化,其过程与资本主义社会在西欧的发展历史有类似处,人们从小共同体的束缚中进入大共同体(秦制没有攻破的只剩家族制度,国家权力没有全然控辖家族内部,所以这个"民"还没有完全原子化)。但秦制固守君主专制,力阻跨向现代宪政国家。

综合比较周、秦二制,周制走向现代宪制国家似较易,从世界史观之,能顺利进入现代宪制国家的,几乎都是封建传统(相当于周制)深厚的国家。反之,大一统帝国(相当于秦制)要转进现代宪制社会,其过程更为曲折艰难。

上述判断庶几切近历史实际。需要补充说明的是,周制深植宗法土壤,与君权及等级制存在盘根错节关系,迈向民主亦大不易。另外,秦汉以下儒者一再吁请抑制秦制、复兴周制(如恢复众卿朝议制、太学监国制以及国人参政制、学校议政制),然效果不彰,而君主独裁则愈演愈烈,其原因不能仅仅归结为帝王强化权力的私欲,背后还有秦制对维护国家大一统的实效性在发挥作用。故昔之善政不能简单归结为周制与秦制中的一种。

现代政治文明建设,只能是对周制与秦制的双重选择性吸纳,其间还必须包括对民主的借鉴,方能实现周制与秦制的新生转进。

2. 从"郡县-乡里社会"到"单位社会"

秦制之下形成"宗法皇权社会",又可称之"郡县-乡里社会",这是一个包容性很强的机体,可以使陈旧的与新生的、本土的与外来的文化因素相与共存,如自然经济与商品经济,农耕与游牧,王道与霸道,儒家与法家,儒学与佛学等似乎水火不相容的东西,竟然可以为这同一制度所容纳——儒释道三教并而信之,皇帝、可汗兼而任之(如唐太宗兼称大唐皇帝和天可汗,元世祖兼称大元皇帝和蒙古汗国可汗),老百姓对孔圣人、张天师、如来佛、玉皇大帝、关帝爷、赵公明轮番顶礼。诸异质文化在互相排斥、互相制约中共存共荣,自然经济和专制政治等社会基本要素,一以贯之地延绵下来。

自秦至清,制度多起伏跌宕,然以帝王为轴心的官僚政治(郡县制为其地方政治形态),加上基层由乡规里约组合而成为宗法乡里共同构建的"郡县-乡里社会",其基本格局是,上有中央集权的朝廷与郡县,下为分散而自治的乡里。这种社会结构一直延绵下来,直至现代仍于变革中保留神髓,其显在形态便是1949年以后"单位社会"的出现。有学者指出:

现代中国社会极其独特的两极结构:一极是权力高度集中的国家和

政府,另一极是大量相对分散和相对封闭的一个个单位。长期以来,国家对社会的整合与控制,不是直接面对一个个单独的社会成员,更多的是在这种独特的单位现象的基础上,通过单位来实现的。

这种"单位社会"是"郡县-乡里社会"在现代特有条件下的变种:既保留着传统社会的基本元素,如中央集权的郡县制存留乃至强化,同时,又因公有制经济(国有经济或集体所有经济)对生活资料分配的掌控,中央威权可以通过"单位"的组织力量渗透到基层社会物质生活、精神生活诸层面,这较之"郡县-乡里社会",朝廷政令止于县衙这一级,是大为强化了。在1949年以后的30多年间,"单位"是城镇中国人政治生活、经济生活、社会生活、家庭-个人生活的基本空间。乡村人20世纪70年代末以前在合作社、人民公社治下,现在辖于村委会。城镇人的生老病死、婚丧嫁娶乃至住房、医疗等生活福利,皆由"单位"掌理,个人的思想状况以及周边情态也须向单位汇报。

当代中国从计划经济向市场经济转化,"随着资源配置手段和社会结构的变革,单位体制的解体和个人化的发展是同样不可避免的"。时下中国正在脱离"单位社会"的故辙,进入"后单位社会时代",新的社区建设勃然兴起,然而单位组织与非单位组织仍然交叉并存,"单位社会"的若干基因还将在相当时期发挥作用,不过这种作用渐趋变态。

十二、与李慎之、唐德刚、谷川道雄三先生议"封建"[①]

"封建"本为表述中国古代政制的旧词,意谓"封土建国""封爵建藩",近代以前在汉字文化圈诸国(中、越、朝、日)通用,未生异议。19世纪中叶西学东渐以降,中日两国用"封建"一词翻译西洋史学术语 feudalism(封土封臣、采邑领主制),衍为一个表述社会形态的新名(时间上中西并不对应,中国封建时期在殷周,西欧封建时期在中世纪,时差千余年),此

[①] 本文整理于2020年春末,由冯天瑜先生口述,姚彬彬博士笔录,所述皆世纪之交旧事,时过二三十年后,只能追记其概略,但大意不会走样。谨以此篇敬奉李慎之、唐德刚、谷川道雄三先生在天之灵。

新名的基本内涵仍然与"封建"原义相通。

20世纪20年代开始,来自苏俄的"泛化封建"观强势降临,把"以农业为基础的"从秦汉至明清的中国社会视为"封建社会"。郭沫若先生是此说的力推者,他在1930年出版的《中国古代社会研究》中称:"中国的社会固定在封建制度之下已经二千多年",还将"废封建、立郡县"的秦始皇称之"中国社会史上完成了封建制的元勋"。这种说法,是在斯大林及共产国际影响下应运而生的,但在20世纪30年代还仅是一家之言,学界很少顺应。至延安整风时期,《联共(布)党史简明教程》立为干部必读书和述史经典,中国的历史进程纳入该简明教程规定的模式——原始社会—奴隶社会—封建社会—资本主义社会—共产主义(其初级阶段为社会主义社会),且在时段划分上也必须与西欧史对应。自1949年以降,正式颁发的历史学教科书和大多数社会科学论著及整个文宣系统皆沿袭此说。

我们这一代及下代中国人,受教的是"五种社会形态"单线直进说,将商周归入奴隶社会,秦汉至明清是一以贯之的封建社会。1978年至20世纪80年代中期,本人步入学术研究领域,不假思索地运用这种论式。转机发端于20世纪80年代中期以后,我在撰写《明清文化史散论》及稍晚的《中华元典精神》之际,较系统地阅读《左传》《史记》《明史》《清史稿》以及柳宗元、马端临、黄宗羲、顾炎武、王夫之的史论,又从梁启超、章太炎、钱穆等近代学者的讲论中得到启示,并于20世纪80年代末读到刚翻译出版的马克思晚年的《人类学笔记》,对"泛化封建观"渐生疑窦,不再将秦汉至明清封建时代说视为确论。这些思考,初步反映在1989年前后与何晓明、周积明二君合著的《中华文化史》(上海人民出版社1990年版)中。吾撰之上篇探讨中国历史分期问题,并专立一目《中国"封建制度"辨析》云:

> 中国古来即用的专词"封建",是"封土建国"的简称。……西方的"封建制度"(feudalism)与中国古来的"封建"在概念上比较切近。……自20世纪40年代以来,我国史学界所通用的"封建制度""封建社会",则是从"五种社会形态"角度确定其含义的,用所有制和阶级关系作为判定标准,指由地主阶级占有土地等生产资料的主要份额,以剥削农民(或农奴)剩余劳动为基础的社会制度;自然经济是这一制度的特征,农民和地主构成这一制度的基本成员,农民与地主的阶级矛盾是这一制度的主要社会矛盾。这里所使用的"封建"一词,已与"封建"的古义和西义均不搭界。

该目提出,"秦汉至明清两千年间社会形态较确切的表述,应是'宗法君主专制社会'",其制度主体已不是"封建"的。1989年的此种看法,是我2005年前后撰写《"封建"考论》(由中国社会科学出版社出版)的基点。

上述思路的整理及明晰化和渐趋深入,得益于与师友的切磋,特别值得纪念的是与三位年长我20岁左右的学界先哲李慎之、唐德刚、谷川道雄的研讨。

(一)与李慎之先生议"封建"

李慎之先生20世纪80年代中后期是中国社会科学院副院长,主管外事工作,同时也是社科院美国研究所所长,以博通中西著称。

1988年,李慎之副院长受上级命,组建一个小型人文学者代表团,赴美国与华裔人文学者建立联系。当时台湾当局刚刚"解严",海峡两岸人员交流渠道尚未开通,大陆方面试图通过在美华裔学者(如历史学家唐德刚、哲学史家成中英、政治学者熊玠等,他们与台湾关系密切),搭建海峡两岸学术沟通桥梁。

人文学者代表团由四人组成,中国社科院两位:《历史研究》主编庞朴和当时的政治所所长;院外两位:社会学家郑杭生(时任中国人民大学副校长)和我。我们四人到社科院会合后,由李慎之交代任务。这是我第一次见到李氏,即为其博学和率真所吸引。之后代表团一行到美国夏威夷,在东西方中心(East-West Center)和夏威夷大学与美籍华裔学者晤谈甚欢,达到预期目的。回国后我们到社科院向李氏汇报,他很高兴,说以后每年举行一次这样的会议,并把台湾学者汲纳进来。后来由于情势变化,李氏的这一设想未能实现。

李氏1989年秋辞去中国社科院副院长职,次年拙著《中华文化史》出版,我往外寄送的第一位便是李氏。之后几年间,在北京的学术会议上我曾见到李氏两三次,他说,收阅《中华文化史》,特别称赞其中论"封建"一节"甚精当"。然见面匆匆,未及详述。后来我获悉,李氏在文章中多次论及"封建"问题。

李氏1993年10月发表《"封建"二字不可滥用》,指出"中国学术必须保持'自性',不可乱套外来模式",由此论及"封建"概念和历史分期问题:

> 时下所说的"封建"以及由此而派生的"封建迷信""封建落后""封建反动""封建顽固"……等等并不合乎中国历史上"封建"的本义,不合乎从feudal、feudalism这样的西方文字翻译过来的"封建主义"的本义,也不合乎马克思、恩格斯所说的"封建主义"的本义,它完全是中国近代政治中为宣传方便而无限扩大

使用的一个政治术语。

李氏坦陈:"这个错误是我代人所犯下的",显示了老辈学人的历史担当精神。他指出:

> "循名责实,正本清源",是所望于后生。所幸的是青年一代史学家已经有人注意到了这个问题。两年多前,我收到湖北大学冯天瑜教授寄给我的《中华文化史》,书中即已专列《中国"封建制度"辨析》一节,可说已经开始了这一工程。

1993年我已年过天命,慎之先生称我"青年一代史学家",这是老辈寄语,我只能勉为认领了。(一笑)

近年我又读到李氏1998年撰写的《发现另一个中国》在批评"封建"滥用后指出:"把中国自秦始皇起的社会制度称为封建主义实在是近几十年才大行其道(在此以前的名家,如陈寅恪、冯友兰都是压根儿不用这个名词的,西方研究中国历史的学者也不用这个词)。然而究其实际,则与中国原来所说的封建与日本、西洋的封建(feudalism)大不相同,当然也与马克思所说的封建不同(他心目中封建主义本来就是西方通用的封建主义概念),因此名实不符,只能乱人视听。"愚见与李氏所议一致。惜乎1993年以后,我们没有交流机会,拙著《"封建"考论》2006年出版时,先生已辞世三载,只能献之于灵前。

(二)与唐德刚先生议"封建"

与唐德刚先生相识,恰在前述1988年夏威夷大学交流之际。会议期间,我与夏威夷大学成中英、纽约州立大学熊玠,以及唐德刚互动较多。唐氏时任纽约市立大学教授、亚洲研究系主任,他的学术贡献,最为人熟知的是口述史。唐氏擅长采访,又有一支生花妙笔,李宗仁、胡适、张国焘、张学良的口述传记出自他的手笔。我读过精彩纷呈的《李宗仁回忆录》,对笔者十分心仪。因为神交已久,故与唐氏一见如故,我们在会议休息期间交谈,晚饭后到海边散步,指天画地,渐渐集中到封建辨析问题。我陈述对"封建"滥用的反拨之议,唐氏连称"难得",因为在他的印象中,大陆学者普遍持"五种社会形态"单线直进说,认定秦汉至明清是封建社会。唐氏听罢我的陈述,立即操着浓重的安徽乡音,介绍他撰写的《论中国大陆落后问题的秦汉根源》中的观点。唐氏的这篇文章是1987年在西安一个会议上宣读的论文(该文20世纪90年代后收入他的《史学与红学》等文集中),我们1988年交谈时,该文尚未正式发表,我当时听来颇觉新颖。

唐氏说，中古欧洲式的封建制，政治属从的关系只是皇帝与诸侯、诸侯与附庸的关系，政府与人民之间无直接关系。农民只附属于土地，而土地则是附庸于诸侯或（直属于）皇帝的私产。欧洲史家17、18世纪把这种管辖制度称之feudalism。近代中国知识分子读欧洲历史，发现中国古代亦有类似的制度，这个制度并且有个古老的名字叫作"封建"。封建者，封君建国也。唐氏讲到这里兴奋起来，提高声调说，20世纪二三十年代，"封建"一词便逐渐变质了，最后它竟变成了所有古老而落伍的一切坏的风俗习惯的总代名词。唐氏强调："时至今日，在中国马克思史学派的词汇中，所谓'封建'显然既非中古欧洲的feudalism，也不是中国古代封君建国的'封建'了，它变成中国马克思主义者受苏联影响而特创的一个新名词。"

唐氏这一评论基本符合实际，但有须加修正的地方。我插言："大陆流行的泛化封建观，并非'马克思史学'，实则与马克思封建社会原论相悖。"

唐氏闻言有些诧异，连问："这是什么意思？"我解释道："泛化封建观是在苏俄影响下，中国初学唯物史观的学者形成的一种偏失判断。"

唐氏可能没有读过马克思关于"封建"的论说，误以为那种泛化封建观出自马克思，我特别指出："马克思认为，非欧国家只有日本的前近代是封建社会，中国、印度等绝大多数东方国家的前近代皆非封建社会。中国一些熟悉马克思原著的史学家并不赞成秦汉至明清为封建社会。"唐氏听到介绍后，连连点头说："可能是你讲的这种情况"，并连连拍我的肩膀，说："看来你读了不少原著，所以不人云亦云"。唐氏的虚心态度和敏锐判断力令人钦佩。

1998年以后几年我在日本讲学，1999年5月初专程回国参加在北京大学举办的纪念五四运动八十周年国际学术研讨会，会上重逢唐先生，我们不约而同地谈到不能把五四运动的题旨概括为"反封建"，而应称之"反君主专制"，如辛亥革命诸人从未"反封建"，而是"反帝制，争共和"。由此我们在会上会下继续讨论"封建"所涉诸题。住在同一宾馆的王元化先生也曾参与交谈，三人所见一致。

在这次北大会议期间，爱知大学绪形康教授邀中国的王元化和我，美国的周策纵、唐德刚，新加坡的王赓武座谈。[①] 王元化讲到，五四"反封建"一说应当重估，因为秦始皇统一中国后，就不再是封建制了。绪形康

[①] 座谈纪要载于爱知大学现代中国学会：《中国21》1999年卷，中国社会科学出版社2001年版。

接着说:

冯天瑜先生发表过《厘清概念——以"封建"与"形而上学"为例》,与王元化先生观点相近。看来我们对五四运动的再认识,有一个重新厘定概念的任务。

这次北大重晤,我与唐德刚讨论"封建"问题较夏威夷那次深入。我把1988年以后10年间自己对"封建"问题的进一步思考告诉唐氏,他深表赞许,并阐述己见。

唐氏指出:中国社会历史可划分为三个阶段,即封建、帝制、民治。帝制就是君主专制,民治就是进入民主制度的实践阶段。

唐氏这种划分与吾见相似。我补充道:"封建"的基旨是宗法,宗法封建制初现于殷商,西周得以完备。从春秋战国到秦汉,发生从分权的封建到中央集权的君主专制的转变(史书称"废封建,立郡县"),但周代确立的宗法观念和宗法制度,秦汉以后承袭下来,用严复的话来说,直到今天,中国人"犹然一宗法之民"。封建制解体,宗法制保留下来,周代是宗法封建,秦汉后是宗法君主集权制,这是中国史的一个特点。唐氏赞成此说。

我们还讨论到,中唐前后的中国社会形态,颇有差异。从秦汉到中唐以前,进入皇权专制社会,但封建性要素还多有遗留,从两汉到魏晋南北朝,一直发生封建制与郡县制的博弈。

我们有一共识:因为秦汉到明清时间跨度长,应做阶段性划分,这两千年间,各种典制、习俗、思想多有迁衍变化,秦至中唐为"皇权时代前期",其地主经济、官僚政治粗具规模,却又保留领主经济、贵族政治的若干要素,某些时段(如两晋南北朝)封建制更有张大之势(可称"亚封建");中唐至明清为"皇权时代后期",领主经济、贵族政治淡出社会舞台,地主经济、官僚政治成熟,专制君主集权迈向极峰,但封建性要素仍有遗存。

唐德刚先生的封建、帝制、民治的三段分期法,胜在简明。他有一个形象的比喻,叫作"历史三峡"。他说:

历史的潮流中,前后两个社会政治形态的转换,其间必然有个转型期,此转型期就是个"三峡",跨过这个转型期,就像江水经过瞿塘峡、巫峡、西陵峡之后便一泻千里。他认为,第一个"历史三峡",是自公元前4世纪商鞅变法起至秦皇汉武之间,实现了从封建转帝制,历时约三百年。此次转型是自动的,内部矛盾运行的结果。

我续接道:从宗法封建向皇权社会的过渡,直至西汉的中期,也就是在汉武帝时,才算真正克服了贵族政治的遗留,当然其后还有反复。

唐氏说:

> 第二个"历史三峡",发端于鸦片战争之后,时间应该也是二三百年,此次转型是受外来刺激而行,是被迫的,我们至今仍处于这个转型期之中。民国以来一直没有彻底消除的出身论、阶级固化等社会现象,可以看作是宗法专制甚至是封建制的历史遗留物,彻底克服尚须时日。

我赞同唐氏此议,又补充道,第二个"历史三峡",并非全是外力所致,内在动力也十分重要,而且愈到后来愈重要。

以上对谈是宾馆房间内和晚餐后在北大校园散步时进行的。我在笔记本里有简要记载。

李慎之、唐德刚二位先生与我议"封建",发生在20世纪80年代末,延及20世纪90年代初。三人原未谋面,事先彼此没有任何沟通,相逢一叙,即不谋而合,可谓"心有灵犀一点通"。

(三)与谷川道雄先生议"封建"

1998—2001年我应聘位于日本名古屋的爱知大学专任教授,2004—2005年在京都的国际日本文化研究中心(简称"日文研")做访问学者。这两个时段与沟口雄三、中岛敏夫、加加美光行、梅原猛等日本学者切磋"封建"议题,更多次与谷川道雄先生深度研讨。

谷川道雄被称为日本京都学派第三代"祭酒",在中国六朝隋唐史研究方面贡献卓著。我在爱知大学任教时,已经结识谷川氏,他在京都主持学术会议,常邀我参加,他也多到名古屋这边来晤谈。2004—2005年我到京都日文研以后,见面就更方便了,经常一起畅谈。他持非常明确的中国秦汉后"非封建"观点,所撰《中国中世社会与共同体》等书多有阐发。当时我正撰写《"封建"考论》,曾持文稿向谷川先生请益,他极表赞赏,并以蝇头小楷写意见书数页。2006年《"封建"考论》出版,他收到赠书后第一时间即细致阅读,并用红笔做了密密麻麻的批记圈点,后来见面他专门翻给我看。

2008年我赴京都参加学术会议,其间谷川先生邀我到他府上,同去的还有聂长顺和牟发松二君。长顺是我的学生,日语很好,时任武汉大学中国传统文化研究中心副教授(现在已是教授了);发松是唐长孺先生及门弟子(唐先生与谷川先生友谊甚深,谷川书房悬挂的唯一条幅便是唐先生所书),在武汉大学历史系时与我是同事,后任华东师范大学教授,时在京都访学。我们在谷川先生书房畅谈一整天,四人的议题是"封建"问题。后来聂长顺把谈话内容整理成文,题为《关于中国前近代社会"非封建"的对话》,发表于《史学月刊》。

谷川氏服膺唯物史观,对中国史学界一些学者(有的是谷川的老朋友)至今抱持"泛化封建论"表示非常不理解。他说,这些老友以为是在坚持马克思主义,实则非也。将秦汉至明清的中国社会称为"封建社会",是斯大林教条主义的产物,与马克思主义史学相悖。他说:真正的马克思主义是发展的。而发展必须首先探究它的本来面目,找到它的基本理念、逻辑原点和逻辑结构。斯大林把"五种生产方式形态"模式化,是机械的、专断的,并不尊重马克思的本来面目和根本原则,并不是对马克思学说的发展。像冯先生的《"封建"考论》那样,才是发展马克思主义。

我表示,自己并不肯认马克思的全部观点,更不敢自命发展马克思主义,但认为马克思在"封建"问题上的阐述,是准确而深刻的。

《"封建"考论》出版以后,我遭到措辞严厉的批评,获得三顶帽子:一是"反马克思主义";二是"否定中国民主革命"(中国民主革命是"反帝反封建",若说中国前近代不是封建社会,便从根本上否定了中国民主革命);三是"否定了中国现代史学成就"。会晤时,谷川先生笑问:"冯先生对这几顶帽子做何回应?"

我笑答:第一顶帽子是否恰当,那就得认定马克思的封建观是什么。查阅《马克思恩格斯全集》或四卷本《马克思恩格斯选集》,如果觉得麻烦,可以把《马克思恩格斯论中国》这本小册子找来看,便会发现,马克思从来没有说过中国前近代是封建社会,而是用"东方专制主义""亚细亚生产方式"概括包括中国在内的东方国家的前近代制度。马克思有两篇文章直接论及东方国家社会形态,一篇是为驳斥俄国民粹主义者米海洛夫斯基而作的《给〈祖国纪事〉杂志编辑部的信》(1877年11月),文称:"关于原始积累的那一章只不过想描述西欧的资本主义经济制度从封建主义经济制度内部产生出来的途径",但米海洛夫斯基却"一定要把我关于西欧资本主义起源的历史概述彻底变成一般发展道路的历史哲学理论,一切民族,不管它们所处的历史环境如何,都注定要走这条道路,——以便最后都达到在保证社会劳动生产力极高度发展的同时又保证每个生产者个人最全面的发展的这样一种经济形态。但是我要请他原谅(他这样做,会给我过多的荣誉,同时也会给我过多的侮辱)"。马克思明确反对用西欧的社会发展模式硬套其他区域的做法。

另一篇是《科瓦列夫斯基〈公社土地占有制,其解体的原因、进程和结果〉一书摘要》。马克思的朋友、文化人类学家科瓦列夫斯基写了一部研究印度历史的书《公社土地占有制,其解体的原因、进程和结果》,认定前近代印度是封建社会,马克思不同意这一论断,他指出,中古印度不同于西欧中世纪,"依据印度法典,统治权不得由诸子平分;这样一来,欧洲封建主义的大量源泉便被堵塞了"。马克思的理由有二:首先,印度存在一个中央集权的官僚政治系统,这是非封建的;此外,当时印度的土地是可以自由买卖的,这也是非封建的。

对照马克思确认的封建标准,中国的前近代就更不是封建社会了。秦汉以后确立中央集权的皇权官僚政治,制度的非封建性超过印度。至于土地可以自由买卖的情况,中国兴起于战国末期,秦汉以后更加普遍,经济制度的非封建性也在印度之上。而马克思认为印度前近代不是封建社会,那么中国前近代就更加不是封建社会了。因此,在封建问题上,有些人糊制的"反马"帽子很容易扣到马克思本人头上。这可万万使不得。

第二,关于中国的民主革命,对外"反帝",这没有分歧;至于对内"反"什么,就要如实判定:中国民主革命不是反对封建性的领主经济,而是革除非封建的地主经济。在政治领域不是反对封建性的贵族政治,而是革除非封建的君主专制,从辛亥革命、二次革命,直到新民主主义革命,都是反对君主专制及变相的君主专制。孙中山说过,封建贵族制中国两千年前已经打破,我们的革命对象为非封建的专制帝制。他的名言是:"敢有帝制自为者,天下共击之。"中国民主革命在经济、政治两方面,皆不能以"反封建"概括。因此"否定中国民主革命"的帽子也戴不上吾头。

第三,是不是否定了中国现代史学的成果。《"封建"考论》中以很大篇幅回顾近现代史学家的"封建论",从章太炎、梁启超、钱穆、瞿同祖、张荫麟、李剑农等,一直到晚近的吴于廑、齐思和等,这些史学家或对封建制度有正面阐述,或对泛化封建论提出质疑,均言之凿凿。我们正是承袭近现代史学的这一传统,对沿袭苏联《联共(布)党史简明教程》的史学偏误略加纠正。不知是何人在"否定中国现代史学成果"。

笑谈后,牟发松教授介绍,谷川道雄先生曾在上海作《"非封建"的中国中世》讲座,论述中国前近代社会的非封建性问题。谷川先生接着发表许多精辟意见,概述如下。

(1)"封建"的名实之辨,涉及多层级论题,是一个需要细致用心的学术课目。而"封建"问题要置于历史分期的大视野中探讨。近代日本史学界曾从东西比较角度对历史分期做探究,内藤湖南等人对中国史分期颇有创识,但现在日本学者已极少讨论分期问题,这令人遗憾。谷川氏寄望中国史学界继续推进此一研究。我对谷川氏此议表示赞同,并认为,分期问题在社会形态定型了的现代日本,可能已经退出视野,但在转型间的现代中国,却有着深切的理论意义和实践意义。

(2)谷川氏将中国秦汉以下排除在"封建社会"之外,而称之"专制政治社会"。他说，春秋战国以前属古代社会（或曰封建社会），秦汉以下属中世社会。中世社会分前后两段：中唐以前是有古代社会（或曰封建社会）残存的中世社会，其间的农民有较多君主农奴性质；中唐以后已少有古代社会残存，其间的农民有较多君主隶奴性质。我补充道，秦汉以下的自耕农，已成为直接向朝廷纳税服役并有人身自由的编户齐民，与封建时代（中国先秦时、西欧中世纪、日本三幕府时）人身依附的农奴有区别，这是秦汉以下社会非封建的表现。

（3）谷川氏评介二战后日本史学界的中国史分期论争：由前田直典及东京的历史学会为一方，认为从秦汉至明清乃至民国是"封建社会"；而发扬内藤史学的京都学派（代表者宫崎市定及其弟子谷川道雄）为另一方，认为秦汉至明清，中国确立为官僚制的、郡县制的君权一统帝国，并非"封建社会"，而为"专制政治社会"。

我还介绍了与日本汉学家沟口雄三的交流。沟口氏认为：自秦汉帝国以来，一直采取以皇帝为中心的中央集权制，至少在政治体制上，不能将近代以前的中国称为封建时代。他在一篇文章中指出，"把鸦片战争以前看作是长期的封建时代"，"存在着一种概念的偷换"。

晤谈中大家说，现在学术界许多人已脱离《联共（布）党史简明教程》的框架，但大的文宣语境和教科书仍然沿用中国前近代封建说，表明对时下中国史学的进步，还只能持谨慎乐观态度，有些问题还须阐明。

（1）将秦汉至明清称封建社会，套用的是西欧历史模式（西欧中世纪是封建社会）。这种模式不仅无法套用于印度、中国，连东欧的俄罗斯都不是这样的。俄罗斯前近代有一个漫长的农村公社制阶段，并未出现西欧中世纪时的封建制度。"五种社会形态"单线直进说，是对西欧历史的概括，而且是粗糙概括，许多欧美学者并不认同。

（2）封建社会和皇权专制社会的根本差别，可概括为：政治制度上是贵族政治与官僚政治之别；经济制度上是领主经济与地主经济之别。这些要点尚须深入研讨。

（3）中国周代"封建"制，与欧洲中世纪的 feudalism 的内涵有相近处，但在时间上，二者错位一千多年。这是东西方历史条件差异造成的。如果把西欧历史模式硬套到中国史上，便是"削足适履"（钱穆语），结果造成"语乱天下"（侯外庐语）。

第五章

学人剪影

一、近世鄂东人文兴盛原因探略①

阅览长江之畔学人徐复观(1903—1982)的《中国艺术精神》《学术与政治之间》诸书，每震其穷观极照、心与物冥的博大气象。展读与徐复观相先后的熊十力(1885—1968)、汤用彤(1893—1964)、殷海光(1919—1969)诸先生的论著，也能感受到一种贯穿古今、汇通中外的浩然之气和特立独行的精神。在研习上述先生宏著之际，想到他们都是湖北人，而且都是鄂东人，如熊十力、殷海光黄冈人，汤用彤黄梅人，徐复观浠水人，均属湖北东部黄冈地区（隋唐称黄州，元称黄州路，明清称黄州府）。进而又联想到鄂东的另外一些近世乡贤，如地质学家李四光(1889—1971)、政治史兼经济学家王亚南(1901—1969)黄冈人，文字学家黄侃(1886—1935)、文学家胡风(1902—1985)蕲春人，诗人闻一多(1899—1946)浠水人，方志学家兼文学史家王葆心(1867—1944)罗田人，逻辑学家汪奠基(1900—1979)鄂城人。他们都堪称某文化门类领风骚的一代巨子。在一个省份的东隅，于半个世纪间涌现出如此众多的全国性乃至世界级文化名人，可谓一种罕见现象。

如果向上追溯，则会发现，在清末以前，湖北及其鄂东并非人文兴盛之区。梁启超(1873—1929)的《近代学风之地理的分布》一文指出："湖北为交通最便之区，而学者无闻。"又说："湖北为四战之区，商旅之所辐集，学者希焉。"这是对清末之前湖北人才情形的概括。然而，时至清末民初，湖北，特别是鄂东骤然人才辈出，颇值得穷原竟委，推究因缘。

章太炎(1869—1936)在论及学术发生发展的缘由时讲道："视天之郁苍苍，立学术者无所因，各因地齐、政俗、材性发舒，而名一家。"(《訄书·原学》)认为地理环境、政教风俗、人才素质是影响学术成长的三大因素，鄂东近世人才辈出，与其特定的地理方位和政教风俗颇有干系。

一般而言，东晋以前，中华文明的内核在黄河中下游。长江流域，尤其是长江中游在楚800年（即两周时期），其文明与中原渐成鼎足之势，张

---

① 本文根据冯天瑜先生1995年8月在武汉大学举行的"海峡两岸徐复观学术讨论会"上的发言整理而成。

正明（1928—2006）提出中国古文化是黄河流域、长江流域二元耦合，此说有相当道理。但毋庸讳言，周秦两汉中国经济、政治、文化重心在黄河流域，其间文化从高势位向低势位流动的主要方向是从西北而东南。自东晋中原士女大举南迁，中国文化重心渐趋南移。就文化总体水平而言，宋代，尤其是南宋以降，南方超过北方。曾在香港中文大学任教的陈正祥（1922—2003）所著《中国文化地理》绘出一系列地图，生动展现中国人口重心南移和文化重心南移的情形。① 这些地图直观地告诉我们：汉代人口黄河流域大大密于长江流域，汉代的三公九卿等巨族高官几乎完全出自黄河中下游；唐代人口密度仍然是北方高过南方，但长江三角洲和四川成都平原人口密度已与关中平原和华北平原不相上下，长江中游的两湖一带，人口还相当稀少；唐代诗人、进士的产地，也正在人口稠密地带——关中、伊洛、苏扬、苏杭及成都平原更有超过黄河中下游之势；宋代诗人、词人，也大体南北平衡，而最集中的地段已是杭嘉湖、鄱阳湖流域；延至明代，江浙及江西人口密度居全国之冠，两湖地区的人口密度已接近黄河中下游，明清的进士和三鼎甲产出最多的地区是江苏、浙江、安徽，两湖处于中等水平，黄河流域则明显不及长江流域。② 明清之际的王夫之在《读通鉴论》中把这种文化中心转移的现象概括为"天地之气衰旺，彼此迭相易也"（《思问录·外篇》），"天地有迁流之运"（《读通鉴论》）。他在《思问录》中讲道，"地气南徙"其具体情形是——"吴、楚、闽、越，汉以前，夷也，而今为文教之薮。齐、晋、燕、赵，唐隋以前之中夏也，而今之椎钝驵戾者，十九而抱禽心矣"（《思问录·外篇》）。

如果说，古代中国文化传播的大体走向是自西北而东南，这种转移，肇始于两汉，展开于两晋，完成于两宋，那么，近代中国文化传播的基本走向则正好相反，是从东南而西北。

同东南沿海相比，近代中国的北方和西北较为落后、保守，在辛亥革命后一个长时期，"北洋势力"是反动阵营的代名词。而长江中游诸省，尤其是湖北、湖南，正处在较开化的东南与较封闭的西北的中间地带，借用

---

① 见陈正祥：《中国文化地理》，载《西汉人口分布》《西汉人口密度》《西汉的三公和九卿》《唐代人口分布》《唐代人口密度》《唐代的诗人》《唐代前期的进士》《唐代后期的进士》《北宋人口分布》《北宋人口密度》《宋代的城市》《宋代的词人》《宋代的诗人》《北宋的宰相》《明代人口分布》《明代人口密度》《明代的进士》《明代的三鼎甲》诸图，生活·读书·新知三联书店1983年版。

② 以科举殿试头名状元数，可略见大势：清代276年，进行科考112科，取状元114名，人数较多的省份是江苏49名，浙江20名，安徽9名；北方省份人数较多的是山东6名，直隶4名。

气象学语言,长江中游处在湿而暖的东南风与干而冷的西北风相交会的"锋面",气候因素繁复多变,乍暖乍寒,忽晴忽雨。如果说,整个近代中国都卷入"古今一大变革之会",那么两湖地区更处在风云际会的旋涡中心,诚如晚清鄂籍留日学生所说,近代湖北是"吾国最重最要之地,必为竞争最剧最烈之场",而"竞争最剧最烈之场,将为文明最盛最著之地"(参见《湖北学生界》第一期)。这并非虚夸的惊世之论,而是有远见的预测。湖北在20世纪初叶崛起为仅次于上海的工商业基地,外贸额"驾乎津门,直追沪上",继而成为辛亥革命首义之区,大革命心脏地带,以后又是国共两党争战激烈的区域。这一切养育了近世湖北学子真切的忧患意识和深沉哲思。熊十力早年投身辛亥革命,又目睹辛亥后政治的腐败,遂退而论学,穷究天人,开展整合儒释的哲学大建构。徐复观中青年时代参与政治颇深,后转入学术领域,潜心著述。他们的文化业绩,可谓艰难玉成,时代孕育。

湖北乃至鄂东近世人文荟萃,更直接的动因是张之洞(1837—1909)督鄂期间开端的文教兴革,使湖北的文化教育水平居于晚清各省前列,鄂籍学人出国留学人数也名列各省前茅。前述现代湖北文化名人大都是张之洞督鄂期间兴办的新式学堂或改制书院培养出来的,或由其派遣出国留学。如国学家王葆心曾就学两湖书院;法学家张知本(1881—1976)曾就读两湖书院,又以官费赴日本留学;语言文字学家黄侃(1886—1935)由张之洞亲自指示,资助官费留学日本早稻田大学;化学家张子高(1886—1976)曾就学武昌文普通学堂,后赴美留学,入麻省理工学院;地质学家李四光曾就读湖北第二高等小学堂,又被选送日本东京弘文学院学习;考古学家黄文弼(1893—1966)就学汉阳府中学堂;诗人闻一多曾就读武昌两湖师范附属小学,后留学美国。如果说,曾国藩(1811—1872)及其湘军把湖南山乡的农家子弟带上全中国舞台,为近世湖湘人文之盛奠定基石,那么,由张之洞开端的文教兴革及大规模留学生派遣,则使湖北学子走上中国乃至世界文化殿堂,徐复观正是行列中人。如果他无此机遇,可能只是终老浠水一乡绅或者私塾先生。

此外,鄂东地区自身的社会发展水平及社会风俗特色,也是造成近世人文荟萃的原因。诸如这里是"吴头楚尾",交通便利,农业发达,是湖北较开化的地区;又如鄂东人性格豪强,有任侠之风,所谓蕲春人"性并躁劲,风气果决……视死如归"(《隋书·地理志下》)。刚强的性格,激越的思绪,浪漫的情感,是鄂东的民情特点,这些当然潜移默化地影响了熊十力、徐复观、闻一多、胡风等人。熊十力"天上地下,唯我独尊"的豪气,徐复观坚毅果决的性格,闻一多的奔放、勇敢和牺牲精神,胡风九死不悔的坚强个性,都与鄂东民风的熏陶有关,它们又是这些文化匠师学术品性、创作风格的有机构成部分。鄂东人"开放进取"与"保守执著"二者兼备的双重性格,在熊、徐、闻、胡诸人的文化事业中也深有体现。

特别值得一提的是,鄂东地区文化积淀较为深厚。光绪十八年(1892年)湖北学政孔祥霖奏称,湖北"文风以黄州、蕲水、黄安、麻城为胜"。这里有问津书院、天台书院等书院传世,保持着尊师重教传统,有"爱子重先生"的民谣流行。笔者幼时曾多次从先父那里听到这样一则故事:抗日战争期间,原在武汉任教的父母亲返回黄冈山区避难,有两年在乡间教私塾,得到乡民的广泛敬重,甚至当地的土匪头子李显军(抗战期间为抗日军的军官),每至春节都要前来送礼拜年,见到父亲,纳头便拜,可谓"盗亦有道",这正是鄂东尊师重教传统的一个侧影。

另外,鄂东,特别是徐复观的故乡浠水,有藏书传统,明清以来,浠水外出做官、经商、游学的人,都会给家乡赠书,这形成一种不成文的规则。故至今浠水博物馆还藏有大量明版、清版线装书,笔者曾于1983年冬季前往参观、阅览。并与在"土改""文革"间保护浠水藏书的白水田(曾任浠水县县长、黄冈地区副专员)有深度交谈。以笔者见闻所及,一个县级博物馆藏有如此数量的古籍,浠水为湖北省仅有之例。由此推想,清末民初,在浠水的乡村、集镇间,藏书数量一定可观,读书风气也必然隆盛。浠水及鄂东诸县,还兴办族学、村学、家塾、门馆,民间有集资办学、尊师重教的深厚传统。这无疑是鄂东近世人文兴盛的基础。

徐复观等先贤便是在这样的氛围中成长,又受到新式教育的洗礼,加上个人天资与努力的结合,终于成就为一代文化大师。此为乡邦之荣,中国之幸!

二、楚国以为宝——王葆心先生的方志学贡献

王葆心先生(1867—1944)乃博学鸿儒,广涉经学、文学、史学,而于方志学尤为究心,成就巨大,是现代方志学的奠基人。

(一)主持史志编纂

王葆心对方志学的贡献,首先在其长期主持地方史志编纂的实绩。

1. 出任湖北革命实录馆总纂

辛亥武昌首义后成立的湖北军政府,秉承中国悠久深厚的官修史书传统,在武昌起义、阳夏战争硝烟刚刚落定之际,便于民国元年六月(1912年7月)建立湖北革命实录馆,由革命党人谢石钦、苏成章任正副馆长,聘王葆心为总纂,这是王氏正式展开史志研究之始,实录馆搜集史料、修纂长编等实际工作由王葆心亲力亲为。实录馆最有价值的业绩,是征集首义参加者撰写的革命史略、光复纪要、个人事略500余件。这批材料具有初原性,弥足珍视。仅以湖北新军工程兵第八营1911年10月10日夜举义一事为例,便收录熊秉坤等当事人1912年底撰写的多篇实录,是考证辛亥首义过程最真实可信的材料,足可纠正以后关于"首义第一枪"等问题的种种误传。这些文献的存世,与王葆心高度重视第一手材料记述、整理的史实颇有关系。

王葆心还摘引湖北革命实录馆征集的原始材料,编成《湖北革命实录长编》,此为关于辛亥武昌首义的最早资料长编,奠定辛亥革命史之初基。以后,王葆心论及此长编时,称其撰史摒弃"以君主一人为体、统领历史"的旧观念,而以"一大群人活动"为中心,"以民人全体为本纪之主体""以民权代君权",主张"革命史应为生人立传"。此与梁启超倡导之"史界革命"相互应和,是"新史学"的实绩。王氏还认为,"政治既有更张,文籍随世递变",即使被立传者"日后之自改,各有隆污,而其过去之陈迹初无改变"。这种尊重历史本真的卓见,置之今日亦有鲜活的启示性。

2. 出任湖北通志馆总纂

1932年,王葆心任湖北通志馆筹备主任兼总纂,致力新修湖北通志。他广搜博览,研究全国志书达1400余卷,将所载内容同有关历史地理资料查对考证,辨抄袭、证谬误、审体例、寻因革,找出其中融会贯通的脉络、体例变革的原因,总结切实可行的经验,撰《重修湖北通志条仪》,此为修湖北通志的方案。

1934—1937年,日军进逼华北,为抢救《湖北通志》所需材料,王葆心两次北上,在北平图书馆的楚学精舍中查阅资料。第二次在北平选抄材料时,"七七事变"发生,北平沦陷,王氏历经险阻,携带手抄稿返汉。因战祸频仍,民国《湖北通志》无以成篇,但王葆心修志鸿业初有展现,并留下宝贵学术遗产。

3. 出任罗田县志馆馆长

抗战期间,一批不愿做亡国奴的知识分子从武汉等大城市返回故乡鄂东（鄂东山区抗战期间多未沦陷），王葆心先生与笔者先父冯永轩（时任湖北省立第二高中校长）皆为此一行列中人。

1938年武汉沦陷前夕，王先生辞去湖北通志馆总纂之职，携书6万余卷回到故乡湖北罗田，任罗田县志馆馆长，在极艰难的条件下，继续从事史志研究。

1938—1944年，同处鄂东山区的王葆心先生与先父交往甚密，时常切磋文史，因王住罗田，先父在黄冈，沟通多仰赖书信。我少时从先父处获悉，抗战间他与季芸先生（先父总是如此称王先生）通信达数十通，议及经史辨析、时世评点乃至子女教育（王先生的两位女公子皆是二高学生）。这些书信惜乎多在战乱间遗失，尚有七通幸存，是两位史学先辈鸿雁往还、心心相印的见证。

（二）宏博的史志论著

1. 撰著地方史志专论

1932年，恰逢社会贤达倡议修复黄鹤楼，大家一致推举王葆心撰写《重修武昌黄鹤楼募资启》。该文三千言，音韵铿锵，对偶工整，起伏跌宕，大气磅礴，各报纷纷转载，一时掀起重建黄鹤楼热议。该文堪称王葆心史志论著的点睛之作。

王葆心史志论著达170余种，其在世时已刊《虞初文志》《明季江淮七十二寨纪事》《续汉口丛谈》，当时即为传世名篇，而未刊者也颇有价值，《天完志略》《江汉献征录》《湖北特征长编》及合纂的《湖北文征》等100余种，后来渐次面世。

王先生的著述精神，可谓老而弥坚，死而后已。1944年，为深入了解宋朝末季楚东义民抗暴保乡用兵之地理形势，抱病前往天堂寨实地考察，因过度劳累而辞世。

2. 构建方志学

王葆心不仅是修纂方志的践行者，而且是方志学理论的杰出构建者，他撰著数十万言的巨制——《方志学发微》，成就了比较完备的现代方志学体系。

王葆心在研习前代方志中发现，宋元以来所存不多的志书，多有互相抄袭之处，又有缺少条理、难以贯通的弊病。有鉴于此，他决心为方志修纂提供理论支撑，毕15年心力，完成"集方志学之大成"的《方志学发微》，书分7层：取材篇、纂校篇、导源篇、派别篇、反变篇、赓续篇、义例篇。该书确为"旧时代方志遗产的总结,新时代方志革新的先驱",是方志界不二的学术指导。

王氏在《方志学发微》之后,又有《增补修志通则》《采访志书条例》等方志学专论,昭示了创设方志学体系的宏伟而精微的构想。

仅就方志学一门而论,王葆心先生便堪称不朽之先哲、后生之楷模。

补记

2016年4月,余随博士生阎志及博士彭池游罗田,深为其山川壮丽、人物俊秀所感动。阎志君乃罗田人,轻车熟路,我们得以在短短两天内走访多处,包括余之出生地罗田三解元(抗日战争间先父母任教的湖北省立第二高中设此),而留下印象最深的是拜谒深藏山林之中的王葆心先生墓园,其墓两侧,立董必武题辞——"楚国以为宝,今人失所师"。王葆心先生乃阎志外祖公,阎君讲述老先生逸事,吾等顶礼膜拜,于王先生墓园驻足多时。

三、徐行可先生捐藏祭

湖北省图书馆是我国历史悠久、馆藏渊富的公共图书馆之一。该馆丰厚藏书的重要来源之一,是湖北学人的奉献,其中重要的捐藏者及所捐数目是:

宜都杨守敬(1839—1915)6093册
武昌柯逢时(1845—1912)3000册
枝江张继煦(1876—1956)2098册
蒲圻张国淦(1876—1959)18696册
蕲春黄侃(1886—1935)4996册
武昌徐恕(1890—1959)10万册

此外还有孝感秦应逵(生卒年不详)近万册古籍,汉阳刘传莹(1818—1848)旧藏1189册,黄安冯永轩(1897—1979)古籍多种……

捐藏者中,献书数量巨大、质量上乘的,莫过武昌徐恕,他贡献10万册藏书,其中古籍善本、批校本、抄稿本近万册,不乏海内孤本,丰富、提升了湖北省图书馆的藏书系统。

徐恕，字行可，号彊盦，以字行。我少时即从先父处获悉，湖北徐行可乃现代中国著名藏书家，与当世学者章太炎、黄侃、胡适之、张元济、熊会贞等交游，众学者著述得益徐氏藏书多矣。我10岁后随先母住湖北省图书馆达8年之久（约在1952—1960年间），结识行可先生哲嗣徐孝宓（1926—1994）及夫人，并从先母处得知，行可先生辞世前后，藏书由行可先生及其子孝宓等悉数捐赠省馆，省馆的特藏室多有徐氏藏书。故以后每当路经特藏室，一种对徐氏父子的敬意油然而生，虽然后辈如我者无缘一睹行可先生容颜。成年后阅览伦明作《辛亥以来藏书纪事诗》，其一五〇篇赞徐恕：

> 家有余财志不纷，宋雕元椠漫云云。
> 自标一帜黄汪外，天下英雄独使君。

诗中的"黄"指黄丕烈（1763—1825），清代乾嘉间大藏书家；"汪"指汪士钟（1786—？），清代嘉道间大藏书家，皆苏州人。诗称武昌徐恕为继苏州黄丕烈、汪士钟之后藏书界"天下英雄"之翘楚，此论十分确切。

人称近世湖北以访求书籍而对文献史贡献最大者，前有杨守敬，后有徐行可。

杨守敬于清光绪六年（1880年）应驻日本公使何如璋召，赴东京任使馆随员。日本自古搜购汉籍甚多，公私收藏经史子集数量惊人，然明治维新有"脱亚入欧"思潮，崇仰西学，鄙弃汉学为一时之尚，汉籍流散市坊，甚至论斤出售，杨守敬决意收书，撰《日本访书缘起条例》谋划之，得继任公使黎庶昌支持，前后4年从书肆及藏书旧家、古寺名刹收购汉籍多种，并编成《日本访书志》，后又有《日本访书志补》《日本访书志续补》，发扬我国录略学传统，并搜访阙佚，使不传秘籍重新流布学林。

与杨氏访书东瀛相比，徐行可则集50年之力，倾其家财，呕心沥血，于大江南北穷搜远绍，所谓"不为一家之著，俟诸三代之英"，宋代雕版本、元刻本，以及种种秘籍、善本皆入其搜访范域。伦明《辛亥以来藏书纪事诗》徐恕条有文记曰：

> 武昌徐行可恕，所储皆士用书，大多稿本、精校本。……南北诸书店，每得一善本，争致之。君眼则出游，志不在山水名胜，而在访书。闻某家有一未见书，必展转录得其副而后已。一切仕宦声利，悉谢不顾，日汲汲于故纸。

徐氏收藏特色确为"所储皆士用书，大多稿本、精校本"，显示了藏家卓识。徐氏藏书以清人文集和清代学者研究文字、音韵、训诂、金石、目录以及考订经史百家的论著为特色。其中经部1.5万余册、史部2.5万余册、子部

1.3万余册、集部1.9万余册、丛部2.1万余册,其中古籍善本、批校本、抄稿本近万册,内有海内孤本、清代禁书、传抄本、手批本,皆精金美玉,得力于行可先生终生不懈的访求,也显示行可先生慧眼识珠的学术功力。

徐氏昭显后世的功德,不仅在于其藏书的丰富、珍贵,还尤其在于其对国家民族的奉献精神。行可先生的至论是:

> 不以货财遗子孙,古人之休德。书非货财,自当化私为公,归之国家。

行可先生生前曾将500余箱图书捐赠中国科学院武汉分院,辞世后,其子嗣孝宓等又将藏书捐赠湖北省图书馆,书画、古器物、印章等7800余件捐赠湖北省博物馆,变家藏为国藏,发挥天下之公器的不朽功能。时至当下,行可先生孙辈力文等为承续徐氏藏书事业继续努力着。而湖北省图书馆、湖北省博物馆启动"徐氏古籍、文物的专藏、专室、专展、出版专集"等系列活动,诚可谓百年三代,徐氏藏书、献书业绩延绵伸展,表征着中华文化不舍昼夜,奔涌前行!

徐行可先生与先父冯永轩交谊甚厚,今藏徐先生20世纪50年代中期致先父信函,留二老友情之一斑,现收录如下,以志纪念。

> 永轩先生讲席:
> 新历更新,敬惟起居胜常。恕南归后,衰病日增,渡江绝少。先生又必休假日家居,讫未奉候,殊深歉疚。明日(八日,星期日)小儿孝宓就华实里三号敝舍略具蔬馔数簋,敬约先生于午后五点钟在舍晚饭,可出旧藏供清鉴,务乞早刻惠临。先肃此笺,恭叩箸祉。
> 弟徐恕拜下手上。
> 　　　　　　　　　　　　　　　　一月七日午正

其"出旧藏供清鉴",道明二老雅集的旨趣所在。

四、张舜徽先生二三事

1960年读高中三年级,我就得识舜徽先生。那时的舜徽先生正当盛年，偶尔到武昌矿局街冯家老宅与先父晤谈。因几位兄长或工作，或念大学，皆远赴他乡，家里只剩下我一个后生，故每有客人到来，照例由我迎候、招待。在敬茶间，听到舜徽先生以浓重的湖南乡音称先父为"冯老"，先父则称舜徽先生为"张老师"。在父亲书房进出，我断断续续听到他们的谈话内容，多半与古籍、金石书画有关，原来两人皆喜文物收藏。记得先父一次在舜徽先生离去后浩叹曰："此人乃'百夫之特'！"我不解其意，随即询问，父亲说："《诗经》语，你查查《国风》，谓百人中数他杰出。"又说："张舜徽了不起，并未上过大学，凭着家学和自己努力，博通古典，学识宏富。刚才我们议及乾嘉诸老，他旁征博引，见识了得。"先父还由此发挥道："学问主要靠自学，张舜徽颇类古人欧阳修、西哲赫胥黎、今贤钱穆，他们皆自学而成大才。"

当时我临近高考，而自知进不了理想的大学和专业（因父亲正戴着"右派"帽子），心绪颇为低沉，但听了父亲对舜徽先生奋发不懈、自学成才的一番赞辞，不禁暗自释然而心向往之。此可谓榜样力量无穷。

斗转星移，时至1983年左右，我正在撰写《张之洞评传》，常去湖北省图书馆古文献室借阅群籍，得先母的老同事、馆员张德英等热情接待。歇息间，德英先生聊起："近20年，来此大量借阅古籍的，你是第三人。"我问另两人为谁？张德英说："20世纪60年代初，姚雪垠写《李自成》，多次前来遍览明清笔记，抄录成卡片。"我曾在姚老家里见过卡片柜，卡片上书蝇头小楷，摘录明清正史、野史、笔记小说。听张德英一说，这才知道，姚氏卡片多抄录自省馆群籍。德英又说："也在60年代初，张舜徽常来借阅清人文集，大约十天半月换一集，还书时，书中夹有许多纸条，我一张张替他抽出。"张德英感叹道："如今已少有人这样一本本原始文献读下来！"我喜阅舜徽先生《清人文集别录》，常为其对清人诸论著中肯的评点击节叹服，而在省馆听张德英老师一席谈，仿佛得见舜徽先生青灯黄卷，阅览清人文集并做精要点评之动人情景。

有些学人羡慕秘籍、孤本发现，遗憾于自己少有创见新论，是无缘接触秘籍。这种心态虽可理解，也有一定道理，然又不宜走向偏锋，忽视研读传世文献的基础作用。舜徽先生有言："读常见书，读基本书"，指示了为学常道。舜徽先生还说："为学不厚植其基，则无以远大。"即以秘籍而论，非"厚植其基"者，难以发现秘籍之"秘"、开掘其新的学术意义。而且，由常见文献中引出不平常的卓识，方是独具只眼的真豪杰。舜徽先生的一些论著便展现了范例。

2011年2月20日拟于张舜徽先生百年冥寿之际

五、永远的老水手——诗人曾卓祭

曾卓先生辞世时（2002年4月），我在日本访学，回国后方从友人处得到消息，万千感慨顿然袭上心头。永别了，不倦不屈地追求理想的诗魂！

自少时起，我便喜欢诗歌，李、杜、苏、辛时时咏唱，普希金、裴多菲、雪莱、惠特曼的名篇也偶尔吟哦，但对于中国的现代自由诗却提不起兴趣，以为是散文分行，情韵寡然，在我的记忆库里实在找不出几首新诗。这种对新诗的偏颇之见发生改变，因于结识曾卓。

约在1978年初，我到武汉话剧院做过几个月"工作队"。由于厌倦"政治斗争"，我抛下工作队的"清查"任务，成天参与研讨戏目、排演戏剧，因此受到上级"不务正业"的严厉批评，但我仍乐此不疲。在自找的研戏过程中，结识了马奕、金奇、陈旷、胡庆树、晏修华、鄢继烈等一批演员、编导。大家熟悉以后，有人便向我透露：话剧院有一位靠边站的编剧，是"胡风分子"，很有才气，20世纪60年代话剧院上演的《江姐》就出自他的手笔。说者无意，听者有心——我是一个"鲁迅迷"，从鲁迅晚期杂文中略知胡风，并读到一些胡风的文论与诗作，感觉胡风的思路文脉颇与鲁迅相通，虽然那时胡风被视为"反革命"，还是"集团"之首，但私心对胡风却隐怀敬意。既然话剧院藏着一位"胡风分子"，便想一睹其人，于是找机会与之在院内一处偏僻小屋见面。记得来人瘦削，50多岁（恰比我年长20岁），脸上皱纹深刻，目光炯炯，气度于平和中蕴藏尊严。我们握手后，他用地道的武汉话自我介绍："我叫曾卓，话剧院曾经的编剧。"我笑答："你是话剧院最有才华的编剧，现在暂时闲置。"我们的交谈内容已然失忆，但彼此视为可交，却是无疑的。此后10多年，曾卓的境遇大有改善，我的工作单位也更换三次，但曾卓总能找到我的新通信地址，约我前往汉口聚会。在这些年月里，我了解到他的不凡身世，记住了他的卓异诗篇，而且两者完全融为一体，真正是"诗如其人"。自此，我对新诗有了新的认识。

　　老水手坐在岩石上
　　敞开衣襟，像敞开他的心

> 面向大海
> ……
> 他怀念大海,向往大海:
> 风暴、巨浪、暗礁、漩涡
> 和死亡搏斗而战胜死亡……
> (《老水手的歌》)

这是曾卓的诗,也是曾卓的人生。老水手就是曾卓,曾卓就是搏击于大海洪涛巨浪间的老水手。

老水手告诉我们:"大海"是"梦想的象征,有时是生活的象征,有时是生命的象征":

> 我渴望去过一种不平凡的生活,去与恶人斗争,去经历风浪,去征服海洋……(《我为什么常常写海》)

老水手还告诉我们:诗人必须在生活的洪流中去沐浴自己的灵魂。必须心中有光,才能在生活中看到诗,才能在诗中照亮他所歌唱的生活。

曾卓的诗,是从心中喷涌出来的,这鲜血般的诗之所以炽烈,是因为他"心中有光"。从青少年时代,曾卓便向往光明,在那风雨如磐的岁月,他不惜一切地追求进步,投身于改变积贫积弱的旧中国的波澜壮阔的民主革命。这种向往与追求,当然包蕴着罗曼蒂克成分,但那种真诚却是坚贞不渝的。中年时代,他遭到重击,被打成"反革命",似乎陷入万劫不复。然而,曾卓"心中有光",理想的力量支撑着他走过艰辛的历程。"愤怒出诗人",逆境中的曾卓,在理想之光烛照下,吟诵出他的最卓越的诗章。

1970年,曾卓用诗歌描摹了一个坚毅的形象:

> 不知道是什么奇异的风
> 将一棵树吹到了那边——
> 平原的尽头
> 临近深谷的悬崖上
>
> 它倾听远处森林的喧哗
> 和深谷中小溪的歌唱
> 它孤独地站在那里
> 显得寂寞而又倔强

它的弯曲的身体
　　留下了风的形状
　　它似乎即将倾跌进深谷里
　　却又像是要展翅飞翔……
　　（《悬崖边的树》）

这是曾卓的诗，也是曾卓的人生。

悬崖边的树——正是身处万般艰困却坚执理想的诗人的写照，即使将"跌进深谷"，却仍然"要展翅飞翔"。

20世纪前半叶的中国处于革命时代，辛亥革命、国民革命、共产革命……后浪推前浪。革命时代留下的遗产斑驳陆离，辉煌与芜杂并存，将其神圣化或妖魔化都是反历史主义的。曾卓是革命时代的产儿，是革命理想精华部分的承袭者，他的坎坷经历和敏锐感受，促成他对革命及其理想做出诗性反思，这得益于他忠实生活，又不懈地追逐理想。曾卓说：

　　诗人应该有两翼：一翼紧紧依傍着大地，一翼高高地伸向天空。（《诗人的两翼》）

植根于民众社会生活的土壤，追求人类文明发展的宏远理想，是曾卓诗篇感人的源泉，"两翼说"也是曾卓留给我们的不朽遗嘱。

在清理革命遗产的现时代，在普遍追求实利的现时代，坚执理想崇高性的曾卓尤其显得可贵。

近20年我游走于世界各地，在巴黎、洛杉矶、东京、法兰克福、布鲁塞尔、上海、新加坡的街头，不时可以看见身着印有切·格瓦拉像T恤的人们；在天涯海角也能发现献身真善美的新人，表明在理想主义较为稀缺的当代，人类仍然保留着对理想的渴望。而每当涌起关于理想崇高性、理想不可或缺性的遐思之际，必然回响起老水手的歌唱。

六、呼唤"中国走向世界，世界走向中国"的汤一介先生

汤一介，祖籍湖北黄梅，与其父哲学家汤用彤先生皆为吾鄂乡贤。

结识汤一介先生，是在20世纪80年代初"文化讨论"勃兴之际。汤

先生主持的中国文化书院是论坛中心之一,我多次参加书院活动(如在北大举行的文化讲习,随汤一介、庞朴先生等赴深圳大学考察深圳大学国学研究所等),亲炙汤先生的优雅风范和卓异思想,服膺其"中国走向世界,世界走向中国"宏议。余以为,这是改革开放起始期学术界人士发出的富于时代精神的呼声。

记得1984年在深圳大学国学研究所,汤一介先生数次论及"中国走向世界,世界走向中国",这是我第一次接触到此一命题,深为其内涵的深邃、针对性之强劲所打动,并从此较自觉地沿着这一题旨从事学术研究。

与先生较贴近的接触,是1987年夏天赴美国加州参加第五届"国际中国哲学"研讨会。中国哲学家代表团一行近十人,汤先生是团长,山东大学刘大钧教授与我是团中较年轻的两人,汤先生指教尤殷。那时中国学者对国外情形尚陌生,海峡两岸学人间也颇多扞格,而汤先生周旋其间,游刃有余,对各国学人、两岸学人建立"和而不同"的关系,发挥重要作用。记得在一次研讨会上,我发言后,一位年迈的美籍华人学者程先生就"封建"概念问题对中国大陆的惯常用法展开尖锐驳诘,会场空气顿时紧张起来。我是第一次在国外参加国际学术会议,一时不知是否应当立即作答,而在场的汤一介先生、方立天先生纷纷示意,鼓励我做出回应,于是我放开论辩,就"封建"概念的古今演绎和中外对接阐发己说,结束时竟赢得全场热烈掌声,散场时,不少外国及港台学术界人士上前与我握手。当晚,美籍华人哲学史家傅伟勋教授驱车20千米,到我与李德永教授合住的宾馆房间,赞扬下午我的发言,称"酣畅淋漓,史论双美。没有想到大陆学者如此高水平"。其实,程先生会上的质问,对我颇有激发,以后我对中国封建社会展开较深入的研究正启动于此。这一经历使我领悟到汤先生所论"中国走向世界,世界走向中国"之必要与可能。

近年汤先生主持《儒藏》编纂工作,武汉大学中国传统文化研究中心承担子题,几年间我们课题组常得先生敦促、教诲。去年我将拙作《"封建"考论》寄赠汤先生,没想到一月后即收到长篇回函,先生表示完全赞同《考论》基旨,认为近几十年对"封建"的曲解、滥用,导致述史混乱,必须加以纠正。汤先生的评议使我深受鼓舞。

一年来,多次与刘大钧兄相约,择日一起到北京看望汤一介先生、方立天先生等老友,却总是没有找到合适时间,一再蹉跎,而如今方、汤二君先后辞世,不亦悲乎!

汤一介先生音容永存吾心。

七、送密老远行

还在青年时代，我就知道密加凡这个名字，虽未曾谋面，却约略获悉：这位湖北省委宣传部副部长为人谦和，与知识界关系比较融洽。20世纪70年代末，湖北省社会科学界联合会、湖北省社会科学院恢复、重组，密老是重要主持人，我偶尔参加省社联、省社科院活动，得以拜识密氏清朗、富于感召力的风采，余私心以为，由密老主持省社联、省社科院，甚得其人，这也是湖北社科界之幸。

20世纪80年代初，全国性的地方志修纂工作启动，湖北是此一事业走在前列的省区，这与密老作为湖北省地方志修纂工作的实际领导者关系甚大。我自20世纪80年代初即应聘为湖北省地方志副总纂，于学校工作之余，与密老有了近距离接触，亲炙其平和、睿智的作风，感受其温煦、慈祥的亲和力。积二十春秋的观察、感受，我对密老最突出的印象，是他的爱才、识才与用才，称其为对湖北知识界最具凝聚力的领导干部，并不过分。从20世纪80年代初开始，密老周围便聚集起各个年龄层次的人才，就修志而言，可谓极一时之选，其盛况此后似难以复现。在这些修志人才中，特别值得追怀的有：久居草野的方志学大家朱士嘉先生、长期受不公正待遇却于辛亥革命史及湖北地方史掌故极熟的贺觉非先生。二先生的出山，并在修志初期发挥重要作用（我们的修志启蒙，多得益于朱、贺二先生），均与密老的识人之明、惜才心切有关。省志的壮年骨干，则多选自武汉各高校有一专之长的教授，大家都投入颇多时间精力于地方志修纂工作，却极少报酬，而在我的记忆中，20年间无人离阵而去，这与密老的凝聚力颇有干系。省志还录用一批刚走出校门的青年（包括学历全无却有才识的宋安华），如今他们已成长为方志学专家。上述老中青，团结在密老周围，从方志学的基本理论与方法的探究起步，勤于实践、勇于求索，与全省各战线（条）、各地市县（块）的修志同仁协同努力，筚路蓝缕，披荆斩棘，开辟出新编方志的道路。如今我们翻检卷帙浩繁、印制精良的新编湖北省志、各市县志、各种行业志，都可以透见密老的心血。20世纪90年代末，密老又以80高龄，倡导修纂"长江文化研究文库"，请季羡林先生出任总主编，全国多位著名学者为副总主编，邀集数十位前沿学者撰著。这项卷帙浩繁的工程,在几年间顺利完成,与密老的中枢指挥作用、他对学者的凝聚力息息相关。

　　密老不仅是文化工作指导者,更是一位充满仁爱的忠厚长者,他虽然并未宣称什么,却以实际行动与"阶级斗争为纲"时期形成的"整人"风气形成鲜明反照。我亲历的一件事值得纪念。1990年,拙著《中华文化史》出版,上海人民出版社希望举行首发式。当时,由于某种原因,我的处境不佳,其中之一是不得到外地参加会议等,但并未规定不得在本地举行新书首发式,于是,上海人民出版社与武汉古籍书店协商,在武汉举行首发式。作为一次小型的民间文化活动,在武汉古籍书店举行的首发式不仅有学界人士、读者代表踊跃参加,主事者还邀请几位宽仁的、喜爱文化史学的领导干部参加,不过,我们对领导干部在当时情形下出席首发式,并没有抱太大的希望。然而,首发式开幕,密老率先莅临,笑容满面,我确有如沐春风的感觉。随后到会的还有武汉市黎智老市长、湖北大学徐章煌校长等,学界友朋更多,他们都对《中华文化史》的出版表示祝贺,对作者、出版社、读者和书店给予热情的鼓励。密老、黎老、徐校长在首发式上的即席讲话,我已记不清了,然而他们在一种特定的情境下出席一次小型文化活动,表达对中国文化史研究的支持,此情此义,是我永志不忘的。

　　在主编《湖北省志·人物志》工作中,我获知密老的祖父密昌墀先生的生平。密昌墀,汉阳柏泉(今东西湖)人,光绪进士,曾任山西徐沟县知县,有"密青天"之誉。庚子国变之际,在徐沟县接待西逃的慈禧、光绪,却因批评王公贵胄误国,获"大不敬"罪被免职。此后长期乡居,仍一再为民保利,曾上张之洞"两禀一书",传诵一时。清末保路风潮起,密昌墀是湖北争路人士翘楚,而川汉、粤汉两路收归国有后,官商合办,密不占一席,亦不荐一人。其耿介、清廉,令人景仰。密加凡与我相交二十春秋,从未听他讲起这位可敬的祖父,然而,我们从密老的行止中,不难看到密昌墀先生的遗风。一种优良的文化传统,往往经由复杂的途径,潜移默化地传承下来,顽强地生发开去,甚至于当事人自己也并不自觉(密老不谈乃祖即为一例,这或许是一位红军时期革命老干部出于要与作为前清官员的祖先保持距离的考虑——这是我的猜测)。然而,从密昌墀到密加凡,以民为本、清廉自矢、温厚仁德等中国士人的优良风骨,虽因时空转换而形态有所变异,然其魂灵却一脉相传,而这正是一种弥足珍视的传统,是我辈及后辈应当承袭并发扬光大的传统。

　　送密老远行,愿这位仁者、智者在彼岸快乐;他的遗爱存于人间,他的清正廉明,他的德业双修,他那决不张扬的才智,为生者树立楷范。

八、白水田护书

  1983年冬季,我的一位老学生、时在湖北浠水县教育局教研室工作的张为民打来长途电话,告知浠水县博物馆藏书甚富,明版、清版线装书充溢文庙整个大礼堂。为民君素知我有求书览古的爱好,特邀我于寒假间来浠水一观。我立即放下手头笔墨事务,乘长途汽车直奔浠水。

  其时恰值春节前夕,浠水县政府各局、委、办正忙于分年货,不宽敞的县城街道穿行着手提肩挑鸡鸭鱼肉、糍粑绿豆的各色人等,张为民领着我穿行其间,一边介绍县委、县政府各机关获得年货的种种渠道。笑语间,我们到达显得十分冷清的浠水县博物馆,得到县文化局、县博物馆两位同志接待,他们把我引入文庙大礼堂,那里密集排满书柜书架,多存放线装古籍。我当时正在研究明清经世实学,遂在文庙寻找《皇明经世文编》《皇清经世文编》,很快便找到卷帙浩繁的二书,各种经世文编的续编本也一应俱全陈列架上。由此一端,我便深佩这里古籍之富,进而询问缘由安在。博物馆同志说,浠水文庙始建于北宋,是湖北今存的两座文庙之一。千年文庙收藏历代文物典籍,其质高量大,冠于全省诸县。浠水列为全国富藏文物古籍的县份之一,这与明清以来,浠水形成的一种传统有关:凡读书出仕者,返乡时都有给县里捐赠图籍的义务,几百年下来,浠水便成为藏书之所、读书之乡。经数十年征集,浠水县博物馆藏有文物珍品6000多件,线装书6800多种、42000多册,其中明清善本1100余册,旧方志132种,碑帖958份,古代名人字画1100件、古印章160件、碑刻40余件……

  我在浠水文庙大礼堂观书数日,相随的为民君说,浠水能够保存数量巨大的古籍,除得益于明清以来的捐书、藏书传统之外,还与一位老干部勇毅卓绝的护书努力直接相关。为民说:这位老干部酷爱读书,喜交读书人、著书人,他听说冯先生来浠水观书,近日便会前来与您相晤。果然,已进年关的第二天,一位身材矮小瘦削的老者来到文庙大礼堂,陪同者介绍:这是我们黄冈地区的白水田专员,特地从黄州赶来看望冯先生。我连称"不敢当",并说拜访白老前辈是此行的重要目的。于是,我与白专员双手紧握,发现他手劲甚大,没想到这么瘦小的躯体竟有如此强劲的力量。

我们的交谈,主要是倾听白水田讲述他的丰富经历,我只偶尔插问。白专员操着浓厚的山西口音,自称"土八路"出身,只念过中学,却是一个爱读书的"土八路"。他讲到抗日战争、解放战争转战华北华中的经历,1949年南下,担任新中国第一任淯水县县长。他出任县长之际,恰逢土地改革。与全国大多数地区一样,淯水农民在没收地主、旧官员田地的同时,还分配其"浮财"。地主、官员家多聚有书籍及字画等文物,此种"浮财"并不为农民重视,往往在获取书柜、博古架后,将书籍、文物抛弃在打谷晒场、屋旁房边,此正可谓"买椟还珠"。走访乡里的白水田发现这类现象,立即下令,全县各处抛弃散落的书籍、文物,全部收交县里。1953年白县长决定在文庙成立县文物保管处,聘请文史知识丰富的小学教员王祖佑做文管处的文物管理员,淯水的古籍文物得以保存与整理。据悉,诸相邻县份土改期间从地主、官员家中搜出的书籍、文物多半被焚烧或被私分,那正是"文革""扫四旧"的一次预演。

白水田护书,第一次在土改期间,他以县长的行政力量,汇集、保存抛撒的古籍文物,使其免于损失。这置之全省、全国各县,大约是不可多见的事例。

白水田还向我绘声绘色地讲了他第二个护书故事:1966年春末,"文革"正式爆发前夕,白水田意识到一场大规模政治运动即将来临,他的淯水县县长的位置很可能会丢掉,说不定还会被打成"反革命"。他也估计到,这场政治风暴袭来,淯水县珍藏的古籍和文物将被扫荡殆尽。白水田说:"我彻夜想办法藏匿那批古籍,但所设想的办法都被自己推翻。"讲到这里,白水田现出一丝得意的微笑,"我终于想到,何不运用做县长的最后权力,调集民工,将文庙大礼堂的门窗全用水泥砌砖,牢牢实实封闭起来?办法有了,我立马令人实施,文庙礼堂顿然成为一座难以攻入的护书堡垒。不出所料,一个月后'文革'爆发,我被'打倒',不久还戴上'反革命'帽子关进监牢,淯水县城一片'扫四旧'的呼声,当'扫四旧'队伍想打开文庙,以抢劫、焚烧古籍,但门窗封得太死,他们只得罢手,淯水文籍逃此一劫。我在牢房里获知文庙书籍文物安然无恙,为自己1个月前的防护措施偷偷地高兴好一阵。"

白水田还讲述了他亲历的许多颇有传奇色彩的故事,但怀着"淯水观书"目的来此的我,留下最深刻印象的是白公护书的两个段落。我们今日能够享用淯水县丰富的古籍特藏,不可忘却白水田老县长特立独行的保护古籍文物的英明行为。

白公两度护书的义举,置诸中国现代文化史的大格局中,是应当大书一笔的!

附记

白水田(1919—2009),出身山西省沁源县一个农民家庭,1936年参加山西牺牲救国同盟会从事抗日工作,1938年加入中国共产党,同年入中国抗日军政大学(即延安抗大)和马列学院学习,以后转战湖南、湖北、江西、广东等地,中原突围后返延安中央党校二部学习。1949年以后,先后任浠水县县长、湖北省农业厅副厅长等职,1979年起任黄冈地区行署副专员,1985年离休。2002年当选党的十六大代表,2007年当选党的十七大代表。

九、仁智楷范:朱祖延先生[①]

朱祖延先生是我尊敬的学术前辈,又是心心相印的忘年之交,是实践了"智仁勇"三达德的楷模。

朱先生是"智者",他广雅通识,厚积而薄发,于语言学、古典文献学、辞书学贡献卓异。

朱先生是"仁者",他有温煦的爱人之心,持重谦和,与先生处,友朋弟子如沐春风。

朱先生是"勇者",他不屈从恶势力,又坚强地一再战胜疾病,传奇般地迈向耄耋高龄。

先生还是终身不懈的"勤者"。记得1993年夏,酷暑难当,得湖北大学图书馆馆长陈钧照顾,朱先生和我借新落成的图书馆地下室工作(那时罕有空调)。地下室较地面凉快一些,但仍在30摄氏度左右,又比较气闷。应陈馆长邀约到地下室歇暑的其他几位,在那里转两圈后,没有再来光顾。唯有朱先生与我,每天在地下室赤膊短裤上阵,他修订某辞书,我则结稿《中华元典精神》。撰述之余,谈天说地,如此两个多月,不亦乐乎。朱先生长我整20岁,其时已是年逾70的老翁,竟然每天在地下室工作10小时开外。

先生1947年毕业于中央大学中国文学系,师从汪辟疆、殷孟伦等著名学者。历任武汉师范学院即今湖北大学的中文系系主任、古籍研究所

---

① 本文为《朱祖延文集》(崇文书局2011年版)序言,略有修订。

所长。2006年5月荣获"首届中国辞书事业终身成就奖"。2010年11月,被评为湖北省首批13位"荆楚社科名家"之一,是湖北省属高校中的唯一代表。先生主持国家大型文化建设工程多项,现任《中华大典·语言文字典》主编。先生一生精研苍雅,编著满家:"修辞学类"主要有《古汉语修辞例话》,"辞书类"主要有《汉语大字典》《汉语成语大词典》《汉语成语辞海》《引用语辞典》《引用语大辞典》等,"古籍整理类"主要有《北魏佚书考》《中华掌故类编》《尔雅诂林》等。其中尤以《汉语大字典》《尔雅诂林》《引用语大辞典》等,用功最勤,影响最著。

时值先生华诞,后学等编辑先生集子,内容包括"学术著作""文札序跋""诗词联语"三大部分。先生学有渊源,治学严谨,其编著皆精心结撰,信而有征,且多发凡起例,富于创识。

先生文集,沾溉士林,必将传之久远。

2011年7月12日敬书于武昌珞珈山

十、尽瘁辛亥首义史的贺觉非先生

湖北是声色壮丽的中国近代史的一个重要舞台。这里曾经是林则徐义无反顾地推行禁烟运动的起始处,太平军与湘军反复较量的"四战之地",洋务派后期巨擘张之洞实施"新政"的基点,自立军起义并遭屠戮的所在。当人们历数湖北近代发生的重大事件时,都不会忘记,20世纪初,反清革命运动曾在这个省份风起云涌,省垣武昌爆发结束中国两千余年专制帝制的新军起义,将以孙中山为旗帜的奋斗多年的革命运动推向高峰。武昌首义作为辛亥革命的一个关键环节彪炳青史,它从酝酿、爆发、扩展到失败的历程,相当充分地显示了中国近代社会的若干基本特征,因而成为一个值得认真探讨的典型案例,为众多中外史家所关注。同时,这段史事浓郁的地方人文色彩,对热爱乡邦者尤具魅力。三烈士纪念碑、彭刘杨路、首义路、首义公园、起义门、阅马场湖北军政府旧址、拜将台、蛇山黄兴铜像是我这样的"老武昌"从幼年时代起便经常流连徜徉的处所,时至壮年,每当重游首义胜迹,仍然会激起异样的热情。至于首义先烈的故事,连同其中包蕴着的爱国主义和民主精神,则通过前辈的讲述和书本上的文字，如同"润物细无声"的春雨滋养着吾侪心田。与辛亥武昌首义密切相关的张之洞、吴禄贞等人物的思想行迹，也对我有着特别的吸引力。

正是上述一切，培植了我对辛亥武昌首义及前后史事的拳拳情怀，并驱使自己从致力史学工作之始，便有意探究这段悲壮而又曲折多致的历史，20世纪70年代末期还产生过用小说形式表现辛亥武昌首义的设想，并曾形诸文字，终因自忖短于形象思维而没有继续下去。

正当我在寻觅钻研辛亥武昌首义史的登堂入室之径时，经由先父的朋友张云冕先生介绍，于1980年初结识长期从事辛亥革命史料搜集整理工作的贺觉非先生。

岁月流逝，我初识贺先生具体场合的记忆已经模糊了，但贺先生的风趣谦和、谈锋甚健使我们的首次会面立即变得亲切融洽，这一印象则鲜明如昨。他同我交谈几句后，便操着竹溪乡音大声地说："我知道你，你是华师一附中的高材生。"此时我才得知，时年70的贺先生曾经是华中师范学院一附中的历史教员，1957年被打成"右派"，下放当阳县草埠农场劳动；而我恰恰在该年进入华师一附中念高中，长期以来没有听说过贺先生其人其事。若非撰写《辛亥武昌首义史》的因缘于20世纪80年代初期相逢，则几乎同这位老师失之交臂。

贺先生接着说，他已从张云冕先生处得见我撰写的有关武昌首义的论文，以为所见略同，并笑着说："吾道不孤。"贺先生还兴味盎然地讲述他自20世纪50年代中期以来受湖北省政协委托，广为接触首义老人，搜集整理辛亥武昌首义史资料，主持编辑《辛亥首义回忆录》一至四辑的情形，特别绘声绘色地谈及他与李西屏、李春萱、熊秉坤、张裕昆、杨玉如、耿伯钊、李白贞等武昌首义参加者交往的细节。我则回忆起，耿伯钊是我们家的老邻居。我小时候见过耿伯钊身披黑色斗篷、手执拐杖的挺拔军人气度。贺先生说，耿1957年也被打成"右派"。贺先生感慨道："现在首义老人只有赵师梅、喻育之硕果仅存了，而20世纪50年代中期至60年代，首义老人健在者居于武汉的，不下600人，我与他们几乎都有程度不等的交往。"以后我得知，贺先生还同首义老人的子女辈建立深厚友谊，辛亥后裔们常到贺老这里询问老辈往事，贺老则引导他们回忆老辈行迹，鼓励他们捐献辛亥革命文物，提供有关文献。20世纪70年代末80年代初，贺老成为辛亥后裔聚会、交流信息的枢纽。而且，长期以来，贺先生还是向省里反映首义老人及其亲属苦衷和要求的桥梁，并为他们解决过不少实际困难。今日，许多辛亥后裔成为省、市、区各级政协委员，或民主党派各级负责人，他们的意见比较容易"上传"了，而在20世纪80年代初期以前，自身处境并不好的贺先生为辛亥老人及其后裔所做的种种工作，尤其值得缅怀。

大约经过两次商谈,贺先生与我便达成合作撰写"辛亥武昌首义史"的共识。此前,贺先生已与中国社会科学院近代史研究所联系,并将自己撰写的"首义史稿"文稿交给该所,拟与之合作撰成"首义史"。但时间过去一年有余,尚未从近代史研究所获得明确回应。自感来日无多的贺先生决定另觅合作者,并拜托我去北京,从近代史研究所取回他的文稿。约在1980年年末,我专程赴京,造访著名的王府井大街东厂胡同,这是我第一次前往近代史研究所,由此结识丁守和、王庆成、耿云志、张海鹏、杨天石、王岐山诸君。

　　近代史研究所有关同志对长期搜集整理辛亥革命史资料的贺先生都怀有敬意,但他们又明确表示,贺先生的文稿,是一种随感式写法,不具备一部史学专著的修改基础,需要整个重写。而近代史研究所诸人正忙于"中华民国史"的写作,难以抽出力量改写"首义史"。近代史研究所诸同志很支持我与贺老合作,但他们善意地指出:"改写这部文稿,其难度可能比自己单独写一本书更大"。近代史研究所还派时任近代史研究所助理研究员的王岐山带领我到北京各档案馆、博物馆、图书馆查找辛亥革命史资料。记得岐山有一辆当时比较难得的自备摩托车,他驾驶摩托车,我坐后座,奔驰于近代史研究所、北京图书馆等处之间,历经数日。1995年秋,时任中国人民建设银行行长的王岐山来武汉大学主持建设银行"行长班"开学典礼,与我约见,忆及10余年前的这段往事,追怀辞世的贺先生,颇多感慨。

　　1980年底返回武汉以后,我婉转地向贺先生报告近代史研究所对他的文稿的意见。正当我于吞吞吐吐不便措辞之间,已经明白意思的贺先生十分坦然,没有流露些许不快,他笑着说:"是的,是的,他们的意见不错。我的稿子,只是一些'砖头瓦片'。如何建造房子,得靠你的学问才力。你不必有顾虑,只管重起炉灶,另写就是"。贺先生的此等襟怀,赢得了我对他较深一层的尊敬。我们的合作,也就十分愉快地开始了。

　　贺先生一方面放手让我独自撰写书稿,一方面又多次详谈他所熟知的首义掌故,并悉数拿出他多年搜集的辛亥革命史资料。我由此得知如下情节——

　　第一,20世纪70年代末期,我在广为阅览辛亥革命史论著时,曾读过《光明日报》史学栏20世纪60年代初期刊载的署名"扬苏""扬樵"的文章《试论自立军事件》和《辛亥革命武昌首义文献论略》,留下颇深印象,尤其钦佩后文占有材料的广博,但不知扬氏为何许人,曾向同道探听,也未获所以。而现在贺先生交给我的材料中,便有此二文,于是我即兴询问二文作者何人,贺老呵呵大笑曰:"扬苏、扬樵,即老夫贺觉非笔名也!"他进而解释说,20世纪60年代初,他正戴着"右派"帽子,即使摘了帽子也是

"摘帽右派",哪里够格到《光明日报》上发表文章,于是以夫人名义投寄文章,署名"扬苏""扬樵"。谈及此事时,贺先生夫人杨正苏老师也在场,笑得合不拢嘴。杨老师是四川人,为清代嘉道间名将杨遇春(四川重庆人)后裔。杨老师数次向我谈及英武的先祖时,眉宇间都流露出骄傲的神色。

第二,贺先生交给我的他手撰的种种笔记,大都纸质粗劣,有的竟是20世纪60年代的香烟盒,上面写着密密麻麻的蝇头小字,甚难辨识。杨老师特为解释道:"我解放前当小学教员,解放初离职,照料老贺生活。当时老贺一月90多元,两人蛮好过。1957年老贺被打成'右派',工资减半,我又没有收入,生活很困难。1960年前后,买一本笔记本、一沓稿纸都得从牙缝里挤,没得法,老贺就到处拾废纸,捡香烟盒,充作资料卡片用。"这便是贺先生给我的一大沓灰黄色、浅黑色纸片的由来,上面记载着20世纪50年代末60年代初贺先生跋涉(这里用的是"跋涉"一词的本义,即徒步行走,因为贺先生那时没有钱搭公共汽车,多为步行)于武汉三镇间,到熊秉坤、杨玉如等首义参加者家中采访的内容。杨老师还告诉我:"'反右'时挨批斗,'文革'中游街、抄家,老贺别的都不担心,就怕这些资料损失了,要我想天方、设地法保存好。我也真是这样做的,家里别的什物我都不管,唯独这些破本子、小纸片,我是一本本、一张张收藏得严严实实。现在可好了,这些本子、纸片可以交给冯老师写进书里去了,我的心愿也算了却了。"杨老师每次讲起这一话题,总是眼圈发红。贺先生在一旁却笑嘻嘻地说:"你看你,又多愁善感了吧!现在应该高兴,你保存的材料得见天日了!"

面对着这等来历的资料,面对着如此善良、坚毅的两位老人,我的心震颤起来,暗自决断——困难再大,也要把这本书写好!

我的学术工作辟有两线,一为文化史,一为湖北地方史志,而且前者为主,后者为辅,故不能以较多的时间精力投入"首义史"写作,1981—1982年,时断时续,往往是贺先生催促得急,进度稍快,否则进度甚慢。当此之际,贺老于1982年11月18日因心肌梗死辞世。第二天,湖北省政协文史办公室通知我,我立即赶至贺家。泪流满面的杨老师握住我的双手说:"老贺的最大心愿,就是首义史出版。以后就辛苦你冯老师了!"我默默地承接了这位没有后嗣的老人的企望,此后果真加快了撰写的速度,终于在1984年9月完成40余万言的《辛亥武昌首义史》,1985年9月,以贺觉非第一署名、我为第二署名的该书由湖北人民出版社出版,1988年该书获武汉市优秀社会科学著作一等奖。我先后给杨老师送稿费、样书和奖金时,因无子女而晚景尤显凄清的杨老师总是喃喃地说:"老贺,老贺,您地下有灵,也该安心了!"

应当说明的是,1984年成稿、1985年出版的《辛亥武昌首义史》的文本,1982年逝世的贺老未及亲览。虽然在写作中我曾就一些问题与贺老磋商,但不一定都取得一致意见,而我便先依已见写出再说,本拟留待全稿完成后再同贺老逐一讨论,而因贺老骤逝终于失去这种机会。现在读者看到的《辛亥武昌首义史》的若干论断,均与贺老意见相左,如:湖北革命团体的肇始应为花园山聚会,而并非之后的科学补习所;汉口宝善里机关失事时间为1911年10月9日,并非10月8日;打响首义第一枪的是程正瀛,而并非熊秉坤;1911年10月10日率先起事的是城外辎重队,而并非城内工程营;早在1911年4月至6月,党人已有举黎元洪为都督之议,首义后黎任都督并非纯属偶然,等等。这些结论是我广为占有各方材料,加以比较分析之后获得的,虽与贺老一向观点有别,也只能依"吾爱吾师,吾尤爱真理"的宗旨处置了。相信贺老在冥冥之中,会理解这种做法。

在与贺先生交往的两年间还逐渐得悉他的生平。现以《湖北省志人物志稿》的《贺觉非传》为线索,结合自己的见闻略记其事迹。

贺觉非,字策修,湖北竹溪县丰溪人。幼年喜读史部,后入武昌中华大学,未毕业即任武昌三楚中学历史教员,不久入中央军校十期学习。1934年,随军委会参谋团入川,任参谋团政训处科员。后调入刘文辉部,1940年,随军入西康,沿途留心考察形胜人文,成七言绝句百数十首,对山川隘要、民生疾苦多有记述。后又博征文献,撰《西康纪事诗本事注》一卷,由重庆史学书局出版。次年任理化县县长。实地勘查山水物产,探访藏胞、高僧、老吏,搜集民俗轶闻,又遍读四川地方志,于1944年修成《理化县志》。足见贺先生探访、记载地方史事的努力,始于青年时代,这是对中国史学一种优良传统的承袭。贺先生1949年后成为辛亥武昌首义史料搜集整理最有实绩者,确非偶然。

抗日战争胜利后贺先生回湖北,任汉口市政府秘书、三民区区长。1947年任竹溪县县长。1949年任新编一一八军少将高参,随军到成都,参与筹划该军起义。一一八军起义后,中国人民解放军将领贺龙、王新亭、胡耀邦曾宴请一一八军军长邓锡侯等高级军官,贺先生在座。20世纪80年代初,贺先生与我闲谈时说,当年在宴会席间,贺龙在得知贺觉非的姓名后,专门走到他身边,拍着贺先生肩膀说:"老弟,姓贺的不多,你要好好干!"贺先生还几次对我说,1949年成都宴会上的国共两方面人物,如邓锡侯、贺龙、王新亭等,均已作古,现今在世的只剩胡耀邦同志和贺某人了。贺老为此不胜唏嘘。他十分感佩耀邦同志主持中组部时平反冤狱(包括改正"右派")的雄才大略,几次对我说,"首义史"印行以后,一定要赠送耀邦。但贺老在"首义史"成书之前仙逝;1985年《辛亥武昌首义史》出版后,我也曾经想到赠书耀邦同志,以了却贺老遗愿,但因朝野远隔,不便打扰而搁置下来。耀邦同志又于1989年辞世,贺老的赠书意愿终成永远的遗憾。

1950年初，贺先生在中南军事政治大学学习。1953年结业后回武汉，任湖北省人民政府参事室研究员，这是对起义人员的惯例安排，而贺先生认为自己正当盛年，还可做些实事，于是主动争取到中南工农速成中学、华中师范学院附中任历史教员。1956年，贺先生被邀为省政协第二届委员，受命搜集整理辛亥武昌首义资料，由此开始他孜孜不倦的辛亥首义史研习工作，遂有前述种种事迹及20世纪80年代初与我的一段忘年之交。

1977年以后，贺先生相继担任湖北省政协第四届委员、中国国民党革命委员会湖北省委委员、省政协文史资料委员会委员、省地方志编委会编委、中国地方志协会党务理事、武汉地方志编委会编委、省志人物志顾问。值得一提的是，贺先生以丰富的修志经验和渊博的湖北地方史知识，对湖北省、武汉市地方志的修纂工作多有贡献，这是省市方志界的一致评价。贺先生编撰多年，原拟作为"首义史"附录的《辛亥武昌首义人物传》上下两卷，经王岐山整理，1983年3月由中华书局出版；同年，省地方志办公室刊印其所撰《辛亥革命湖北人物传资料选辑》。惜乎这些著作连同《辛亥武昌首义史》，都是在贺先生作古之后方陆续面世的。但这位诚挚勤勉、放达乐观的老人以心血投入的武昌首义资料搜集整理及研究工作，以其切实的、不可替代的价值，必将随辛亥首义这一光辉的史事一同为后人所纪念。

十一、张正明先生与楚文化研究

结识张正明先生，是在20世纪70年代末。其时他刚从一所中学调到湖北省社会科学院不久，大约在一次密加凡院长主持的湖北省社会科学界联合会的会议上，我初睹正明先生风采，交谈间颇相契合，他的崇论宏议，彰显出过人的才识，给我留下颇为深切的印象。此后便收到他的契丹史专著，拜阅一过，不胜钦佩。以下数年，陆续读到他的楚史论文，从中得见研讨楚文化的博大气象。恰在此间，上海人民出版社编辑出版中国文化史丛书，主持者复旦大学朱维铮先生约我撰写"楚文化史"，我在研习中国文化史过程中一直关注楚文化，却并未进入此一专域，便向朱先生推荐张正明先生,他们很快联系上。正明先生厚积薄发,相当迅速地拿出书稿,这便是上海人民出版社出版的、得到学界好评的《楚文化史》。以我的行外之见,这本书可以称之新时期楚史及楚文化研究的奠基之作。

　　先父冯永轩先生长期致力楚史研究,记得"文革"前夕,我曾在寒暑假誊写先父的"楚史"及其附录"楚世家会注考证校补"文稿。"文革"中家里数次被抄,相当宏富的藏书被洗掠一空。1979年先父辞世,我与大哥在清理先父遗物时,试图寻觅"楚史"文稿,却未见踪影,于失望之余,忽然在旧书堆里发现夹在其间的"楚世家会注考证校补"稿本,惊喜间翻阅文稿,发现其上多为我做学生时的誊写手迹。对这部"劫余",我们的珍惜之情可想而知。几经努力,至20世纪90年代初,此书由湖北教育出版社出版。正明先生立即发现这本小册子的史料价值,不仅自己采用,而且一再向楚史界同人推荐。令人感动的是,正明先生通过我从出版社取得两百本《史记楚世家会注考证校补》,在多次楚史会议上推售,承担烦琐事务,每隔几年,他还向我告知销售进展……

　　哲人其萎,不胜追思。

第六章 学思回眸

一、从泛览群籍到攻读经典：庭教记略

20世纪80年代初期以来，沉寂多年的文化及文化史研究在中国大陆兴盛起来，议论迭出，著述纷呈，有人称之"文化热"。后来，又有此"热"现已转"冷"之说。然而，作为躬逢其盛的参加者，我似乎没有感到忽"热"忽"冷"的起伏跌宕，只是觉得，这项切关紧要的研究工作在不正常的萧条30年之后，近10余年来始而复苏，继而向纵深拓展，目前方兴未艾。此外，就个人经历而言，走上文化史研究道路，也与一时之热潮关系不大，而可以说是蓄之久远，发于天然。

从小学三年级到高中毕业，也即9岁至18岁间，我随母亲住在她工作的湖北省图书馆。开始两年，每天放学归来，照例到母亲主管的儿童阅览室看小人书，除熟悉各类故事之外，还迷上人物画，我的所有课本、练习簿的空白处都画上了从七剑十三侠到大仲马的火枪手等各路英雄豪杰，连手纸也未能幸免于涂抹。后来我对中国白描人物画，以及达·芬奇、列宾等的人物画有兴趣，可能与自己的儿时经历有关。不过，捉笔绘画因未得专家指教而没有发展提高。进初中以后，湖北省图书馆浩博的藏书以巨大诱惑力，使我改弦易辙，很快变为成人阅览室的常客。这得感谢20世纪50年代学校教育尚无沉重的课业负担，即使像初中母校武昌实验中学和高中母校华师一附中这样的重点中学，功课在校内自习时便可做完，我对考分又历来不大经意，课余便自由徜徉于书籍的海洋。那种纵游书海，与应试无涉，没有被功利心驱使，唯一的动力是好奇，堂皇言之，是求知欲望。

在嗜学者那里，"心游万仞""思接千载"的文学女神往往最先降临。忆昔少年时，令人摇情动魄、形诸舞咏、心驰神往的，首推中外文学名著。《水浒传》《三国演义》《西游记》《说岳全传》《说唐演义全传》，自然读得烂熟，梁山好汉的绰号和武功特长一一讲来毫不费力；秦琼卖马、岳飞枪挑小梁王之类的故事更使十二三岁的孩子沉醉；曹操得天时、孙权得地利、刘备得人和，也津津乐道，最初的"历史观念"大概由此获得。以初中二年级为端绪，另一扇知识之窗豁然敞开，俄罗斯、法兰西、英吉利、德意志文学以特有的魅力，如磁石般吸引了我的注意力，它们展开一个又一个广阔、深邃而又新奇的世界，带来无限遐思。至今我仍能鲜明如昨地忆起莎士比亚笔下李尔王的悲壮、奥赛罗的执著、哈姆雷特的渊思；至于屠格涅夫描绘的林中狩猎，托尔斯泰铺陈的俄法战争场景，陀思妥耶夫斯基抒写的彼得堡白夜，巴尔扎克精工细描的巴黎上流社会，狄更斯刻画的阴暗的伦敦下层，更历历在目。尽管以后很少重读这些大师的作品，但早年从文学名著获得的对中西文化的体悟，颇有益于后来对历史问题的理解，尤其有助于中西文化比较的展开。

少时我还喜读各类游记和地理书，它们使我足未出户，而遍历大江南北、黄河上下，追随司马迁"西至空峒，北过涿鹿，东渐于海，南浮江淮"；追踪徐霞客"朝碧海而暮苍梧"。除神交古人、泛游九州外，更远涉重洋，遨游佛罗伦萨、斯德哥尔摩，深入亚马孙热带雨林，穿越撒哈拉大沙漠。说来也有趣，十几岁时我特别着迷于地图，常常一连几小时阅看不息，以至可以随手绘出各洲诸国图形，并能如数家珍地说出中国各省乃至世界大多数国家的简史、面积、人口、都市、山脉、河流、物产、趣闻，甚至国民经济总产值，钢铁及粮食产量约数，并养成继续关注的习惯，20世纪八九十年代我几次出访国外，在会议及讲学之余，与陪同游览的外国友人闲谈该国该地自然状貌、历史演绎、社会风情诸细节，接待者对我熟知当地情形总是大感惊讶。

兴趣是记忆的窗口和蓄电池，也是记忆的筛选器。我于史事、典籍、地理能如数家珍，但记忆也有不佳之处，电话号码、门牌号码等切关紧要的数据老是忘却；购物回家，夫人问价，一概应答不出；更有甚者，朋友相见，有时竟呼唤不出对方姓名，弄得十分尴尬，只得托词把妻子领出室外，低声询问："此人极熟，他叫什么？"

地理常识当然不是高深学问，但烂熟于胸，可以使人产生实在的空间感，其作用绝不限于增添谈助。历史总是在特定空间运行的，史学工作者不仅要有清晰的时间意识，还应当形成真切的空间意识，只有如此，才能对历史人物、历史事件产生方位感、质地感和度量感。因此，我每每建议学史的青年朋友，多读点地理书、游记、笔记小说，熟悉地图，以合古之治史者"左图右史"说，使所研究的国度、地区及断代的历史，不再是纸面上的教条，而是立体状的生命机体，这样才有可能"知人论世"，如历其境地体察古事古人。

少年时代，我博览群籍却未能精读，正所谓"好读书而不求甚解"。真正青灯黄卷，攻读经典，默识深思，则始于青年时代，这得感谢父亲的庭训。

先父冯永轩是一位历史学教授，早年就学武昌高师（武汉大学前身）时从文字学家黄季刚先生，又入清华大学国学研究院第一期，师从梁启超、王国维等国学大师，以后转徙各地任教。先父性格刚直，宁折勿弯，1958年被戴上"右派"帽子。其时正在念高中的我，心情十分抑郁，只有忘情于文学时方获得几分精神自由。1960年初，我正值高中毕业前夕，三兄因发表批评"反右""反右倾"的言论而被作为"反革命"逮捕。父兄的"问题"显然杜绝了我投考理想大学和专业的可能。而恰在此间，我又暗自做起了作家梦，一个缥缈遥远的梦。从许多中外作家的经验谈中得知，念大学文学系与当作家风马牛不相及，作家的大学是生活，写作实践是驶向目标的风帆。基于以上几层原因，高中毕业时我对考大学全然失去兴致，同学们备考最紧张的几个月，我仍然在省图书馆阅读《悲惨世界》《复活》《白痴》之类，并且出乎一直视我为文科人才的师友们意料之外，录入武汉师范学院生物系。感谢生物系的课业较为轻松，使我在涉猎自然科学理论与方法（尤其是达尔文进化论），"多识鸟兽草木之名"的同时，赢得大量时间，继续攻读文史哲书籍并练习写作。大学4年间，陆续发表一批科普文章、散文和杂文。记得我21岁时（1963年）刊发的一篇游览颐和园万寿山的文章（题为《不要忘记帝国主义》），于写景间纵论古今，颇得友朋好评。一向喜爱文学的母亲，特别将那篇文章从报纸上剪贴下来，并批语保存。以后我出版书籍数不在少，也有过杀青付梓之乐，但都无法与1963年那篇短文发表时的激动相比。

与母亲常以欣赏目光注视儿子迥相差异，不苟言笑的父亲从来没有夸奖过我，但他可能发现小儿子确实热爱文史，正可弥补前面4个儿子纷纷从事其他专业带来的遗憾。而20世纪60年代初期父亲刚被摘掉"右派"帽子，心绪稍稍宽松，便连续几个寒暑假，给我讲授《论语》《孟子》全文和《史记》选篇。记得每日晨起，父亲手不持片纸，不仅逐句吟哦经典原文，而且引述程注、朱注等各类注疏，并联系古今史事，议论纵横。我则记录不辍，偶尔插问，父亲又申述铺陈。如此，由旦及暮，母亲端来的饭菜常常凉了又热，热了又凉。

由泛览进而精读，从浮光掠影于知识圣殿边缘，到逐步登堂入室，其转折发生在1962—1965年这段庭训之间。当时我并未意识到其意义，直至后来走上学术研究道路，方深觉重要。当然，对中国古典的研读，毕竟是青年时代才开始，以后又未能持续坚持，故在对古典的熟悉程度上，远不能与有"童子功"的老辈学者相比。我们这一代学术工作者可能有某些长处超越老辈，但对本国文化元典的熟悉与体悟方面显然不足，这是难以出现一流文史大家的原因之一。弥补办法，除我辈尚须努力外，更要着眼于新的一代。我有一个构想：从培养文科尖端人才计，可在少数重点学校（最好从高小开始）开设少量班级，除普通课程外，增设古典课，使学生对文化元典熟读成诵，再辅之以现代知识和科学思维训练，从中或许可以涌现杰出文史学者。

"文革"时期，工作单位武汉教师进修学院派仗连绵，"逍遥派"则每日学习"五十四号文件"（打扑克）。我于派仗很快厌倦，对那一据说是韵味无穷的"五十四号文件"又兴趣索然，于是便躲进一家三口挤居的11平方米的宿舍里读书（1968年结婚，分得此小房间，一住多年）；开会学习文件时，也在文件掩护下藏书偷阅。那时可读的当然只有鲁迅书、马列书，偶尔也有《第三帝国的兴亡》等书私下流传。从20世纪60年代末期到70年代中期，我认真通读了《鲁迅全集》和几种马列经典。鲁迅对社会、人生的深刻剖析，对历史、文化的独创见解，以及无与伦比的犀利文笔，都于我恩泽久远。而《德意志意识形态》《法兰西内战》《反杜林论》《家庭、私有制和国家的起源》则提供了历史辩证法的生动范本，并使我开始受到理论思维训练，又对哲学及哲学史发生兴趣。黑格尔把哲学比喻为密涅瓦的猫头鹰，黄昏时方起飞。对一个民族来说是这样，对一个人来说也大抵如此。就我而言，最先发生兴趣的是文学，紧随的是史学，以后才是哲学。然而这只猫头鹰给人的教益深刻。如果说，文学提供的是形象，史学提供的是事实，哲学则昭示着规律。

20世纪70年代后期，我遇到一次选择专业的机会。少年时的作家梦这时早已淡化，因为自知形象思维非己所长；而哲学固然有诱惑力，但玄虚抽象又令人生畏。于是我决计以冷热适度、虚实相济的历史研究为业，步龙门扶风后尘，跨入史学之门。由于目睹近30年的史学偏于政治史和经济史，文化史久遭冷落，而自己对文、史、哲均有涉猎，又稍长于综合，便选择总揽诸观念形态的文化史为自己的专攻——那时尚在全国性的"文化热"兴起以前三四年。此外，自己既为鄂籍，自20世纪80年代初开始担任湖北省地方志副总纂和武汉市地方志副总纂，研究湖北及武汉史志责无旁贷，于是又兼治湖北地方史志，以辛亥武昌首义史和张之洞为主要研究对象。文化史与地方史便成为我习史、治史的一体两翼，并有助于宏观把握与微观考察的交融互摄。

今日回首反顾，早年的泛览、青年的庭训、中年的抉择，历历在目。正是这一切，使我走过一段并不完善却又趣味盎然的学史、研究道路。

二、随慈母"住读"省图书馆八年追思

如果有天堂，天堂应是图书馆的模样。

——（阿根廷诗人）博尔赫斯

湖北省图书馆是我国历史极为悠久的公共图书馆之一，张之洞创办的两湖书院南北书库为其源头。先母系省图馆员，余少时随其住省图8年，因而省图也是我的家，故将受教省图的经历列入"家学"之中。今年（2004年）适逢湖北省图书馆百年馆庆，特撰小文以资纪念。

少年时代已经是相当遥远的过去了，我又是一个对生活细节易于遗忘的人，因此每当与儿时旧友谈论往事，多半只有洗耳恭听的份，难以插上嘴。当然也有例外，脑海中有些往事并未如烟，例如10岁至18岁在湖北省图书馆的一段泛舟书海的经历，不少情景还历历在目，鲜明如昨。

我的母亲张秀宜多年做中小学教员，1949年后到湖北省图书馆工作，直到1962年退休。我是五兄弟中最年幼的，大概也是随慈母左右时间最长的一个。自小学三年级起，我每天从武昌实验小学步行半小时，经红楼前阅马场，到绿树掩映的蛇山之麓、抱冰堂下的湖北省图书馆。开始两年，多在儿童阅览室看小人书，《三国演义》《水浒传》《说唐演义全传》《说岳全传》《希腊神话》《三个火枪手》一类连环画是我的最爱，除熟记那些引人入胜的故事外，还因连环画的导引而迷上了人物白描，有一段时间，我的课本、练习簿的空白处都画满中外英雄豪杰的造像，连解手纸也未能幸免。这种随手画人的习惯，一直保持下来。近20年在国内外参加学术活动，留下一批中外文化人的速写。被画者常问，你是不是接受过美术专业训练？我说没有，是小时候在湖北省图书馆儿童阅览室形成的信笔涂抹习惯。

大约从小学六年级开始，主要是在初中和高中阶段，我又成为湖北省图书馆成人阅览室的常客，每天放学归来，包括星期天，大都泡在阅览室里（省图只在周一休馆）。这得感谢20世纪50年代的中学教育尚无沉重的课业负担，即使像初中母校武昌实验中学、高中母校华师一附中这样的重点中学，功课在校内自习时便可做完。我对考分又一向不大经意（母亲好像也没有因我某次考分高而表扬、考分低而责备），课余便自由徜徉于湖北省图书馆的书廊之间。那种纵游书海，与应试无涉，没有被功利心所驱使，唯一的动力是兴趣、好奇，堂皇言之，是求知欲望。成年后读到亚里士多德《形而上学》中的名论："人们是由于诧异才开始研究哲学……人们追求智慧是为了求知，并不是为了实用。"回想自己少时读书经历，竟与古希腊哲言相暗合！惭愧的是，中年以后阅读，多是为课题研究找材料，各类图籍大多被分割、拼合成撰写某书所用的资料长编，昔时那种悠游于名著佳篇之中的陶醉感，以及对名著的整体把握，实在是久违了。近年我多次下决心，一定要摆脱中年读书的异化状况，复归少时读书的本真情态。

然而,逝去了的过往,还能重拾吗? 但总该努力一试吧。

在嗜书者那里,"心游万仞""思接千载"的文学女神往往最早降临。忆昔少年时,湖北省图书馆群籍中,首先令我形诸舞咏、心驰神往的,是中外文学名著。《三国演义》等讲史小说,《水浒传》等英雄小说,《西游记》等神魔小说,《红楼梦》等世情小说自然读得烂熟,林教头风雪山神庙的悲壮、秦琼卖马的无奈、岳飞枪挑小梁王的神勇,都使人摇情动魄;曹操得天时、孙权得地利、刘备得人和,也津津乐道,最初的"历史观念"大约由此获得。

以初中二年级为端绪,另一扇知识之窗豁然敞开:俄罗斯、法兰西、英吉利、德意志文学,如磁石般吸引了我的注意力。在那一相对禁锢、封闭的时期,这些名著打开了一个个孔隙,可以略窥广远、深邃而又新奇的外部世界。少时的阅读刻下的印象实在真切,屠格涅夫描绘的林中狩猎、转型时期父与子两代人之间的精神冲突、农奴木木的悲惨遭际;列夫·托尔斯泰铺陈的俄法战争壮阔场景,安德烈公爵战死前仰望苍天的冥想,比埃尔苦苦的精神探讨,《复活》中聂赫留朵夫的自我拷问;陀思妥耶夫斯基抒写的彼得堡白夜飘荡的那些敏感而又病态的魂灵;契诃夫对孤儿万卡一类底层人物的深切同情,对专制政治和市侩风气的揭露与鞭挞,都与我们得之中国传统的民本思想和忧患意识交相呼应。而肖洛霍夫展开的顿河草原上葛利高里等哥萨克们在白红两营垒间的血战,阿列克赛·托尔斯泰表现的十月革命前后知识分子的"苦难的历程",则与当时从教科书上获得的革命概念颇有相异之处。巴尔扎克精工细描的巴黎社会,葛朗台的吝啬、高里奥的凄苦、拉斯蒂涅的追逐名利,皆以艺术典型永记心际;司汤达展开的法国王政复辟时期贵族与第三等级的矛盾冲突,于连的个人奋斗与牺牲;狄更斯刻画的阴暗的伦敦下层,财产继承的惊心动魄;德莱赛揭示的纽约金融界和艺术界的鏖斗;浮士德博士的渊渊哲思……不仅赢得美学感受,还多有社会史的认知收获。以后读到恩格斯对巴尔扎克《人间喜剧》的评价:

> 在这幅中心图画四周,他汇集了法国社会的全部历史,我从这里,甚至在经济细节方面(如革命以后动产和不动产的重新分配)所学到的东西,也要比从当时所有职业的历史学家、经济学家和统计学家那里学到的全部东西还要多。

联系早年读巴尔扎克《欧也妮·葛朗台》《高老头》《贝姨》《邦斯舅舅》的印象,对恩格斯的这段论述深以为然。后来我从事文化史研究,颇服膺于陈寅恪先生"以诗证史"(这里的"诗"可泛解为各类文学作品)的路数,这与早年从文学名著获得社会史的认知启示直接相关。

中年以后,被一个又一个课题挤兑着,很少有余暇读文学作品,常常引以为憾。但早年从中外名著中获得的对中西文化的体悟,却在不断反刍,颇有助于对历史问题的理解,尤其有助于中外文化比较的展开。从某种意义上可以说,日后能从事中国文化史及中外文化比较研究,得益于早年在湖北省图书馆对中外名著的大量阅读和整体、有机的把握。比照当下的大学文科教育,学生主要读的是几种通史,如历史系学中外古代史、近代史、现代史,中文系学中外文学史,辅之以少量的原著选读。这些"史"自然是应当学的,但今日大学生多是一路从严格的应试教育筛选上来的,6年中学被沉重的课业负担压得喘不过气来,难得有时间精力阅览整部名著(如果今日的孩子像我少时那样在图书馆看"闲书",一定会遭到老师和家长的厉禁),到了大学,他们学的又是多门二手性课业,较少接触文史哲元典。美国哈佛大学的训言是"与柏拉图同在,与亚里士多德同在",我们的大学也可以立信条为"与先秦诸子同在,与李白、曹雪芹同在"。然而,如果不读先哲元典,不对元典有较深切的体悟,怎能得其真精神,怎能与先哲"同在"呢?

少时在湖北省图书馆喜欢阅览的另一类书籍是游记和地理书,它们使我足未出户,而遍历大江南北、黄河上下,尾随司马迁"西至空峒,北过涿鹿,东渐于海,南浮江淮";追迹徐霞客"朝碧海而暮苍梧"。除神交古人,泛游九州外,更远涉重洋,翱翔于佛罗伦萨、斯德哥尔摩,深入亚马孙热带雨林,穿越撒哈拉大沙漠。十几岁时,我特别着迷于地图,常将湖北省图书馆的各种中外地图册借来,铺在阅览室大桌上反复参看。记得某馆员笑问我是不是有周游世界的计划,这真道出了我的心思,那时我的最大愿望确乎是周游世界。

为周游世界做练习,我1958年暑假经同学蔡清萍(她父亲是湖北省博物馆干部)介绍,应湖北省博物馆之约,到鄂东山区搜集革命文物。一个16岁的孩子,怀揣省博给的二三十元钱(用作旅游差费和"收购"文物费),乘车先至麻城、蕲春、英山等县城,从县文化馆获得文物线索,只身步行大别山纵深处(好几次走到深夜),造访许多老红军(皆为当年脱队留下当农民者),收取文物10余件(红四方面军留下的刀枪、旗帜、货币等,每件或给一两元钱,或免费获取),大半个月间对土地革命的真实情况略有一点超出教科书的认识,如获知:一向视作红军战斗牺牲者纪念地的麻城乘马岗白骨墩(立有"红军烈士碑"),其实埋葬的数千红军官兵和地方干部,多是在张国焘搞肃反、打"AB团"时遇害。老红军带我到现场观看,并历数当年情景。另外,老红军当下的极端穷困的生活状态也使我惊讶。总之,16岁时的大别山经历,我初领不仅要"破万卷书",还要"行万里路"的道理。

大别山老苏区之行，给我留下难忘印象，回校后写了一篇记述此行的作文，教语文的李基姚老师大加称赞，在班上作范文宣讲。其实，那篇作文隐去了给我震撼最深的部分：肃反扩大化，以及脱队老红军在20世纪50年代的凄苦生活。这可能是"反右"运动（特别是父亲被打成"右派"）给一个少年留下的影响，不敢揭示社会真相。直至20年后的改革开放，自己才走出此种阴影。

由于熟读各类地理书和地图册，加之睡觉前时常想象自己到世界某地，并为某国某地设计发展蓝图，久而久之，便能如数家珍地说出中国各省乃至世界各国的简史、面积、人口、都市、山脉、河川、矿藏资源、风俗习惯，乃至国民经济总产值、钢铁及粮食产量等指标约数，并养成持续关注的习惯。20世纪80年代以降，随着改革开放的拓展，我也得以历访美国、日本、澳大利亚、德国、法国、新加坡、俄罗斯、瑞典、匈牙利、奥地利等国，部分实现早年"周游世界"的梦想。在国外会议或讲学之余，与陪同游览名胜的外国友人谈及该国该地自然状貌、社会风情、历史演进、艺文哲思诸细节，有些内容外国友人亦觉新鲜，于是大表惊讶，或夸我为"某国通"，或问我是不是访问前夕对该国、该地的史地概况做过专门准备，我说，非然也，那些"准备"是小时候完成的。其潜台词为：那一切是十几岁时在湖北省图书馆博览史地书准备的。

地理常识当然不是高深学问，但烂熟于胸可以产生实在的空间感。历史总是在特定空间运行，史学工作者不仅要有清晰的时间意识，还应当形成真实的空间意识，只有如此，才能对历史人物、历史事件产生方位感、质地感和度量感，历史人物和事件才能立体地得以再现，我们也才有可能对其做同情的理解，达到"知人论世"境界。我每每建议学文史的青年朋友，多读点地理书和高水准的游记，熟悉地图，以合古之治史者"左图右史"的教言。而这种心得，是少年时代在湖北省图书馆获得的。

20世纪五六十年代的湖北省图书馆可谓藏龙卧虎之地，少时我在馆里见过的老馆长方壮猷、杨开道等都是硕学鸿儒。

方先生20世纪50年代初任湖北省图书馆馆长，是卓有贡献的历史学家，是我父亲冯永轩在清华国学研究院第一期的同学，受业于梁启超、王国维等国学大师。方先生一次巡视阅览室，发现成人读者中有一个小孩（小孩一般不能入成人阅览室），便上前亲切询问，馆员介绍，"这是张老师的儿子"，方先生马上用浓重的湖南乡音说："那不是永轩兄的公子嘛，好，好，他这么好学，将来一定可以继承乃父事业"。方先生这番不经意的话，我记了一辈子。

杨开道馆长是我国农业社会学开创者（是费孝通的老师），好像是留美的，曾任华中农学院院长，来省图做馆长，约在20世纪50年代后期，我已念高中,曾在晚饭后与他在图书馆院子里聊天,谈及各国经济发展水平,我不知天高地厚,列举各国工农业数据和发展态势,杨先生很感惊讶,高兴道:"你是个学社会学的材料,以后跟我学吧"。在场的一位馆员说:"他熟读文史,大概会学中文。"由于父亲当时戴着"右派"帽子,而1958年以后高考"政治条件"压倒一切,我早已不存考取理想专业及大学的念想,故只能对杨馆长等人的期望付之一笑。当时还隐约获悉,杨先生1957年"反右"受过打击,戴着"右派"帽子,但他仍显得潇洒、气宇轩昂,我心中暗暗佩服。

副馆长张遵俭先生寡言、低调,我少年时与他好像没有对过话。20世纪80年代初写作《张之洞评传》,获知张馆长是张之洞侄孙,曾两次造访,一谈之下,发现此人内秀、博学,不愧文襄公后人。

新时期担任湖北省图书馆馆长的孙式礼先生,是"三八式"南下干部,20世纪50年代人称"孙秘书",负责馆里的党政事务,他为人谦和,少有当年干部常具的"左气",且广闻博识,从他嘴里时能听得种种文界掌故和名人逸事,足见其阅览之博。

新时期副馆长徐孝宓先生,是藏书大家徐行可的哲嗣,我少时从父亲处听过关于徐老先生苦心孤诣搜罗秘籍的趣事,又从母亲处得知,孝宓先生没有进过学校,得徐老先生家学,是自成渊博的图书馆学家,其对版本、目录学之精熟,省内难得。我住图书馆时,孝宓先生夫妇都还年轻,待我十分亲切。

以上提及的,除徐夫人陈晓平老师尚在人世,其他都已乘鹤仙逝,但他们的音容笑貌永存吾心。

"文革"期间,退休在家的父母屡受街道居委会的迫害之累,母亲还弄瞎一只眼睛。父亲一生省吃俭用、采自各地的相当丰富的藏书(不乏善本),被抄走、退回、再抄、再退,后听说街道上将有一次更彻底的查抄,我获悉消息立即从汉口(工作单位在此)赶回武昌老家,与父母及三兄商量,决定抢在查抄者到来之前,将藏书捐给省图书馆,以免珍贵文籍损失。图书馆接我电话,派人用几辆板车将书拖走,父亲尾随板车队跟跟跄跄地追了好长一段路,回家后发呆几天(省馆还派汽车到派出所,将堆放那里的另一批冯氏藏书拖走)。20世纪80年代初,我听说省图书馆特藏部中还散置着不少盖有"冯永轩珍藏"等藏书章的书籍,我几次想提出进特藏室看看这些自小常常翻阅的旧籍,也曾想建议设一冯永轩捐书专架,但念及历时已久,原有的万册藏书大多风流云散,于是也就把这种请求咽了回去。

中年从事文史研究,除自己日渐壮大的藏书外,主要利用所在大学及院系藏书,但偶尔也到省馆查阅(如20世纪80年代写《张之洞评传》和

《辛亥武昌首义史》时),而每到馆里,老馆员张德英先生等都热情接待,颇有如归故里的感觉。近几年撰写《新语探源——中西日文化互动与近代汉字术语生成》一书,曾到省馆查书,阳海清馆长等大力帮助。熟识的学界前辈,如姚雪垠、张舜徽先生等,也曾对我提及过他们从事撰著(如姚写《李自成》、张写《清人文集别录》)得益于省馆藏书的故事。湖北学人的著述活动多得省图书馆之助。

获悉省馆百年馆庆在即,日前与从北京返汉的大哥专程到我少时生活过8年的故地转了一圈,看到省馆近侧新起的楼宇和绝大多数工作人员生疏的面孔,颇有时光"如白驹过隙,忽然也"的慨叹。然而,这里永远是亲切的、生机勃勃的,因为它是哺育我们的精神家园。

2004年秋末记于武昌珞珈山,2015年夏修订

附记

时下忆及阅读经历,每觉惭愧与遗憾。如果说青少年时代博览中外文史名著,受益终身,然中年以降,虽仍保持阅览习惯,却与书籍的时代进步渐渐拉开距离。记得20世纪80年代末会见苏联科学院的汉学家布罗夫,讨论俄罗斯文学,布罗夫颇为我熟悉普希金、屠格涅夫、托尔斯泰、陀思妥耶夫斯基、契诃夫、肖洛霍夫、法捷耶夫而赞叹,以为深度、广度皆属上乘。但议及20世纪50年代以后苏俄文学,我却十分生疏,被称作继普希金以后最伟大的俄语诗人、诺贝尔文学奖得主布罗茨基竟全未阅读,对布罗茨基的前驱阿赫玛托娃、茨维塔耶娃也所知甚少。因此,自忖对俄罗斯文化的了解是很不完整的,广而言之,自己熟悉的是19世纪及20世纪上半叶在中国传播的俄国文化。最近看到由12位资深读书人推荐的24本好书,我一览书目,发现除托尔斯泰的《战争与和平》、吕思勉的《秦汉史》读过外,其他均未亲炙,有些连书名亦未曾得知,可见自己的阅读状态已大大落伍,因而对文化前沿愈益陌生,世界观及方法论亦受制于此。近几年,江汉大学每当开学之际给校董寄赠几本当下前沿论著(中信出版社出版),我逐一翻阅,大开眼界。这一最新经历使我体悟到:包括阅读在内的对世界的认知必须偕时而进,不可中辍。

阿根廷盲人作家博尔赫斯在就任阿根廷国立图书馆馆长的时候说过:"如果有天堂,天堂应是图书馆的模样。"湖北省图书馆就是我心目中的天堂。

2016年1月31日

三、高中忆旧[①]

从高小开始,我就住在母亲的工作单位湖北省图书馆。那时,除上学外,我整天泡在图书馆阅览室里,竟一直不知与"省图"一箭之遥的华师一附中及其前身工农速成中学。

1957年春天,我正在实验中学念初三下。某个星期天,省图的一位子弟把我从阅览室拉出来,说"不要枉对春光"。于是,我们二人先逛省图隔街相望的中南财经学院(今中南财经政法大学),觉得校园平平。接着来到一个有四百米跑道的运动场,周边红房绿树环绕,颇为赏心悦目。同行小友告诉我:这是工农速成中学和华师一附中。面对眼前美景,我对自己的耳目闭塞顿觉惭愧:竟然不知身边有这样一所出色的中学,由此,我决定高中转考这所学校。

在20世纪50年代后期,华师一附中不像实验中学那样有一批名闻三镇的教师,但这里的老师水平整齐,教学认真,学校已开始形成深厚朴实、积极进取的校风。那时的学校没有今天这样沉重的升学率压力,教与学双方都较为舒展从容。这大约正是培养人才的健康的生态环境。在华师一附中求学的高中三年里,课内布置的练习,自习时间完成绰绰有余。于是,我便有时间大量阅读中外名著。《水浒传》《三国演义》《红楼梦》《西游记》《镜花缘》以及俄罗斯、法兰西、英吉利诸名作,都是这几年间阅读或重读。早年从文学名著获得的对中西文化的体悟,颇有益于后来对历史问题的理解,尤其有助于中西比较的展开。如果当年我一味固守在课本之内,其知识结构的褊狭便可想而知。每念及此,对20世纪50年代后期母校的感谢之情便油然而生。

高中时我最着迷于俄罗斯小说,尤其是托尔斯泰,曾通宵达旦地阅读《战争与和平》《复活》。连托翁的一些不大为人知的篇什,我也熟读,如描写高加索山民的《哈泽·穆拉特》(故前几年俄罗斯发生车臣战争,我对其背景比较熟悉,与人交谈时详介高加索的史地及民族状况,听者颇惊讶,以为我近期研究过车臣问题,其实是17岁读托尔斯泰该篇及普希金的

[①] 原载《光明日报》2008年2月13日,略补充。

《高加索的俘虏》留下的印象)。又如托尔斯泰早期作品《塞瓦斯托波尔故事》,一年前,高中同班同学李国光在回忆文字中谈到,高二时我对他讲述该书涉及克里米亚战争(1854—1856年),故国光兄在2014年俄罗斯占领克里米亚时,想起1959年我对他讲起的160年前发生的那场战争,国光兄真是好记性!他的回忆文使我想起自己少时读托翁撰写的那本少有人知的小说。

高中时特别喜欢雪莱、普希金、莱蒙托夫的诗作,为学校举行的文艺演出撰写多篇自由诗,声音浑厚的李国光登台朗诵。前两年国光兄在回忆文中言及其事。我阅文,愰然记起:早已散文化的我居然还有过诗的少年时代!这当然要感谢"冬天来了,春天还会远吗"的作者雪莱们的陶冶。我对文学和历史双双发生兴趣,也许正是开端于高中时的此类阅读。如果当年囿于考试和分数,这一切皆无可能。

华师一附中老师一般都不太硬抠教条,不强令学生按标准答案死记硬背。高中时我的语文课和历史课学习从不在背诵条条款款上下功夫,考试答卷每有自己的发挥。而语文老师李基姚、陈端等先生,以及教过我的历史老师总是给予高分,而且多次把它们作为范本在班上宣讲。我的作文,喜欢自由命题,有感而发,李基姚老师、陈端老师不仅从未指责,而且一再扬谕。这些对我当然是一种鼓励。试想:如果当年老师们全然按机械化方式引导学生死背标准答案,以应付考试,我可能成为另一类人,不太可能走上富于创造性思维的学术研究之路。这是我尤其要感谢母校、感谢母校老师的所在。当然,在升学率压力强劲的今日,母校的教风、学风是怎样的情形,不得而知。我一方面为母校近20年来屡列全省高考录取率前茅而高兴,另一方面又为应试教育所带来的负面效应而担忧。

华师一附中不仅是一所学业成绩优异的学校,而且体育水平颇高,学生曾一再夺得全市田径运动会冠军,而且有几位同学进入国家田径队,据说1960年前后国家4×100米接力赛中有一两位运动员出自华师一附中。我的身体较弱,居然参加了舢板队,每周两次到东湖训练,旁边划行的船只,往往是省队乃至国家水上运动队的单人、双人、多人舢板。那种经历,使人体味到运动的力与美。我自己因体力所限,不擅长任何一项运动,但高中时却是校内及校际运动会的通讯报道员,故对球类和田径皆发生兴趣。班上同学周用柱是中长跑好手,我多次为他写报道,并一起热议体育运动,由此成为要好的朋友,毕业后多年保持来往。约10年前,周用柱因病辞世,临终前对夫人一再说"我最想见见天瑜",遗憾的是,其时我在国外讲学,与老友诀别未果。至今,垂垂老矣的我,仍是田径运动及足球的热情观众,其渊源皆来自高中生活,来自高大的英俊少年周用柱。

高中生活当然并非一片明媚春光,阴霾笼罩的时日也难以忘怀。

1958年春天(念高一下时),父亲被戴上"右派"帽子,记得那时每次回家,都听到父亲充满委屈和愤怒的诉说。我无法理解:一生辛勤治学、1949年10月前多次帮助共产党人的父亲,怎么突然成了"反党反社会主义"的"右派"? 这种不解只能埋藏在心里,在学校不能与人道之,于是我变得沉默寡言,全身心扑在阅读文学名著上。记得那时读肖洛霍夫的《静静的顿河》,深为十月革命后错综复杂、充满血腥的历史场景所震撼,与当时教科书上所赞颂的十月革命大有差别。而《静静的顿河》一类作品使我隐约认识到历史进程的复杂性,从而对父亲的遭遇略有理解。

高中最后阶段发生的事情给我留下难以磨灭的印象。记得高三下学期要填写家庭情况表(为高考做"政审"准备),我写上——"父亲冯永轩",政治面貌"右派分子"。这已经决定了我的高考结局,心里明镜似的。表交上去以后,不料被教数学的班主任贾老师叫到数学教研室去,平日和善的贾老师相当严肃地说:"冯天瑜,你家里还有问题没有写进表里。"我说:"除了父亲是右派,我家没有别的问题。"贾老师说:"你有一个哥哥冯天璋是反革命。"我说:"三哥在天津大学水利系读书,还是共青团员,怎么是反革命呢?"贾老师操着江西口音斩钉截铁地说:"'上边'正式通知学校,现行反革命冯天璋,最近已被逮捕。"我想起,三哥确有三四个月没有给家里来信,但家里尚不知出了这么严重的问题,而"上边"却把信息通告我这个中学生弟弟的所在单位,当时真有点毛骨悚然。两年后才获悉三哥出事的原委:三哥与几位天津大学、南开大学(两校紧邻)同学经常一起晚饭后散步,闲谈中对"反右""反右倾"多有批评,同行的一位女同学喜记日记,把大家聊天内容详载其中。这位女生正与一个华侨同学谈恋爱,而"上边"怀疑那个华侨是外国派遣特务,于是突查其女友,抄到日记,但其中全无男友"特务"证据,却发现冯天璋等人批评"反右""反右倾"的大量言论,于是意外抓到一个"天津大学-南开大学学生反革命集团"。

我深为正直的三哥的遭遇担忧。1963年(我读大三),三哥已摘除"反革命"帽子,留劳教农场劳动。暑假期间我去天津小站农场(清末袁世凯"小站练兵"地)探望三哥,与来自北京、天津各名牌大学的"劳动教养"学生一起生活十多天(白天下田做水稻田间管理,晚上天南海北纵谈——当然不议政治),深感这是一群何等聪慧、何等有思想的兄长!有些人自此与我成了相交多年的朋友。

18岁的我,面临的局面不妙:父亲是"右派",加上三哥又成了"反革命",因而全然无意高考,准备放弃,在老师同学劝导下,勉强乱填高考志愿表(近年获知,当时高考录取基本上与学业、品行无关,考生分为四类:政治条件最好的入名牌大学,可进保密专业;次等的可入一般大学;三等为"五类分子"子弟,只能入较差学校,"右派"之子的我,当属此类;四等为杀关管人员及在港台任职人员子弟,不予录取)。之后两三个月,班上同学"搞功课"、紧张备考,我则继续躲在湖北省图书馆读托尔斯泰的《复活》、狄更斯的《双城记》……精神有所解脱:世界何其开阔,高考得失何足道哉。

少年时代的生活细节大多遗忘,但高中期间在特定的氛围中阅览文学名著的情景,还历历在目,鲜明如昨。

三年高中生活五味杂陈,那逝去的一切,皆成隽永的怀念。健在的国光兄、早逝的用柱兄,李老师、陈老师、贾老师,我想念你们。

四、20世纪70年代心路历程

成长于中华人民共和国成立前后的一代知识分子,现多80岁左右,历经时代风雨,穿越思潮波涛,他们的记忆保存着历史故实。近月来,应老作家祖慰之约,文化史家冯天瑜追溯其20世纪70年代的一段心印。晚学旁听,得以记录两先生对话。一于2021年4月16日在冯宅,一于2021年4月28日在祖宅,祖慰先生夫人江霞女史在座。

本文旨在以口述方式存留基本史实,成稿后经两先生审读修订。对话中于思想学术问题虽亦稍有涉及,详细探讨则留待后续。

——2021年7月9日,姚彬彬记于武昌珞珈山麓

祖慰(以下简称"祖"):我与天瑜兄是同时代人。我生于1937年,天瑜兄生于1942年,算是痴长几岁。天瑜兄是我敬重的朋友,学问大、人品好。我平生学爱因斯坦,对所有权威都不仰视,所以我对天瑜兄的六字评语是平实之言。我曾经写过一篇散文,提到一个感悟:一座城市,一个人,倘若你总是忍不住要问各种问题,这就是一座城市或一个人的大魅力所在。我觉得天瑜兄总是在激发我向他提各种问题。

今天就来提一个发生在天瑜兄身上的、于任何人而言都应属极小概率的奇事。

我有幸结识天瑜兄,是晚近10年的事情,但最初知道"冯天瑜"这个名字,是40多年前了。1975年,年仅33岁的名不见经传的冯天瑜,出版了《孔丘教育思想批判》。1976年初听传达中央文件,冯天瑜的名字竟赫然在上,称:毛主席表扬与推荐冯天瑜的著作《孔丘教育思想批判》,还说比大家冯友兰写得还好!① 这可是不得了的大新闻,真有如雷贯耳的效应! 当时我想,冯天瑜可能就此扶摇九万到北京高就了,可是却没有发生,只是当了个属于闲职的市委宣传部的副部长。后来,社会上对此有不少传言,我也对此十分好奇,一直没有解惑,可否请天瑜兄谈谈其前因后果、来龙去脉?

冯天瑜(以下简称"冯"):我1964年从学校毕业,分配到武汉教师进修学院做教学改革调研工作,"文革"中参与对"十七年修正主义教育路线"的批判。1972—1973年,单位基本无事可做,我自行整理对教育史的一些看法,集中到对孔子教育观的评述。在搜集资料过程中读到蔡尚思先生的《中国传统思想总批判》与赵纪彬先生的《论语新探》二书,尤心折于《论语新探》中对一些基本概念词汇的考据(如其中的"人"与"民"之辨,以《论语》中的"人"指贵族、"民"指底层民众,这在《论语》中有许多文本例证),对蔡、赵的孔子观和儒学观深为认同,觉得可以印证鲁迅所说的"孔夫子曾经计划过出色的治国的方法,但那都是为了治民众者,即权势者设想的方法,为民众本身的,却一点也没有"这一观点,于是开始撰写《孔子教育思想批判》文稿。那时读《共产党宣言》等书,服膺其与传统观念决裂的论说,尤其欣赏"批判"一语,遂以之命名。全篇对孔子教育思想以否定为主,也有章节谈孔子教育方法的可取处。完稿后给几位同事看,得到好评,大家建议投稿。于是在1973年下半年,将文稿投寄给人民出版社,前置地名"北京"二字,被"北京人民出版社"收到,后几经辗转,才于1974年下半年转给人民出版社,这已是"批林批孔"如火如荼之际(这场"运动"始于1974年1月)。大约在1974年底,人民出版社通知我,他们有意于此书,要我去北京修订书稿。到北京后,住在朝内大街人民出版社招待所大约1个月,与责任编辑刘元彦、从工人出版社借调来的王老师一起,讨论、修改文稿。当时的修改大约有几处:①"孔子"改为"孔丘",将书名定为《孔丘教育思想批判》;②将1973年文稿中肯定孔子教育观(有教无类、启

---

① 笔录者按:1976年中央四号文件的有关原文是:"我建议一二年内读点哲学,读点鲁迅。读哲学,可以看杨荣国的《中国古代思想史》和《简明中国哲学史》。这是中国的。要批孔。有些人不知孔的情况,可以读冯友兰的《论孔丘》,冯天瑜的《孔丘教育思想批判》,冯天瑜的比冯友兰的好。还可以看郭老的《十批判书》中的崇儒反法部分。"见《建国以来毛泽东文稿》第十三册,中央文献出版社1998年版,第490页。

发式、循序渐进等)的章次全部删去;③将"批林批孔"时的各种套语用于书中。当时同住人民出版社招待所的还有中山大学哲学系李锦全、吴熙钊两位老师,他们的任务是修订杨荣国的《简明中国哲学史》。我与李、吴谈得来,以后多年还有交往。

人民出版社编辑刘元彦学养颇深,他是起义将领、时任林业部部长刘文辉的儿子,也是当年大名鼎鼎的刘文彩的侄儿。

修改完成后,回到武汉,书稿事置于脑后。1975年夏,当时搞"开门办学",与武汉六中的学生去湖北麻城"拉练",其间接到单位电话,告知收到样书,出版时间是1975年的6月份。此后继续日常工作,出书事没有放在心上。该书后来如何被毛泽东读到,我一无所知。

1976年3月份,武汉教师进修学院开职工大会,传达中央四号文件。我跟平常一样,开会带一本书看,没有注意上面讲什么。忽然邻座的同事用手捅了捅我,说:"天瑜,中央文件里面还提到你了哎。"这时会场略有喧哗。台上的宣讲者笑着重读了一遍文件,我这才知道,毛泽东推荐杨荣国的《简明中国哲学史》、冯友兰的《论孔丘》和冯天瑜的《孔丘教育思想批判》。我与大家一样,在会上才得知情况,此前此后没有任何人对我透露过另外的信息。

祖:哦,原来您是在武汉教师进修学院工作,参与教育改革,由此生发出这本著作的。回想起来,当时的我也是认同并跟着"批儒反孔"的,这是因为平时通过读鲁迅作品知道,五四新文化运动就是批孔的;并接受了当时的普遍看法:孔学一直被历代皇帝尊崇,是治"劳力者"的工具。但,天瑜兄的书好像是在"批林批孔"运动前一年就写成了,并不是政治上的跟风之作。那么请问,您的写作思路是如何形成的呢?

冯:1972—1973年写作《孔子教育思想批判》,最直接的原因,是从"教育革命"和"反修"那里引起的思考。1965年,在传达"四清"精神之际,也传达刘少奇"两种教育制度、两种劳动制度"的指示,要旨是克服教育与生产劳动相分离的弊端、纠正"学而优则仕"的弊端。江西共产主义劳动大学(简称"共大")作为教育革命典范被大加推介。1965年,教育部组织全国农科教师,学习共大半工半读、勤工俭学、教育与生产劳动相结合的经验,我也是被派遣至共大的一员。在共大总校(南昌梅岭)集训几天后,我被分配到黄岗山分校任教1年,与学生同生活、同劳动,上山砍毛竹,下冷水田耕地,到农村访贫问苦,吃忆苦饭等。此前我也在单位总结过武汉市的中学教育革命经验,作为一个不知农村实际的城里人,觉得在共大增长了对农村、农民、农业的认知,由衷感到"教育革命"有道理。

1966年,毛泽东发出"五七指示",要求全国各行各业都要办成一个大学校,学政治、学军事、学文化,又能从事农副业生产,又能办一些中小工厂,生产自己需要的若干产品和与国家等价交换的产品,同时也要批判资产阶级。"五七指示"后来成为"文革"中办学的方针。1967 年,中央提出"批判十七年修正主义教育路线",清算苏联凯洛夫的教育学理论,谴责其专重课堂教学、倡导"智育第一"之说。并批判读书做官论和理论脱离实际("四体不勤,五谷不分"),这些都被归为"孔孟之道"。

这些灌输都对我发挥了作用。以此为底蕴,于是在 1972—1973 年开始了《孔子教育思想批判》的写作。

祖:当年所谓"批判十七年修正主义教育路线",是"反修防修"运动的组成部分,您当时对"反修防修"有怎样的看法呢?

冯:对我们这代人青年时代的心灵冲击最大的事件,也是导致后来接受和认同"文革"的原因,就是 20 世纪 60 年代初期的"反修防修"运动,而认同"反修"的思想根源,可以追溯至少年时代。

祖慰兄我们这一代人,童年时经历过一点国民党统治时期的生活,虽然那时候还很小,但也留下印象。1949 年我 7 岁,但仍然记得国民党政权败亡时乱象丛生,国民党伤兵到处抢东西,物价飞涨,通货膨胀到了不可思议的程度。先母在小学教书,每次到发工资时,我大哥拿着麻袋去领钱,拿到后赶紧跑到粮店买米,因为上午拿到钱可以买一袋米,等到下午就只能买到半袋了。我就读的武昌实验小学有国民党军驻扎,常抓逃兵,在操场毒打,我们目睹惨状。国民党统治不得人心,从上到下腐败成风,当时人们的普遍心态,确实是盼望一个光明的新社会的到来。我大哥在解放前夕投奔解放军,二哥在 1949 年 16 岁时参军,三哥在 1950 年 13 岁"参干"搞土改,可见当时青年知识分子革命热情之高。

祖:我生于抗战初期,童年时还见过日本鬼子残酷打邻居大叔和当街杀新四军的惨景,后来得抑郁症,医生追溯到我童年的恐怖记忆创伤。1949 年我 12 岁,对国民党政权的腐败以及败兵军纪的恶劣也亲眼目睹。因此,对军纪严明的解放军、对要实现共产主义理想的新政权是衷心拥护的,并立志要献身共产主义事业。一个人认知世界的模式,是由自己的阅历所构成的。后来,发现苏联缺乏有效约束的各级权力,开始特殊化、腐化,产生了质疑。但党中央针对苏联的问题,及时提出"反修防修",反对资产阶级法权,我又觉得非常英明。对此,我的反思过程漫长而曲折。您当时对中苏论战是怎么看的?

冯:"反修防修"导源于中苏论战,我们党高举的旗帜就是维护人民的根本利益,维护共产主义理想,反对资本主义复辟。我对此发自内心地认同。

当时《人民日报》发表的"反修"文章,我都认真阅读,从较早的《关于无产阶级专政的历史经验》《列宁主义万岁》,到 1963 年的"九评",还搜集了那些文章的单行本,将之装订在一起。——当时确确实实觉得,苏联背叛了共产主义理想,背叛了人民,是中国的反面教员。

祖:您的《孔丘教育思想批判》书中也涉及"反修"的内容,而且经常旁征博引马列原著进行论证,可见天瑜兄青年时在这方面的阅读用功不浅。

冯:"文革"中期"清理阶级队伍",单位里只有两种人忙碌:一种是有"历史问题"者忙于交代"罪行",一种是"政治条件好"的搞外调和审讯别人,我们不属此两类,长期闲散无事,单位里打扑克成风,我于此无太大兴趣,便终日找书看。当时教院的图书馆偷偷开放,我前后几年间在"无产阶级专政下继续革命""反修防修"思潮笼罩下,大量阅读文学和社会科学论著,尤其认真地阅读中央推荐的马列六本书,即《共产党宣言》《哥达纲领批判》《法兰西内战》《反杜林论》《唯物主义和经验批判主义》《国家与革命》,我自己还多读了几本,如《家庭、私有制和国家的起源》,并与摩尔根的《古代社会》会同阅读。后来我特别喜欢黑格尔的著作,我曾经讲到自己的"看家书",其中一本就是黑格尔的《历史哲学》。事实上,读黑格尔的兴趣一开始是从读马列那里引出来的。

在20世纪60年代,物质生活条件很匮乏,但阅读却使我感到充实。好处是,学了一点东西,训练了自己的理论思维,至今还由此受益;问题在于,当时是在一种"左"的氛围下,教条式地读马列。

祖:听您闲聊过,"文革"之初,你对所谓的"无产阶级专政下继续革命"的"理论"是接受的,但对"文革"的种种混乱和暴力又非常反感,呈现出一种无解的纠结。我也有同感。请谈谈您当时的紊乱思绪。

冯:那时并没有清晰的认知,只是一种感性的情绪。"文革"初期,看到江青到处讲话,接见红卫兵之类的,装腔作势,跟演戏一样(当时还没有"四人帮"概念),产生反感。后来,红卫兵到处抄家,包括我们家(父母退休在家),也被居委会反复抄,当时我在汉口工作,每次一接到母亲或三哥打来的电话,就知道一定是家里又被抄了。赶回武昌家里一看,满屋大字报,被抄书刊狼藉一地,先母在抄家过程中还被弄瞎了一只眼睛。我对"文革"的此类事充满愤怒。

当时武汉"武斗"非常厉害,我多次看到汉口江汉路、六渡桥一带的武斗场面,死伤之事常有。武汉的几个造反派组织,"钢工总""钢二司""新华工""工造总司"与"保守派"的"百万雄师"你死我活地苦斗,造反派内部的"钢""新"两派也互攻不止。本人倾向于造反派中较温和的"新"派,但对这种"派斗"不解、反感,故尽力远离。——我大学读书期间已在报刊发表文章,有"会写文章"的虚名,先后有几个群众组织邀我编写小报,皆拒绝。据说凡参加编写小报者,后来都遭到清算。我避过此劫。

总之,"文革"期间我对毛泽东"反修防修""批林批孔""无产阶级专政下的继续革命理论",是接受、拥护的,认为这是维护人民根本利益的理论和行为。"文革"初,我从"大字报"看到,上层官员生活如何得腐化,心中十分厌恶,认为应当从制度上和意识形态上加以防范、制止;"文革"固然有许多问题,其"大方向"是正确的。这种认识上的大偏误,与自己长期以来形成的"民本""民粹"思想相关。对于"人民"旗号下的观点与行为,都加以认同。同时,"民本"倾向又使我对社会乱象深怀忧虑,与权力场保持距离。——这就是我当时的一种矛盾状态。

祖:所以,您就潜心去读书、写书了。当您突如其来获最高褒奖并一再被从中央到地方邀请去从政时,听说您都一一谢绝了,这是有违常情的。您当时到底是怎么想的?

冯:自中央四号文件公布以后,生活就热闹起来,多次接到拉拢我的电话,有来自北京方面(大约是"文宣"系统的,但不知道具体是什么部门)入京任职的邀约,还有"群众组织"头头(时任省"革委会"副主任、常委)一再约见。由于我历来无意"从政",加之对江青之流的不屑,对这些拉拢,我一概拒绝。此后,毛泽东逝世,我列为治丧委员会成员,参加追悼会,在北京又有几起人到宾馆房间来劝说,邀我留在北京"工作",我亦明确辞谢,并尽快离京返汉。

祖:今天来看,天瑜兄当时您的选择实在是难能可贵而无比正确。时隔不久"四人帮"被打倒了。倘若您当时乘风而上,光耀一时,后面等着您的结局就可想而知了。所以,后来有人说您极有"政治远见"。

冯:我的老同学们后来也这么说,其实完全谈不上"政治远见",当时是按自己的生活惯性行事。我一向对政坛看法不佳,无意从政,讨厌从政。当然还有另一个原因,我本能地估计:那些找我去北京工作的人,大约是江青之流的执行者。那时我最敬重的是"人民的好总理"周恩来,对江青之流则十分厌恶。

1976年1月周恩来逝世,隐然有江青"反周"的传说,我于此十分忧愤。一次在教院一个办公室与几位同事聊天,自己一边画周恩来像(此画现在还留着),一边骂江青说:"如果江青反总理,我们跟她拼了"!第二天,教院党委副书记侯孟孔把我叫到办公室,老侯喜欢文史,平时常与我谈天说地,关系不错,这次却十分严肃地说:"你是不是攻击江青同志了?"我意识到有人告发了我昨日的言论,便承认有此事。侯孟孔人很厚道,把这件事按下不往上报,使我得逃厄运。

侯孟孔是把手里的枪向上抬两厘米的人,正如他所说:"如果把你的言论报上去,就要办成大案。在我这里没事了,以后你可要小心!"

祖:尽管您在得到最高层的表扬后力辞各方邀请去做官,但没有做到像庄子那般彻底,您还是接受了出任武汉市委宣传部副部长,为官3年。

请问,您去那里是出于何种考虑?

冯:1976年中央四号文件公布以后,各个方面都来邀请,不停地要我"出山",我明确拒绝了北京方面的"邀请",但地方上的"群众组织"头头又不断来找我,无非是要我支持、参与他们的"革命行动",我当然不愿跟从,而来找我者络绎不绝,令人不得安宁。工作单位武汉教师进修学院规模很小(教职工140人),无处藏身,我一度躲到武昌的三哥家,但这总不是办法。恰在这时,武汉市委要调我去,开始辞谢,后来市委书记王克文、宣传部部长辛甫先后动员,我恍然悟到,这个不大不小的机关,几位领导干部人尚正派,是个暂栖之地。妻子和兄长也认为到市委机关待一段时间是个可以考虑的选择。

祖:听说您去市委三年,不搬家,一家三口仍住十几平方米的宿舍;不用汽车,每天骑自行车上下班。您这是出于什么考虑?

冯:是把市委当作暂避之处,随时准备抽身回学校。故去市委时,我提了两个要求:一、不搬进市委大院;二、不坐小汽车上班。原因有二:一是一向认同巴黎公社原则,国家公务员的生活待遇不得超过技术工人,当时老百姓都一家挤在十平米宿舍里,我怎么能够心安理得地住进高干的两层小洋楼?二是一旦住进市委大院,今后想抽身官场就困难了。于是在市委工作三年间,继续住教院十几平方米的宿舍,每天骑自行车上下班。这是很自然的事。妻子刘同平也完全支持这种选择,夫妻同心是很要紧的,如果老婆想住小洋楼,推着你往那里搬,那也很难办。

祖:您在市委工作期间,正值中国社会剧烈动荡变化的时期。据说您不要权力所带来的特殊待遇,但是有一个"特权"您却充分利用了,那就是到市委图书馆大量借阅与您级别相应的"内部读物灰皮书"。请问这些书籍对您改变认知世界的模式起到了什么作用?

冯:在市委工作的3年(1976—1979)是思想发生转折的时期。1976年10月粉碎"四人帮"给我以强烈震撼,一方面为此一挽救国运的举措欢欣鼓舞(如前所述,我长期对江青之流造成的十年动乱反感、愤恨),另一方面又对自己曾经信从的"文革"路线全然幻灭。而恰在这三年间,我阅读了一批马恩晚期论著,纠正了自己先前对《共产党宣言》片面、极端的理解。此间还读了几种"灰皮书"("反修"时期中央编译的一批揭露"苏修"的书籍),脑洞大开。市委小图书馆有此全套,我可能是市委借阅"灰皮书"最多的一人。其中留下印象较深的是南斯拉夫德热拉斯所著《新阶级》和原苏共领导人库西宁的夫人的回忆录,这些篇什揭示了苏东社会的基本矛盾,破除了我以往的一些幻象,这有助于转变自己"左"的社会理念,重新建立辩证史观、唯物史观,为此后40年投入人文社会科学研究奠定了一点初基。

祖：您在市委工作期间，曾率"工作队"进驻武汉人艺工作一段时间，因此结识了不少武汉的文艺界和文学界人士。他们中不少与我相识的人，曾跟我谈起过您，说本来上级派您去是搞阶级斗争的，要清查、整肃"文革"中造反的人，可您却将之变成了大家合力排好戏的艺术行动，因此对您颇表敬服。请谈谈这段"化干戈为玉帛"的往事。

冯：1977年秋季，市委派我带工作队到武汉人艺（话剧院）搞"清查"工作，那时还没有脱出"以阶级斗争为纲"的轨道，"工作队"进院的主要任务是清查一批中青年演员在"文革"中的造反行为，院里气氛一时相当紧张。我做初步调研后，认为那些中青年演员的问题属于教育问题，不必用阶级斗争的旧思维往死里打，于是大大缓和气氛。作为队长的我把精力转向排戏（记得有《魏征》等创作剧目），我日夜与编剧、导演、演员切磋剧本、研讨排演。此间，工作队副队长说我不抓阶级斗争、不务正业，还向市委告了状，市委常委、宣传部部长李春鉴严肃地批评我，我诺诺点头，但回人艺后依然一味排戏，与话剧院马奕、金奇、陈旷、胡庆树、晏修华、鄢继烈等一线演员、编导成了好朋友。1979年我决计离开市委时，市委副书记辛甫找我谈话，说武汉人艺（话剧院）一批老演员来市里联名提出，要求把冯调到人艺当院长，说冯懂艺术、与演职员交朋友，让此人做院长，人艺大有希望。辛甫很认真地说："老冯如果愿意，可以调你去人艺当院长。"我听罢，一则感谢人艺朋友的抬爱，一则认为此方案断不可取：一个艺术外行的我哪里能做人艺院长，断断不可。我虽然没有去人艺工作，但以后多年与人艺演、导人员保持友谊，从他们那里所获不少。这段经历使我对于结束"以阶级斗争为纲"，认真做经济、文化建设，获得了一点感性认知，而这正是十一届三中全会精神之所在。

祖：我熟识的老诗人曾卓先生，听他说就是在那时与您相识，后来你们经常往来，成为莫逆之交。据他说，他在作为"胡风分子"的异端被管制时，是您主动去看望他。曾卓先生还对我说了一句民谚：在我家草房着火的时候认识了真正的朋友。他说您是他真正的难忘的朋友。能否讲讲你们相识的情境？

冯：我在人艺还有一个值得纪念的经历，便是结识了诗人曾卓。当时在研戏过程中，与大家熟悉以后，有人便向我透露：话剧院有一位"靠边站"的编剧，是"胡风分子"，很有才气，20世纪60年代话剧院上演的《江姐》就出自他的手笔。说者无意，听者有心——我是一个"鲁迅迷"，从鲁迅晚期杂文中略知胡风，并读到胡风的一些文论与诗作，感觉胡风的思路文脉颇与鲁迅相通，虽然那时胡风被视为"反革命"，还是"集团"之首，但私心对胡风却隐怀敬意。既然话剧院藏着一位"胡风分子"，便想一睹其人，于是我找机会与之在院内一处偏僻小屋见面。我记得来人瘦削，50

多岁(恰比我年长20岁),脸上皱纹深刻,目光炯炯,气度于平和中蕴藏尊严。我们握手后,他用地道的武汉话自我介绍:"我叫曾卓,话剧院曾经的编剧。"我笑答:"你是话剧院最有才华的编剧,现在暂时赋闲。"我对我们的交谈内容已然模糊,但彼此视为可交,却是无疑的。此后10多年,曾卓的境遇大有改善,我的工作单位也更换3次,但曾卓总能找到我新的通信地址,约我前往汉口聚会,并介绍其他文学界人士与我相识。在这些年月里,我了解到他的不凡身世,记住了他的卓异诗篇,而且两者完全融为一体,真正是"诗如其人"。

曾卓的诗,是从心中喷涌出来的,因为他"心中有光"。从青少年时代,曾卓便向往光明,在风雨如磐的岁月里,他不惜一切地追求进步,投身于改变积贫积弱的旧中国的波澜壮阔的民主革命。这种向往与追求,当然包蕴着罗曼蒂克成分,但这种真诚却是坚贞不渝的。中年时期,他遭到重击,被打成"反革命",似乎陷入万劫不复之地。但是,理想的力量支撑着他走过艰辛的历程,他始终坚持独立思考,心中的火种毕生未熄,这种人格力量于我颇有启示和教益。

祖:听说,改革开放初期,胡耀邦要调您任中央党校文史教研室主任。这个邀请当去啊,一方面澄明了您在"四人帮"横行时期的清白无瑕,另一方面能做您擅长的文史工业,何乐而不为?可是您却没有去,这又是出于何种考虑?

冯:1977年,胡耀邦主持中央党校工作,曾拟调我去中央党校任文史教研室主任,为此胡耀邦让他的老部下辛甫(辛20世纪50年代任共青团武汉市委书记,是时任团中央书记的胡耀邦的部下)去北京介绍我的情况。辛甫对我的为人、为学做了汇报,于是调任党校一事基本确定下来。辛甫告诉我这一消息,出乎他的意料,我谢绝此邀。

胡耀邦是我非常敬重的人,但考虑再三,私以为党校不是研究文史的合适处所,又是政治中心地,吾辈书生不宜逗留,于是谢辞。1979年我选择到武汉师范学院(1984年更名湖北大学)工作,逐渐展开学术研究。在湖北大学期间,省里在1984年决定要我当校长,我写信推辞,表明自己只适合做学术工作,不适合当领导干部;1986年又再次任命,这一次文件都要下发了,我再次给省里写信,更明确表示不适合、不接受,上面看我态度坚决,也就作罢。我平生给"上面"写信,只有这两次。

祖:我曾多次聆听过您对儒学的看法,注意到您在1980年以后的学术作品中保有对儒学的双重认知:既赞赏孔子"仁者爱人"和孟子"民贵君轻"的价值,也抉发孔子"爱有差等"、重"人"而轻"民"的历史局限性,认为儒学既有超越哲思的一面,却又成为两千多年皇权时代的官方意识形态,未能脱出"为君牧民"的历史角色。这些观点的形成,是否与早年的思考有所关联?

冯:我对于儒学的认识,深受五四前后那一代思想者有关论述的影响,这可追溯至青少年时期的阅读经历。五四新文化运动期间提出"打倒孔家店",这个口号当然是偏颇的。不过当年胡适、陈独秀、李大钊们批判儒学,倒未必是针对历史上的孔、孟,李大钊在《自然的伦理观与孔子》中的说法有代表性:"余之掊击孔子,非掊击孔子之本身,乃掊击孔子为历代君主所雕塑之偶像的权威也;非掊击孔子,乃掊击专制政治之灵魂也。"即便是抨击孔子最激烈的吴虞也表示"孔子自是当时之伟人"。他们之所以欲推翻孔子这一偶像,主要着眼于两千年来孔子对宗法专制社会的象征作用。孔子作为帝王推行"阳儒阴法"的一面招牌,鲁迅《在现代中国的孔夫子》中说:"孔夫子之在中国,是权势者们捧起来的,是那些权势者或想做权势者们的圣人,和一般的民众并无什么关系。"儒学后来逐渐俗化为依附君权和扼杀人性的"礼教"。这也是我早期的儒学观。

1980年以后,我对孔子及儒学持分析的态度,认为极端"反孔"与极端"尊孔"皆为非历史的观点,对建设现代文明都是有害的,并对儒学的双重角色问题继续探讨。1982年撰《孔学"重政务、轻自然、斥技艺"取向评议》(发表在《中国哲学史研究》),指出孔夫子"轻自然、斥技艺"的倾向,在中国社会得到滋生蔓衍,给两千余年中国的文化教育,以至整个社会生活,都带来深广影响,其余韵流风,至近代而不息。1993年撰《经史同异论》(发表在《中国社会科学》),批评汉代以后儒家的主流学派将元典神圣化,主张"经"须复归于"史",肯认历史上部分学者将元典还原为历史文献的理性探索。2016年撰《劳心劳力"合—离—合"的辩证历程》(发表在《社会科学战线》),文中反思孔门将生产工艺贬为"小人末技"之说对中国历史文化的消极影响。

多年来在文化史研究中总结心得,对于古人种种思想学说,当"兼怀同情之理解与历史扬弃之念","理解"不可缺,"扬弃"亦不可少,于儒学问题,自然亦应如此。在时代浪潮的席卷之下,当注意保持思想的独立性。在1974年底,我去人民出版社修改定稿时,全盘接受"批林批孔"期间的孔子"复辟奴隶制""开历史倒车"等批判话语,这是惨痛教训。1977年以后总结经验,坚持独立思考、慎认真理,并坚持慎认的真理;服膺"不唯上,不唯书,只唯实"的哲言,在此后40多年中,以之作为自己的座右铭。

祖:谢谢天瑜兄的讲述,日后再听您详谈20世纪80年代后的治学心路历程。

五、"看家书"

一些古今贤哲开导我们：读书应兼及"泛览"与"精读"，前者扩展对世界认知的广度，后者拓殖其深度。几十年来，余大体承此教诲，一面广览文史哲中外名著，颇有五柳先生"好读书不求甚解，每有会意便欣然忘食"之慨，一面又精读几种文化元典，然用力欠深，所收精读之功有限。

大约在20世纪90年代初，香港举行一次有人文社会科学诸学科学者参加的大型国际学术会议。参会者所住宾馆面临维多利亚港。北京大学哲学系张世英教授住房与我相邻。早在20世纪80年代，黑格尔研究大家张世英先生文旌南指，传道桑梓，创办湖北大学德国哲学研究所及《德国哲学》刊物，一时间，研究西哲的中年才俊（陈家琪、张志扬、鲁萌等）云集湖大，此皆张先生之感召，也是20世纪80年代宽松学术环境所致。吾非研究西哲中人，然在与张先生接触中发现，他于中国文化有精到思考，张先生曾明确表示，他不赞成所敬重的黑格尔对中国文化的蔑视态度。20世纪80年代中后期，张先生傍晚每每约我散步（或我去宅间迎他），两人于沙湖之滨、夕照波鳞间纵议古今，不亦乐乎！间隔两三年后，这次得以重逢香江，获相谈之雅。会间几日，我们于傍晚踱步维多利亚公园，有一次谈话内容记忆犹新。我们的对话略为——

（冯）请问张先生读书经验。

（张）毫不犹豫地说：一个有专业方向的读书人必须有"看家书"。

（冯）何谓"看家书"？

（张）看家书者，终身诵读之书也，安身立命之书也！

（冯）先生的看家书有哪几种？

（张）黑格尔的《大逻辑》与《小逻辑》。我自读大学哲学系，即精读这两部西哲经典。以后几十年，仍反复阅览不辍，并试作解析。时下我年逾古稀，还时时翻阅两书，总有新收获。

话谈到这里，张先生问：

冯先生亦有"看家书"乎？

我沉吟片刻,答曰:
　　20岁前后两三年间(1962—1964),先父为我讲授《论语》《孟子》《史记》,使我对文史古典生出兴趣,然以后未能坚持精读,故算不得自己的"看家书"。1978年以后进入中国文化史研究行列,从构建文化学体系和中国文化史统系的需要出发,广览中外文化哲学及文化史论著,有三部书逐渐突现出来,一为王夫之的《读通鉴论》,二为黄宗羲的《明夷待访录》,三为黑格尔的《历史哲学》。如果我有"看家书",上列三种庶几近之。

　　张先生对我的说法表示首肯。

　　30余年来我反复研读三书,既"观其大略",获得关于文化学的理论架构(包括对《历史哲学》欧洲中心主义的扬弃),又采取苏东坡多遍读经典,每遍攻克一主题之法,也曾仿效欧阳修"计字日诵"法,但自己没有背诵童子功,成效不著,但毕竟熟悉了这几部经典之精义。

　　与张世英先生的香江对谈时间不长,然张先生的"看家书"说对我教益深切。今年是张先生95岁华诞,我困于病体,未能赴京致贺,但两人鸿瀚交呈,其间又提及20多年前在香港的"看家书"之议,以为此乃吾辈读书人不可轻忽的一法。张先生还特意书写条幅"腹有诗书气自华"赠我,此情永志不忘!

六、"预流"与"不入流"①

　　美籍华裔学者、曾任香港中文大学校长的高锟获得诺贝尔物理学奖,在学界又一次引起议论:海外华裔学者,自20世纪50年代杨振宁、李政道以下,已有多人获得诺贝尔奖,而庞大的中国本土却至今无人入围,原因安在?若论聪明才智、勤奋努力,不能说国内学人不及海外学人,于是便向客观环境、研究条件追讨原因,这当然是应予深究的一大方面,但也需要从科学研究本身求索缘故,这便引出学术的"预流"问题。自然科学

---

① 本文作于2009年,尚在莫言2012年获诺贝尔文学奖、屠呦呦2015年获诺贝尔生理学或医学奖之前。

我难赞一词,以人文社会科学为入口,或许可以略窥里奥。

"预流"本为佛学用语,指修行之初果。"初果"为佛教用语"果位"(修佛所达到的境界)的初级阶段。小乘佛教共有4个果位,分别是阿罗汉、阿那含、斯陀含和须陀洹。大乘佛教共有3个果位,分别是阿罗汉、菩萨和佛。"初果"指阿罗汉(初级果位),"预流"指跨入佛境,成为罗汉。陈寅恪将"预流"引申到为学之道:预流者,登堂入室、汇入学术潮流之谓也。

做学问何以登堂入室呢?陈寅恪在《陈垣〈敦煌劫余录〉序》中说:

> 一时代之学术,必有其新材料与新问题。取用此材料,以研求问题,则为此时代学术之新潮流。治学之士,得预于此潮流者,为之预流。其未得预者,谓之未入流。此古今学术史之通义,非彼闭门造车之徒,所能同喻者也。①

这里议及学术研究是否步入前沿的两个关键题旨:新材料与新问题。掌握新材料,用以研讨新问题,方得以参预时代学术潮流,此谓之"预流"。远离新材料,隔膜于新问题,便与学术前沿相去甚远,其劳神费力,难免"闭门造车"之讥,从科学研究的创新义言之,则可谓之"不入流"。

20世纪30年代,陈寅恪在《吾国学术之现状及清华之职责》一文中,总结清华大学建校20年以来中国学术界的状况,认为在自然科学领域,尚处在译介西学阶段,"凡近年新发明之学理,新出版之图籍,吾国学人能知其概要,举其名目,已复不易",还没有进入前沿研究。而西洋文学、哲学、艺术、历史等外域学问,与自然科学相似,"苟输入传达,不失其真,即为难能可贵,遑问其有所创获"。社会科学尚无自己的系统调查材料,"则本国政治社会财政经济之情况,非乞灵于外人之调查统计,几无以为研求讨论之资"。教育学不出"仕而优则学,学而优则仕"故辙。本国史学、文学、思想、艺术史等,本属独立研究的领域,却其实不然。陈氏指出:近年中国古代及近代史料发见虽多,而具有统系与不涉傅会之整理,犹待今后之努力。

综观当时中国的自然科学、社会科学、人文学,在新材料的掌握、整理方面,新论题的提出、研究方面,往往处于"不入流"状态。这是近代中国的学术文化落后的表现。

当然,即使在学术文化总体水平落后于世界先进国家的民国年间,

---

① 陈寅恪:《金明馆丛稿二编》,上海古籍出版社1980年版,第236页。

也有若干学者把握"预流",在学术前沿锐意精进。就人文学领域言之,如王国维运用二重证据法,破译甲骨文,在古文字、古史研究上直逼前沿;陈垣依据敦煌所出摩尼教经,考证宗教史、中西交通史;陈寅恪据多种西域文字材料,研讨中古以降民族文化之史;冯友兰以"了解之同情"著《中国哲学史》,"取材谨严,持论精确"。以上皆达到国际领先水平。这些成果,当然并未穷尽真理,其具体结论颇有修订空间,然其所昭示的"得预潮流"的治学路径(占有新材料、提出新论题),则具有久远的启示意义。

陈寅恪提出"预流"说,至今已大半个世纪,此间中国学术多有进展,然检视其成就,皆不出"预流"之境。诸如——

> 甲骨文研究之于殷周史研究
> 敦煌吐鲁番文书研究之于魏晋南北朝隋唐史研究
> 明清大内档案之于明清史研究
> 满铁调查报告之于民国社会史研究

皆因"新材料"的开掘与"新论题"的提出,而使文史研究"得预潮流",取得国际水平的新进展。

以近年而论,人文学领域"得预潮流"可略举三例。

其一,在古史及思想史研究领域,因楚地简帛文字的大量发现与破译,国内外史哲工作者因为占有先秦及秦汉间社会实际流行的文献原态,从而使得先秦史、秦汉史及先秦思想史、秦汉思想史研究一展新生面,人称"重新改写先秦及秦汉思想史"。

其二,在概念史研究领域,国内外文史哲研究者广为占有、系统整理清末民初辞书、教科书、期刊、汉译西书,对上一个世纪之交各学科术语的生成机制(古今演绎与中外对接)展开系统考索,从而对近代中国观念世界的变迁、中西日文化的互动有了深入一步的认识。

其三,译介明末清初入华耶稣会士当年发回欧洲的巨量涉华文献,打开中西文化交流史资料宝库;蒋介石日记、张学良口述史等关键人物文献面世,提供民国史、抗日战争史参考材料;解密苏联涉华文献,提供国际共运史、中共党史研究参考材料;译介出版巨量东亚同文书院中国社会调查报告,为清末、民国社会史研究提供材料,诸如此类第一手文献的占有,达成"预流"的例子还可列举多种。人文社会科学研究的创新之途正寄寓其间。

七、"一慢、二快、三慢"[1]

友朋议论作文著书体会，余忽记起王国维"三境界"说。王氏摘取晏殊、柳永、辛弃疾三位宋代词人作品的名句，拟为成事业、做学问进路的三个级次，其文曰：

> 古今之成大事业、大学问者，必经过三种之境界："昨夜西风凋碧树。独上高楼，望尽天涯路。"此第一境也。"衣带渐宽终不悔，为伊消得人憔悴。"此第二境也。"众里寻他千百度，蓦然回首，那人却在灯火阑珊处。"此第三境也。此等语皆非大词人不能道。然遽以此意解释诸词，恐为晏欧诸公所不许也。[2]

王国维所称之"第一境"，指成事业、做学问者首先要有执著的追求，登高望远，把握全貌，知晓目标与方向；"第二境"，喻学问的获得须经艰苦的努力，直至人瘦衣宽也不稍悔；"第三境"，经反复追寻，终于豁然贯通，发明、发现近在眼前。

吾辈凡夫俗子，若沉潜于研习与写作，对此"三境界"也并不陌生。创造性的著述，基础性工作是广为占有相关资料，熟稔学术前史，形成对本课题高屋建瓴的观照，这便是"独上高楼，望尽天涯路"；而深入底里，做种种精密考辨，极费心力，此所谓"衣带渐宽"、人愈"憔悴"。这大约是研习的准备阶段和写作的展开阶段。经过这引人入胜而又十分艰苦的过程，可能突然有所贯通，灵感顿现，久寻未获的目标即手可触，这便是"蓦然回首，那人却在灯火阑珊处"，写作大大加速，颇有"一日千里"之感。但以余之经验，这似得神助的快笔之作，还须沉淀，一定要待以时日，反复锤炼，再次经历"第一境""第二境""第三境"的循环往复。故多年来，笔者的写作习惯是"一慢、二快、三慢"。

---

[1] 本文为冯天瑜、任放《日本对外侵略的文化渊源》（高等教育出版社 2017 年版）跋语中一段的增补。

[2] 王国维：《人间词话》。第一境之词出自晏殊《蝶恋花》；第二境之词出自柳永《蝶恋花》；第三境之词出自辛弃疾《青玉案》。

（1）材料搜集、题旨锤炼、结构形成，历时较长（一般须数年以上，有的课题的准备工作不下10年）。其间艰苦备尝，既有独上高楼的孤清、四顾云涛的茫然，也有旁搜远绍的劳顿。此一过程急不得、快不得，必须有"板凳坐得十年冷"的精神"熬"下来。这一阶段谓之写作的"一慢"。王氏"三境界"说中的"第一境""第二境"皆包含其中。

（2）材料大定、构思初成之后，即凝神聚气，全力书写，不可拖沓、不可支离，在较紧凑的期间一气呵成，以求得思文贯通，每每创造性的见解、较为精彩的结论由此产生。这一阶段谓之写作的"二快"。王氏"三境界"说中的第三境或可于此间遭逢。

（3）书稿初成，须任其沉淀多时，其间反复锤炼，对诸关键题旨一而再、再而三地经历"三境界"说中的"第一境""第二境""第三境"。这一阶段谓之写作的"三慢"，约需一年或数年，以收推敲之功。

反顾几十年经历，余著《中华文化史》《中华元典精神》《中国文化生成史》《"封建"考论》《辛亥首义史》等书，皆经历"一慢、二快、三慢"过程。以"封建"概念辨析一题为例，早在20世纪80年代初中期，我就对泛化"封建"发生怀疑，1989—1990年定稿《中华文化史》曾质疑秦汉—明清"封建社会"说，此后十余年，围绕"封建"问题广览古今中外典籍，反复比勘、深思，逐步形成关于"封建社会"较系统完整的认识，此为"一慢"。各项准备完成后，2004年以近一年时间完成40万言《"封建"考论》，感到在"封建"问题上豁然开朗，多年混淆不清、求而未得的结论（连同系统论证材料、逻辑程序）都如此简单明晰地呈现眼前，确乎是"众里寻他千百度，蓦然回首，那人却在灯火阑珊处"。此为"二快"。2006年出书后，赞成、批评意见竞相纷呈，促成我继续展开研究，在若干关键问题的研讨上，再次甚至三次历经"第一境""第二境""第三境"，经4年补充、完善，于2010年出版50万言修订版，此为"三慢"。至今，关于中国、西欧、日本"封建社会"的研习，对笔者而言是远未终结的功课，王氏"三境界"还会一再经历，写作过程的"一慢、二快、三慢"步骤必将多次重演。

八、未成文的家训

一次朋友聚会，大家在漫议间，追忆起各自的家训，于是，不少警辟的治家格言竞相呈现，或引人莞尔一笑，或令人击节赞叹，然而我却侧坐无语。一位老兄发问:"天瑜,你怎么不作声?你那书香世家,应当有很好的家训,说来听听。"我一时应答不出,因为,我们家里并未拟订过家训,没有朗朗上口的治家格言。散会后,我时而琢磨:冯家固然未能拟出成文家训,先父母也不爱说教,极少宣讲"如何做人"之类的大道理,但冯家还是无言地传承着自己的做派与风格。那么,这种传递不辍的风格(或曰"家训")应当如何概括呢?回顾先父母的音容笑貌,追忆他们一生行事作风给我们兄弟树立的身教,我吟出六字——"远权贵,拒妄财",这是否可以视作冯氏家训呢?

父母都不具有进攻型的性格,讲究的是"君子不为",一生守住底线;抵御权贵和金钱的威压、诱惑,只求一个心安理得。我把上述六字报告天琪大哥,他立表赞同,并举出故事,说明父母如何"远权贵,拒妄财",其中新疆一例较为典型。

大哥长我10多岁,与父母相处最久。1935年,6岁的大哥与两岁的二哥随父母远赴新疆。当时统治新疆的盛世才,正以"开明"面目现世,吸引了不少知识分子,如茅盾、杜重远、萨空了,乃至赵丹,皆曾投奔新疆,期望以新疆作建设新中国的基地。先父也是此行列中人。到新疆后,父亲确实受到盛世才的重用,出任当时新疆最高学府——迪化师范学校校长,又任新疆省编译委员会委员长。盛世才还许诺,以后将委以重任。但先父在与盛世才交往中,发现此人野心勃勃,又阴鸷可怖,先父毫不留恋地位和待遇,决计摆脱盛氏、离开新疆。盛氏当然不愿放走好不容易从内地邀请来的人才,一再挽留,先父使尽各种计策,包括仿效蔡锷脱离袁世凯的办法:装作与夫人大闹,以家庭无法维持为理由,诱使袁世凯同意蔡锷离京,先父也如此演绎,几番周折,盛世才只得放行。先父遂带长子天琪经河西走廊返回(二哥已过继给有女无子的大舅,留在新疆),先母则赴苏联塔什干留学,后从西伯利亚铁路绕道海参崴,沿海路、走江航,到武汉与父亲团聚,冯家算是摆脱盛氏的掌控。几年后,盛世才撕破"开明"假面,在新疆屠戮各种进步人士(包括共产党人陈潭秋、毛泽民、林基路等),时任新疆教育厅厅长的我大舅死于其刀下、四叔被投入监狱,二哥与表姐流浪新疆数年。若父亲当年稍有依恋权位、金钱之念,不毅然离新,必死于盛氏屠刀之下。

天琪大哥还讲到,抗日战争期间,父母在鄂东山区执教省立第二高中(父亲当过二高校长),不惧当局高压,抵制CC系对学校的控制,终于辞职以抗,一段时间内家庭生活极度艰困。

抗战胜利后,冯家回到武昌,其时年幼的我渐有生活印象。记得家居的正对门住着一位国民党元老,地位甚高,1948年当选"国大代表",那条小巷车水马龙、热闹非凡。先父母多年间绝不与这一巨室来往,少时的我从未进过其大门。反之,冯家与周围的贫寒人家(谢家、戴家等孤寡之家)相处极好,对其常有周济("文革"期间冯家遭难,一再被抄,而暗中帮助冯家脱险的,正是谢、戴家人)。母亲的一位同事周安(我少时称她"周先生"),丧夫,自己又半身不遂,母亲迎其在我家居住多年,直至送终。冯家与另一对门的李家关系密切,往来频繁。这李家主人是中共创始人李汉俊,李汉俊1927年被当局杀害,李太太带女儿住此。我少时常去李太太家玩耍,见其孤儿寡母,家徒四壁,清贫孤苦,而我父母对李太太母女十分亲近。前几年我在武大校园遇到李汉俊女儿(武汉大学物理系教授,已行年90),共同忆起李冯两家的情谊,李教授连称冯先生、张先生(指我父母)人好,决不势利,并夸奖:"冯家家风上品"。

父亲的不畏权势威压,坚守正直人格,有一例给我留下深刻印象。1957年夏,父亲的老学生,时为武汉师范学院工会主席的高维岳,受校党委指示,主持教师"大鸣大放"。不久"反右"运动骤至,高维岳被指煽动教师"向党进攻",第一批划为"右派",父亲拍案而起,说高维岳是老实人,按党委布置,组织教师提意见,怎么成了"反党"?本来,父亲并未参与"鸣放",不会打成"右派",现在他自己"跳出来",为"右派"鸣不平,且不肯认错,又拒不"揭发"他人,于是在1958年春被戴上最后一批"右派分子"帽子,停发工资(只给"生活费"),以60高龄遣送农场劳动。后来我大哥、二哥到校方了解父亲情况,主事者说:冯某人本无太多反动言论,但居然抗拒"反右"运动,"态度极坏",又在师生中影响大,阻止师生揭发"右派",成为运动阻力,故非打成"右派"不可。

父亲这种不惮权势压力,宁可自受伤害也决不陷害人的做派,给我以潜移默化的影响。在后来的岁月,我也有数次"挨整"经历,但"挨整"期间决不揭发别人是我的原则。单位的专案负责人对我极其恼火,告知属下:对冯某别抱幻想,他"要做人"。事后我想,这位以"左"闻名的专案官的"要做人"之说,却道出了真相,而这正是冯家风格的一个方面。

此外,我本人20世纪70年代后期一再拒绝进京任职(因此避免了日后的种种麻烦),又在1984年、1986年两拒校长任命(因而得有时间精力专务学术),几位兄长和我妻子都支持这种抉择,此皆冯氏家教的余韵流风(略需说明:进京任职、当校长的,好人多多,做出有益贡献的也不乏其例,只是我于权位无兴趣,故辞谢之,这只是说明家教影响力之深,绝非自命清高,更无推广上述做法之意)。

父母一生清贫自守,淡看金钱,"有饭吃即可,何必追求多财"是冯家口头禅。父亲有颇高的文物鉴赏水平,几十年间又在全国各地周游教书,每到一地,必从自己有限薪水中挤出资金,选购书画、钱币等文物,几十年下来,数量可观,且多佳品,自20世纪五六十年代即有人求购,父亲总以

"非卖品"相应。1978年,冯家将所藏古币(从夏代贝币、春秋战国布币刀币、秦半两、汉五铢,直到唐宋元明清的通宝钱),全部捐赠武汉师院刚复建的历史系,今湖北大学钱币馆的主要馆藏来自此。近10年来,我整理出版家藏文物图册(《冯氏藏墨》《冯氏藏札》《冯氏藏币》,合称"冯氏三藏"),冯氏收藏渐为人知,内地及香港欲以高价收购者不时与我直接或间接联络,皆被谢绝。这是遵循"收藏而不贩卖""取自社会,回馈社会"的冯家原则行事。父母曾经讲过什么立身做人的教言,我已失去记忆,但他们"远权贵,拒妄财"的处世风格,却至今历历在目,且对我们兄弟影响深远。友人唐翼明说,在嗜权逐钱之风日盛的当下,冯氏"远权贵,拒妄财"的家教尤具价值。翼明兄言重了,那卑之无甚高论的六个字,冯氏子孙用以独善其身,庶几可以,然治平社会则不敢奢望。

图书在版编目(CIP)数据

文明思辨录/冯天瑜著. —武汉：华中科技大学出版社,2023.1
ISBN 978-7-5680-8928-9

Ⅰ.①文… Ⅱ.①冯… Ⅲ.①文化史-研究-中国 Ⅳ.①K203

中国版本图书馆 CIP 数据核字(2022)第 257853 号

文明思辨录　　　　　　　　　　　　　　　　　　　　　　冯天瑜　著
Wenming Sibianlu

策划编辑：钱　坤　周晓方　杨　玲
责任编辑：刘玉美
责任校对：张会军
封面设计：原色设计
责任监印：周治超
出版发行：华中科技大学出版社(中国·武汉)　　电话：(027)81321913
　　　　　武汉市东湖新技术开发区华工科技园　　邮编：430223
录　　排：华中科技大学惠友文印中心
印　　刷：湖北新华印务有限公司
开　　本：710mm×1000mm　1/16
印　　张：17.75　插页：2
字　　数：324 千字
版　　次：2023 年 1 月第 1 版第 1 次印刷
定　　价：99.00 元

本书若有印装质量问题，请向出版社营销中心调换
全国免费服务热线：400-6679-118　竭诚为您服务
版权所有　侵权必究